APLICAÇÃO DA ARBITRAGEM, NAS RELAÇÕES TRABALHISTAS, COMO UMA FORMA DE EFETIVIDADE DA JUSTIÇA

GLEIBE PRETTI

Prefácio
Elias Marques de Medeiros Neto

APLICAÇÃO DA ARBITRAGEM, NAS RELAÇÕES TRABALHISTAS, COMO UMA FORMA DE EFETIVIDADE DA JUSTIÇA

Belo Horizonte

2022

© 2022 Editora Fórum Ltda.

É proibida a reprodução total ou parcial desta obra, por qualquer meio eletrônico, inclusive por processos xerográficos, sem autorização expressa do Editor.

Conselho Editorial

Adilson Abreu Dallari	Floriano de Azevedo Marques Neto
Alécia Paolucci Nogueira Bicalho	Gustavo Justino de Oliveira
Alexandre Coutinho Pagliarini	Inês Virgínia Prado Soares
André Ramos Tavares	Jorge Ulisses Jacoby Fernandes
Carlos Ayres Britto	Juarez Freitas
Carlos Mário da Silva Velloso	Luciano Ferraz
Cármen Lúcia Antunes Rocha	Lúcio Delfino
Cesar Augusto Guimarães Pereira	Marcia Carla Pereira Ribeiro
Clovis Beznos	Márcio Cammarosano
Cristiana Fortini	Marcos Ehrhardt Jr.
Dinorá Adelaide Musetti Grotti	Maria Sylvia Zanella Di Pietro
Diogo de Figueiredo Moreira Neto (*in memoriam*)	Ney José de Freitas
Egon Bockmann Moreira	Oswaldo Othon de Pontes Saraiva Filho
Emerson Gabardo	Paulo Modesto
Fabrício Motta	Romeu Felipe Bacellar Filho
Fernando Rossi	Sérgio Guerra
Flávio Henrique Unes Pereira	Walber de Moura Agra

FÓRUM
CONHECIMENTO JURÍDICO

Luís Cláudio Rodrigues Ferreira
Presidente e Editor

Coordenação editorial: Leonardo Eustáquio Siqueira Araújo
Aline Sobreira de Oliveira

Rua Paulo Ribeiro Bastos, 211 – Jardim Atlântico – CEP 31710-430
Belo Horizonte – Minas Gerais – Tel.: (31) 2121.4900
www.editoraforum.com.br – editoraforum@editoraforum.com.br

Técnica. Empenho. Zelo. Esses foram alguns dos cuidados aplicados na edição desta obra. No entanto, podem ocorrer erros de impressão, digitação ou mesmo restar alguma dúvida conceitual. Caso se constate algo assim, solicitamos a gentileza de nos comunicar através do *e-mail* editorial@editoraforum.com.br para que possamos esclarecer, no que couber. A sua contribuição é muito importante para mantermos a excelência editorial. A Editora Fórum agradece a sua contribuição.

Dados Internacionais de Catalogação na Publicação (CIP) de acordo com ISBD

P942a	Pretti, Gleibe
	Aplicação da arbitragem, nas relações trabalhistas, como uma forma de efetividade da justiça / Gleibe Pretti. - Belo Horizonte : Fórum, 2022.
	283 p. : il. ; 14,5cm x 21,5cm.
	Inclui bibliografia, apêndice e anexo.
	ISBN: 978-65-5518-354-2
	1. Direito Trabalhista. 2. Direito Processual Trabalhista. 3. Arbitragem. I. Título.
	CDD: 342.68
2022-790	CDU: 342.9

Elaborado por Odilio Hilario Moreira Junior – CRB-8/9949

Informação bibliográfica deste livro, conforme a NBR 6023:2018 da Associação Brasileira de Normas Técnicas (ABNT):

PRETTI, Gleibe. *Aplicação da arbitragem, nas relações trabalhistas, como uma forma de efetividade da justiça*. Belo Horizonte: Fórum, 2022. 283 p. ISBN 978-65-5518-354-2.

*Dedico este singelo trabalho à minha família.
Amo vocês.*

AGRADECIMENTOS

Os meus agradecimentos, num primeiro momento, iniciam-se com uma citação de Kalil Gibran: "Aprendi o silêncio com os faladores, a tolerância com os intolerantes, a bondade com os maldosos; e, por estranho que pareça, sou grato a esses professores". Todas as pessoas com quem tive contato tiveram papel fundamental na elaboração deste trabalho, e agradeço a todos pela contribuição.

Agradeço a Deus, na figura do nosso Senhor Jesus Cristo, que por meio de seus mensageiros trouxe a devida inspiração, e peço que faça do trabalho um instrumento a serviço do bem geral.

Agradeço a meus professores, em especial, o meu orientador e amigo Prof. Dr. Elias Marques de Medeiros Neto, um grande exemplo, não apenas a mim, mas para uma geração de estudantes e estudiosos. Muito obrigado pelo incentivo, pela orientação e, especialmente, pelo exemplo. Definitivamente, e com todo respeito, o amigo não é deste planeta.

Permitam-me citar os nomes dos mestres que participaram da minha formação: Isabel, minha primeira professora (1982), a que me ensinou a escrever. Minhas professoras do primário (ensino fundamental I e II, 1983 a 1990), Mariângela e Soninha, pelo incentivo de sempre. Meus professores do colegial técnico (ensino médio, 1990 a 1994), que me ensinaram a lógica (com a eletrônica), em especial o professor Shibata. Meus professores da graduação em direito (1998 a 2002), Carlos Ferrara, Silmara Faro, Talman, Sonia Soares e Medrado. Meus professores da pós-graduação em direito e processo do trabalho. Agradeço, outrossim, aos meus professores do mestrado, Fabricio, Lair, Fernanda, Anderson, Luciana Guimarães, Manoel, Edson Berbel (Revista Educação Univeritas), e a todos os amigos que me ajudaram nesta jornada. Por fim, com grande satisfação, agradeço aos meus professores do doutorado: Jonathan Barros Vita, Lívio Augusto de Carvalho Santos, Jefferson Aparecido Dias, Walkiria Martinez Heinrich Ferrer, Mariana Ribeiro Santiago, Lourival José de Oliveira, Sandro Marcos Godoy, Elias Marques de Medeiros Neto, Rogério Mollica, Daniel Barile da Silveira, Jussara Suzi Borges Nasser Ferreira e Galdino Luiz Ramos Júnior. E a todos os professores dos cursos, das mais variadas áreas que fiz, meu muito obrigado. Vocês me ajudaram a ser o que sou hoje.

Agradeço aos profissionais das editoras que sempre confiaram em meu trabalho: senhor Luiz, da Ícone; Armandinho (*in memorian*) e Beatriz, da LTr; Andréia, da Jefte; e muitos outros tantos amigos.

Agradeço ainda àqueles que fazem parte das minhas relações pessoais e profissionais: Rodrigo Hasson, Roberta Cândido, Elisabete Mariucci, Lívia Reis, Paulo Honda, Juliana de Almeida, Wilza e sua equipe, professora Renata, Catharina Martinez, JB Oliveira, Ricardo Fabrizio, Roberto Roggiero Júnior (Estácio), Solange Tomiyama (Piaget), Andrea Zambl, Andre Ferrari, Anderson Jamil, Ricardo Marafon, André Luiz da Silva, Eduardo Tomasevicius Filho, Janaina Galani Cruz Tomasevicius, Carlos Gabriel Galani Cruz, Thomas Kefas de Souza Dantas (FICS), Andrea Matarazzo, Paulo Frange, Antônio Humberto Lourenson, Flávia Regina Maia Gimenes, Flávio Manoel dos Santos, Neivaldo, Rodrigo, Diego, Elessandra (Unidrummond), Antônio e Afonso (Sebo Liberdade), José Augusto Marchesin (secretaria UNIMAR), Raquel da Silva Pereira, Gisele Schiavetti, Antonio Carlos do Nascimento e seus filhos, Cid Marques de Carvalho, Nirian e a bibliotecária do Tribunal Regional do Trabalho (TRT) 2ª Região Denise de Mello Alcantara da Silva, assim como Gilberto, Dennis Cristiano e Daniela Silva, da Seção de Referência, Circulação e Disseminação (SRCD) da Coordenadoria de Documentação (CDOC) do Tribunal Superior do Trabalho (TST), que tanto me auxiliaram com suas pesquisas sobre o tema, Dr. Pedro Campos Franco, Renata Abreu, assim como os professores Guilherme e Luciana da FAUSP.

Agradeço, também, aos nobres professores Daniel Brantes Ferreira, Jorge Cavalcante Boucinhas Filho, André Pagani de Souza, Jefferson Aparecido Dias, Rennan Faria Krüger Thamay e Rogério Mollica. Muito obrigado por tudo.

Feliz por tê-los em minha vida.

A injustiça num lugar qualquer é uma ameaça à justiça em todo o lugar.
(Martin Luther King)

LISTA DE ABREVIATURAS E SIGLAS

AAA	–	American Arbitration Association
ADIn	–	Ação Direta de Inconstitucionalidade
Anamatra	–	Associação Nacional dos Magistrados da Justiça do Trabalho
Art.	–	Artigo
CAE	–	Câmara de Mediação e Arbitragem das Eurocâmaras
CAM	–	Centro de Arbitragem e Mediação
CBAr	–	Comitê Brasileiro de Arbitragem
CBMA	–	Centro Brasileiro de Mediação e Arbitragem
CCBC	–	Câmara de Comércio Brasil-Canadá
CCI	–	Corte Internacional de Arbitragem
CCP	–	Comissões de Conciliação Prévia
CDB	–	Combined Dispute Boards
CDC	–	Código de Defesa do Consumidor
CEF	–	Caixa Econômica Federal
CEJ/CJF	–	Centro de Estudos Judiciários do Conselho da Justiça Federal
CF	–	Constituição Federal
Ciesp	–	Centro de Indústrias do Estado de São Paulo
CLT	–	Consolidação das Leis do Trabalho
CNJ	–	Conselho Nacional de Justiça
CPC	–	Código de Processo Civil
CRD	–	Comitês de Resolução de Disputas
Conima	–	Conselho Nacional das Instituições de Mediação e Arbitragem
c/c	–	Combinado com
DAB	–	Dispute Adjudication Boards
DRB	–	Dispute Review Boards
EC	–	Emenda Constitucional
FGTS	–	Fundo de Garantia do Tempo de Serviço
Fiesp	–	Federação das Indústrias do Estado de São Paulo
IAD	–	Índice de atendimento à demanda
IC	–	Inquérito Civil
ICDRCFS	–	International Centre for Dispute Resolution Case Filing Services
IN	–	Instrução Normativa
LICC	–	Lei de Introdução ao Código Civil
LINDB	–	Lei de Introdução às Normas do Direito Brasileiro
MPT	–	Ministério Público do Trabalho

NLRB	–	National Labor Relations Board
OAB	–	Ordem dos Advogados do Brasil
OIT	–	Organização Internacional do Trabalho
OJ	–	Orientação Jurisprudencial
ONU	–	Organização das Nações Unidas
Pasep	–	Programa de Formação do Patrimônio do Servidor Público
PIS	–	Programa de Integração Social
PRT	–	Procuradoria Regional do Trabalho
PTM	–	Procuradoria do Trabalho no Município
RGPS	–	Regime Geral de Previdência Social
SDC	–	Seção de Dissídios Coletivos
SDI	–	Seção de Dissídios Individuais
SRTE	–	Superintendência Regional do Trabalho e Emprego
STF	–	Supremo Tribunal Federal
STJ	–	Superior Tribunal de Justiça
TJ	–	Tribunal de Justiça
TAC	–	Termo de Ajuste de Conduta
TRF	–	Tribunal Regional Federal
TRT	–	Tribunal Regional do Trabalho
TST	–	Tribunal Superior do Trabalho

SUMÁRIO

PREFÁCIO
Elias Marques de Medeiros Neto 17

APRESENTAÇÃO 19

INTRODUÇÃO 21

CAPÍTULO 1
APONTAMENTOS ACERCA DA JUSTIÇA, JURISDIÇÃO, ASSIM
COMO OS ENTRAVES E O SEU ACESSO, COM OS REFLEXOS NA
SOCIEDADE 29
1.1   Justiça e seus aspectos práticos 29
1.2   Jurisdição 33
1.3   Acesso à justiça e seus entraves 38
1.4   Ondas renovatórias da justiça 46
1.5   Análise do direito e acesso à Justiça do Trabalho 83

CAPÍTULO 2
A CRISE DO PODER JUDICIÁRIO TRABALHISTA EM NÚMEROS, A
IMPORTÂNCIA DA ARBITRAGEM NAS RELAÇÕES DE TRABALHO
E A ANÁLISE DOS PROCEDIMENTOS DAS CÂMARAS ARBITRAIS
NO BRASIL 103
2.1   Ações na Justiça do Trabalho em números 103
2.2   Arbitragem, seus elementos, sua análise no direito comparado
      e na Justiça do Trabalho no Brasil 109
2.3   Apresentação da justiça arbitral 122
2.3.1 A evolução histórica da Lei nº 9.307/1996 122
2.3.2 Ética e natureza jurídica da arbitragem 127
2.3.3 Pressupostos da arbitragem 136
2.3.4 Formas de instituição da arbitragem 145
2.3.5 Cláusula compromissória 147
2.3.6 Compromisso arbitral e suas vantagens 151

2.3.7 A arbitragem como meio adequado e alternativa de acesso à justiça célere 158
2.3.8 Análise dos procedimentos das arbitragens nas maiores câmaras arbitrais do Brasil 171
2.3.9 As vantagens a arbitragem e a sua utilização nas relações de trabalho 174

CAPÍTULO 3
APLICAÇÃO DA ARBITRAGEM COM A LEGISLAÇÃO ATUAL NAS RESCISÕES DO CONTRATO, SUA POSTERIOR ALTERAÇÃO, RELAÇÃO DA CLÁUSULA CONTRATO-PROCEDIMENTO (*VERTRAGS-VERFAHREN*) E A EXECUÇÃO DO ACORDO OU SENTENÇA ARBITRAL EM VARAS ESPECIALIZADAS 181

3.1 Aplicação prática da arbitragem com a legislação atual, nas hipóteses de rescisão do contrato de trabalho e mudança legislativa a fim de ampliar o instituto 184
3.2 Princípio contrato-procedimento (*Vertrags-verfahren*) da cláusula arbitral, com a possibilidade de produção antecipada de provas, assim como a aplicação do artigo 190 do CPC, em virtude da autonomia da vontade tal qual as tutelas de urgência e sua aplicação na arbitragem 199
3.3 Criação de varas especializadas para executar ou anular decisões, assim como acordos, proferidos sob a égide da Lei nº 9.307/1996 208
3.4 Projetos de lei destinados à criação de regras de aplicação da arbitragem e inovações legislativas 224

CONCLUSÃO 229

REFERÊNCIAS 235

APÊNDICES
APÊNDICE A – Tabela comparativa das câmaras 263
APÊNDICE B – Tabela comparativa das câmaras 265
APÊNDICE C – Tabela comparativa das câmaras 267
APÊNDICE D – Sugestões de alteração de lei a fim de dar efetividade à arbitragem 269

ANEXOS
ANEXO A – Números de ações ajuizadas na Justiça do Trabalho 273
ANEXO B – Números de ações ajuizadas na Justiça do Trabalho 275

ANEXO C – Números de ações ajuizadas na Justiça do Trabalho............ 277
ANEXO D – Ações ajuizadas após Lei nº 13467/2017.................................. 279
ANEXO E – Processos recebidos e julgados na Justiça do Trabalho após 2020... 281
ANEXO F – Processos recebidos e julgados na Justiça do Trabalho após 2020... 283

PREFÁCIO

Tive o enorme prazer de conhecer o amigo Gleibe Pretti em 1999, quando trabalhamos juntos em um escritório de advocacia em São Paulo. A generosidade, amizade, e dedicação do amigo logo se mostraram evidentes, sendo certo que, apesar da distância em parte dos mais de 20 anos que se passaram, o sentimento fraterno que nos uniu em 1999 nunca foi abalado. Nesse período, tive a oportunidade de acompanhar o crescimento do amigo, acadêmico e profissional, que se tornou referência para muitos alunos e se mostrou um professor muito querido. Nesse contexto, é com honra que tive a oportunidade de orientar a tese de doutorado do amigo, defendida exitosamente em junho de 2022 perante banca formada na Universidade de Marília, onde o professor Gleibe Pretti abordou com detalhes questões relativas ao acesso à justiça, a crise dos procedimentos que tramitam no poder judiciário trabalhista, a importância da arbitragem para a solução de disputas de natureza trabalhista, tendo, ainda, proposto inovações legislativas para melhor amoldar a solução de conflitos na seara trabalhista.

A obra certamente deve ser analisada com atenção pelos leitores que se dedicam ao tema do acesso à justiça e ao tema do contencioso trabalhista.

Boa leitura a todos e todas.

São Paulo, junho de 2022.

Elias Marques de Medeiros Neto
Pós-Doutorados pelas Universidades de Lisboa, Coimbra e Salamanca. Doutor e Mestre pela PUC-SP. Professor Doutor nos Programas de Doutorado e Mestrado da Unimar. Professor Titular do CEU-Law e Professor Doutor na graduação da Facamp. Advogado.

APRESENTAÇÃO

O presente trabalho baseou-se na seguinte hipótese: qual a melhor maneira de aplicar e ampliar o instituto da arbitragem nas relações de trabalho e emprego, de forma efetiva para a sociedade, com o intuito de incentivar uma maneira rápida de solução de litígios que possam surgir entre empregados e empregadores. A linha condutora do estudo apresentado foi justamente a escolha dos autores, brasileiros e estrangeiros, que seguem a mesma perspectiva em suas obras, assim como em artigos publicados na área, especialmente pós-reforma trabalhista. Utilizou-se no estudo a base de comparativos das principais câmaras do Brasil e a experiência destas desde a promulgação da Lei nº 9.307/1996 até a presente data. No capítulo 1, foi feita a análise da justiça, jurisdição e seu acesso, com o estudo do sistema multiportas e, de forma específica, da Justiça do Trabalho, com os aspectos da matéria, como relação de labor e emprego, vínculo contratual, em especial, nas rescisões do contrato de trabalho, o que fica evidente, na doutrina majoritária citada, a não incidência dos princípios da proteção, como ocorre no curso da relação empregatícia. Essa situação é analisada para que o entendimento seja pleno dos fatos ocorridos e as saídas possam ser encontradas, a fim de solução das lides. Tais temas citados são de importância relevante, tendo em vista que os referidos assuntos ofereceram bases sólidas para o desenvolvimento do trabalho. No capítulo 2, desenvolveu-se a crise do Poder Judiciário, a qual ficou evidente com os números, que são apontados e pesquisados em sites oficiais e de forma complementar, com a influência da pandemia, em virtude da Covid-19. No referido capítulo, outrossim, adentrou-se a arbitragem do ponto de vista jurídico, com conceito, elementos, direito comparado, evolução, ética do árbitro, pressupostos, formas, cláusula compromissória, compromisso arbitral, alternativa a justiça estatal, assim como a análise dos procedimentos das principais câmaras do Brasil e suas vantagens para utilização na área trabalhista. Encerrando os trabalhos, no capítulo 3, como inovação, alega-se a ideia de que a arbitragem poderá ser aplicada de forma imediata em todos os ajustes de trabalho, pela ausência do princípio protetivo pós-rescisão. Nesse ínterim, defende-se a mudança na lei para que esse instituto seja ampliado, sem deixar dúvidas. Nesse diapasão, apoia-se a aplicação do artigo 190 do CPC, para que as partes possam escolher o procedimento da arbitragem, inclusive concedendo poderes de urgência ao árbitro, ao que se deu o nome de contrato-procedimento. Complementando, no capítulo 3, arguiu-se a criação de varas específicas para receber demandas oriundas da arbitragem, como nulidades ou execução. A pesquisa foi concluída com os projetos de lei, corroborando com os argumentos anteriores. Como resultado, provou-se que a demanda, quando submetida por uma câmara arbitral, tem sentença proferida, em média, em até 60 dias, para resolução do prélio, prazo este que demonstra a efetividade do instituto.

INTRODUÇÃO

Entre os operadores do direito, assim como a sociedade, é reconhecido que a justiça estatal, seja qual for a área, não corresponde aos anseios e às necessidades de uma geração que exige rapidez e agilidade na solução de conflitos, estando muito aquém das demandas que se apresentam.

Diante dessa realidade, será demonstrado que a aplicação da arbitragem, em especial na área trabalhista, para dissídios individuais, independentemente do valor do salário, teria como finalidade a redução do número de processos, solucionando os conflitos que se apresentam, de forma a realmente atender os direitos dos envolvidos.

Tendo em vista a cultura brasileira tradicional, não apenas no Estado, mas também na justiça, faz-se necessário abrir o debate para novas maneiras de soluções dos conflitos, que possam ser mais eficazes e efetivas, renovando a aplicação prática da justiça.

O presente livro fez uso da pesquisa de caráter dedutivo, ou seja, da premissa maior (lei) para a menor (relação de trabalho), com profundo levantamento bibliográfico e prático, analisando os regulamentos das principais câmaras arbitrais do Brasil, com embasamento em obras de renomados autores do campo jurídico clássico e de títulos atuais, dedicados a explanar os conceitos abordados.

O objeto geral deste trabalho é justamente o estudo para a maior efetividade da justiça, de modo igual, o objeto específico é a aplicação da arbitragem, como meio de forma de desenlace de conflitos, na área trabalhista, tanto no âmbito de relação de emprego, como na relação de trabalho, com o intuito de oferecer maior efetividade à justiça.

Os procedimentos técnicos utilizados têm como objetivo confrontar a interpretação teórica, com os dados da realidade. Nesse sentido,

O delineamento da pesquisa em sua dimensão mais ampla envolveu tanto a diagramação quanto a previsão de análise e interpretação de coleta de dados, considerando o ambiente em que são coletados e as formas de controle das variáveis envolvidas.

O presente livro foi dividido em três capítulos. O capítulo 1, de caráter teórico, apresenta as bases necessárias para o desenvolvimento do tema. Abordou-se justiça, jurisdição, acesso ao Poder Judiciário e seus entraves, ondas renovatórias da justiça, com foco na arbitragem, assim como os conceitos de direito do trabalho (especialmente em contrato de trabalho) e o acesso à Justiça do Trabalho.

No capítulo 2, houve a análise da crise do Poder Judiciário, com os números atualizados (2021) de ações que necessitam de solução, assim como a importância da arbitragem nas relações de trabalho, a experiência desse instituto em outros países e o comparativo das principais câmaras arbitrais do Brasil. A apresentação lógica e cronológica dos números dos processos ajuizados e pendentes de julgamento no Brasil, com dados do Conselho Nacional de Justiça (CNJ), demonstram a necessidade de novos meios de soluções de conflito. Em relação a esse ponto foram incluídos apêndices provando essa situação. Na sequência, ainda no mesmo capítulo, há o estudo sobre arbitragem, desde sua origem, passando por direito comparado, conceito, evolução, ética do árbitro, natureza jurídica, pressupostos, formas, cláusula, compromisso e vantagens da arbitragem. Encerrou-se o capítulo 2 com a análise do procedimento das principais câmaras do Brasil, com anexos de tabelas com essa comparação e, por derradeiro, vantagens da arbitragem na relação de trabalho.

Por fim, a tese, o capítulo 3, defende a ideia de aplicação da arbitragem de forma imediata nos contratos de trabalho ou emprego, nas situações de rescisão de contrato de trabalho, pela ausência do princípio da irrenunciabilidade. Por esse ângulo, haveria a alteração legislativa do artigo 507-A da Consolidação das Leis do Trabalho (CLT), para que aplique de forma livre a arbitragem a todos os contratos, independentemente do valor do salário. Do ponto de vista de inovação e ineditismo, ainda no capítulo 3, criou-se o conceito de contrato-procedimento (*Vertrags-verfahren*), que nada mais é do que respeito à autonomia da vontade das partes evidenciada na cláusula arbitral, para que os envolvidos possam criar as regras procedimentais, como um negócio jurídico do artigo 190 do Código de Processo Civil (CPC)/15, de forma específica para cada caso. Essa situação deverá ter a fiscalização do Poder Público, do ato, a fim de oferecer segurança às partes.

Argumenta-se ainda no capítulo 3, como ineditismo, mais dois pontos. O primeiro, ainda com base no artigo 190 do CPC/15, oferece a possibilidade das partes de concederem ao árbitro poderes para atos de urgência, como antecipação de provas e tutelas, tanto quanto a alteração legislativa do artigo 22-A da Lei de Arbitragem, para a regulamentação dessa situação, a fim de não deixar qualquer lacuna. Por derradeiro, defende-se a tese para a criação de varas que irão julgar situações apenas que envolvam a arbitragem, como não cumprimento ou nulidade da decisão ou do acordo.

Encerra-se com a conclusão, em que estão os resultados deste livro, de que se faz necessária uma forma de solução de conflitos que não seja apenas a estatal, em face da sua demora nos julgamentos. O que foi utilizado neste estudo como base, além da análise dos procedimentos das câmaras e da vantagem deste instituto na sociedade, foi a verificação de mais de 288 obras jurídicas atualizadas, conforme constam nas referências, incluindo artigos e estudos sobre o tema. Buscou-se autores nacionais e estrangeiros.

Para realizar o presente trabalho, a pesquisa também considerou os atos praticados nos tribunais, principalmente no que se refere à aplicação da arbitragem, na seara trabalhista, utilizando um comparativo dos procedimentos entre eles, em junção com os dados da *Justiça em números* do CNJ, o que traz de forma clara a necessidade de uma solução para o problema da demora nos julgamentos das ações.

Assim, considerando os aspectos teórico-exploratórios e sua relevância na atualidade, descrever-se-á as características da arbitragem, haja vista ser uma forma extrajudicial de resolução de conflitos, destacando o potencial de aplicabilidade desta à esfera trabalhista.

Nesta linha foi realizada uma pesquisa diretamente no Tribunal Regional do Trabalho da 2ª Região (TRT2) e, outrossim, Seção de Referência, Circulação e Disseminação (SRCD) da Coordenadoria de Documentação (CDOC) do Tribunal Superior do Trabalho (TST), para a análise de todos os artigos, textos e julgados sobre o tema deste livro.

Portanto, a fim de evitar a precarização do trabalho, a ideia é encontrar saídas para a aplicação da Lei de Arbitragem nas relações de trabalho, com a legislação atual e inovações que poderão ser implementadas pelo Poder Legislativo. Esse foi o norte da pesquisa.

A trajetória de construção deste livro deu-se na vertente da seguinte reflexão: como aplicar a arbitragem nas relações de trabalho com a legislação atual, e como as normas poderiam ser alteradas para uma efetividade do instituto.

Definido o recorte temático, passou-se a uma investigação bibliográfica, para fins de demonstrar como as relações entre essas duas matérias (arbitragem e esfera trabalhista) costuram apontamentos que integram uma abordagem técnica, que poderia ser melhorada com a inserção de uma alteração legislativa, de modo a proporcionar celeridade na solução de prélios.

A escolha dos procedimentos metodológicos orienta-se a partir de lentes que refletem não apenas o olhar sobre o objeto, mas, sobretudo, sobre aquele que observa e teoriza. Os efeitos da reflexividade já vêm sendo amplamente discutidos nas pesquisas qualitativas. Nesse ínterim, não se trata apenas de reconhecer os efeitos da presença do observador sobre o campo de observação, mas, antes disso, de olhar para a própria pesquisa como um fenômeno construído a partir de recortes, trajetórias e encontros de subjetividades, que desenham o contexto cognitivo-sensitivo da construção do saber.

Desvendar os pontos cegos da pesquisa implica reconhecer que o observador compõe aquilo que observa (CASTRO-GÓMEZ; GROSFOGUEL, 2007), a partir de um lugar situado de observação que não o autoriza a falar sobre os sujeitos sociais participantes da pesquisa como se a este grupo pertencesse, mas que, da mesma forma, não o autoriza a construir uma narrativa de experimentador externo da realidade social.

De acordo com Becker (2008, p. 106), "nosso resultado de pesquisa também é um discurso", situado, singular e que deve ser confrontado. Isso não implica, no entanto, renunciar às exigências científicas, ao contrário, quer dizer reafirmá-las, razão pela qual se dedica espaço importante para apresentar neste trabalho o passo a passo da construção metodológica.

Entre a observação completamente externa e uma aproximação que gere confusão entre os sujeitos da pesquisa, Mies (1993, p. 56-59) traz a ideia de parcialidade consciente, em substituição à ideia de neutralidade científica.

Essa parcialidade consiste na compreensão da pesquisa e da pesquisadora como parte de um todo social, em que se substitui a visão "a partir de cima", pela visão "a partir de baixo", de forma que a investigação possui intencionalidade de servir às demandas de conhecimento dos grupos sociais com os quais atua.

Nela o conhecimento contemplativo é substituído pelo conhecimento pautado em participação ativa nas ações e lutas sociais, como no caso do direito do trabalho; há o reconhecimento de que aquilo que se investiga é dinâmico, histórico e contraditório, e não estático e homogêneo. Por fim, a partir da parcialidade consciente, cria-se uma identificação limitada entre os sujeitos da investigação, estabelecendo não uma confusão entre eles, mas uma distância crítica e colaborativa.

O fazer científico deve submeter-se à constante crítica não apenas dos especialistas, mas também daqueles que participam como sujeitos da relação que compõe o percurso do conhecimento.

Em Igreja (2017, p. 23), a colaboração entre pesquisadores e sujeitos da pesquisa consiste em critério de avaliação das investigações qualitativas e deve ocorrer desde a etapa de concepção do projeto.

Isso rompe com uma concepção de ciência que polariza sujeito e objeto, um pilar de sustentação do dogmatismo da ciência moderna, que vem sendo criticado externa e internamente ao campo científico. Nesta pesquisa, a partir da elaboração crítica das características da modernidade de Santos (2009, p. 33), incorporam-se os seguintes pontos de refutação metodológica: a) ao paradigma totalitário, pois não se pretende construir uma resposta única e global para a diversidade de questões apresentadas; b) ao paradigma cartesiano de simplificação e fragmentação do objeto, pois foi na complexidade do encontro de múltiplas experiências que as interpretações levaram à defesa do instituto da arbitragem.

Esse pensamento dual, que divide para hierarquizar, é descrito como característica do pensamento abissal da modernidade, que traça linhas distintivas em que "o lado de lá desaparece como realidade possível, é produzido não só como invisível, mas também como inexistente, devido a sua incomensurabilidade com as linhas distintivas traçadas pelo lado de cá do pensamento abissal" (SANTOS, Elaine; MARQUES, Heitor, 2017, p. 72).

De acordo com o autor supracitado, essas linhas do pensamento abissal se manifestam também no direito, que cria e oficializa sistemas de distinções visíveis e invisíveis, categorizando a esfera social predominantemente pela distinção binária entre o legal e o ilegal.

Dos pressupostos relatados, extrai-se que esta é uma pesquisa situada no âmbito jurídico, definida como campo em que "os juristas estudam as dimensões sociológicas das normas jurídicas", ao tempo em que permanecem "dentro do sistema jurídico e procurando contribuir para sua melhoria" (SABADELL, 2002, p. 55).

Essa melhoria pode ser de ordem técnico-instrumental, conceitual ou epistêmica, e diz respeito a como perceber, nomear e até mesmo gerir as águas e como engajar-se teoricamente em perspectivas relacionais comuns.

Conforme lembra Sabadell (2002, p. 56-57), pesquisas na área jurídica "integram, sem dúvida, o direito e trazem importantes contribuições de outras áreas das 28 ciências humanas". O jurista que nela se debruça pode examinar a interdependência entre esferas sociais e jurídicas: seja na produção de normas, nos seus fundamentos e sentidos; seja na sua aplicação, a partir de casos concretos; seja na busca de razões de decadência da norma, quando elas não são aplicadas, preservadas; ou quando os sentidos sociais em torno daquilo que se regula são dinâmicos e se transformam em um caminho distinto ao do direito estatal.

Nessa ótica, ao longo do texto, a pesquisa adentrará em questões específicas sobre os fundamentos que permeiam as normas que defendem o instituto da arbitragem, buscando compreender casos em que a aplicação desse instrumento jurídico é utilizada, especialmente em câmaras, intencionando demonstrar em que medida o conteúdo do direito arbitral pode resultar em uma justiça mais célere, principalmente em face das demandas trabalhistas.

Além do que já foi dito, cabe explicitar que não apenas o reconhecimento da sociologia jurídica como campo de inserção acadêmica é adequada aos estudos jurídicos, mas também que há, contemporaneamente, estudos que buscam abordagens coloniais na disciplina, ou seja, pensar como se pode "desenvolver um trabalho pedagógico questionador da sociedade e do lugar social do Direito", operando não apenas como técnica metodológica ou como campo acadêmico, mas também no papel ativo para "desenvolver uma visão do Direito mais crítica, social, complexa e criativa" (WOLKMER, Antonio; AUGUSTIN, Sergio; WOLKMER, Maria de Fátima, 2012, p. 28).

Partindo dessa compreensão sobre o fazer científico e a pesquisa jurídica, passa-se então a apresentar, no livro, como foram construídas as etapas de busca dos dados qualitativos, que servirão de base para o exercício analítico e interpretativo da temática, tomando como fonte procedimentos metodológicos, especificamente a aplicação da arbitragem, nas relações que envolvam direito do trabalho, tanto no aspecto de empregador como de trabalhadores.

A pesquisa tem caráter dedutivo, que nada mais é do que partir de uma regra geral, para chegar a uma ideia em casos específicos, ou seja, fazer derivar proposições a partir do corpo empírico observado, de forma que os dados levantados levam a uma construção conceitual (YIN, 2016).

O entendimento sobre fundamentos dos processos de defesa da arbitragem e os sentidos interpelados completam-se com o diálogo entre as distintas fontes de dados, as quais apreendem dimensões diversas sobre o mesmo fenômeno. Portanto, como técnica de pesquisa, procurou-se exercitar a triangulação como "ato de utilizar diferentes fontes e métodos de coleta" (SAMPIERI, 2013, p. 446).

A triangulação busca fortalecer evidências que corroborem a interpretação que se dá aos fenômenos, mas não consiste em uma busca de verdades objetivas, considerando que o gesto de interpretar atravessa o contexto e o próprio pesquisador e é atravessado por eles.

Especificamente no capítulo 3, as análises bibliográficas e jurisprudenciais nortearam o presente trabalho, com a definição do cabimento do instituto da arbitragem nas relações de trabalho. Estas, então, mostram-se totalmente cabíveis, independentemente de alteração da lei, mas com a mudança dela, indubitavelmente, sua aplicação será muito mais efetiva.

A amplitude do campo de estudo fez necessária uma revisão seletiva aprofundada de casos que ajudassem no desenvolver do nicho escolhido, definindo os contrastes com as perspectivas da área em que se encontra inserido, considerando principalmente o tema da arbitragem (YIN, 2016, p. 56-57).

Especificamente acerca da análise dos dados, a revisão de literatura servirá como "apoio e consulta", conforme prescreve Sampieri (2013, p. 382), cedendo espaço para que a pesquisa possa realizar sua própria descrição explicativo-analítica dos fenômenos com os quais se depara, ainda que recorra à explicitação de conceitos, comparações entre autores, complementação dos estudos bibliográficos e, sobretudo, a um exercício teórico de aproximação e crítica com distintas abordagens em torno das categorias utilizadas, com análise dos procedimentos arbitrais das principais câmaras do Brasil.

Nessa conjuntura, o presente livro busca demonstrar, com forte apelo bibliográfico, análise da jurisprudência, do mesmo jeito que a atividade das principais câmaras no Brasil, a aplicação efetiva do instituto, nas relações de trabalho e emprego, especialmente para dissídios individuais, independentemente do valor do salário, tendo em vista que o coletivo já está pacificado desde a CF/88.

Já existem fundamentos principiológicos e suficientes para a aplicação da Lei de Arbitragem, em todos os contratos de trabalho, independentemente do valor do salário, haja vista que não há uma proibição legal para esse fato, tal como o respeito ao princípio da autonomia da vontade e a natureza do direito do trabalho, consoante o artigo 444 da CLT, ou seja, privada.

Por fim, argumoenta-se, nos capítulos que seguem, a favor da aplicação da Lei de Arbitragem nas rescisões contratuais, da mesma maneira que a alteração legislativa, para que possa oferecer meios para sua aplicação efetiva, bem como dar segurança e autonomia às partes, para a escolha do procedimento que irão aplicar em caso de conflito, em respeito à natureza privada do direito do trabalho. Porém, antes, será dado início à base de sustentação de toda a tese, que é justamente o conhecimento acerca da justiça, conforme segue.

CAPÍTULO 1

APONTAMENTOS ACERCA DA JUSTIÇA, JURISDIÇÃO, ASSIM COMO OS ENTRAVES E O SEU ACESSO, COM OS REFLEXOS NA SOCIEDADE

1.1 Justiça e seus aspectos práticos

Considerando os problemas que envolvem a justiça, faz-se necessário estudá-la para que se possa alterar o que não funciona na prática, a fim de entender o instituto e encontrar saídas para os problemas apresentados no campo do Poder Judiciário, o que será analisado e defendido a aplicação da arbitragem nos dissídios individuais trabalhistas.

Considere-se primeiramente o significado ou a origem da palavra justiça, levando em conta a influência do pensamento greco-romano na cultura brasileira.

No idioma grego justiça vem da palavra δικαιοω, que pode significar: "1) tornar justo ou como deve ser; 2) mostrar, exibir, evidenciar alguém ser justo, tal como é e deseja ser considerado; 3) declarar, pronunciar alguém justo, reto, ou tal como deve ser" (STRONG, 2002, p. 125).

Buscando a origem da palavra sob um estudo da raiz latina, tem-se o entendimento de que justiça é: "*Justitia, ae (justus)*. 1. Justiça, conformidade com o direito, equidade; *justitia erga deos Cic.* deveres para com os deuses; 2. Sentimento de equidade, espírito de justiça; 3. Bondade, benevolência, benignidade; 4. Santidade" (MONIZ, 2001, p. 381).

Verifica-se que a palavra justiça tem ligação com bom senso e equidade. Na situação fática, necessário entender as demandas de cada litigante, e a dimensão delas, muitas vezes escusas, e analisar as provas em conjunto com as regras vigentes.

Conforme Bruno Dias (2017, p. 8-9), "um conflito surge quando dois lados opostos têm interesse no mesmo bem jurídico". Nessa situação, haverá uma pretensão direcionada ao bem, enquanto a outra parte exerce a pretensão contrária, seja por querer o bem para si mesma, seja por negar acesso ao que pretende a primeira parte.

O fim do litígio viria, assim, não pela resolução em si do conflito, mas pela vitória de um sobre o outro em razão da força, e não da justiça. Haveria, de forma não consensual, nas palavras de Cintra, Grinover e Dinamarco (2007, p. 26): "o sacrifício do interesse alheio".

Marinoni, Arenhart e Mitidiero (2017, p. 185) separam as medidas autocompositivas quanto à influência. Nesse sentido, a autocomposição pode ser espontânea, na ideia de que as próprias partes acordam sem a participação de um terceiro; ou estimulada, quando um terceiro viabiliza a realização do acordo. É imperativo frisar que o terceiro não decide, mas sim torna possível a composição, seja por criar um ambiente propício ao acordo, seja por neutralizar situações desfavoráveis à solvência do conflito, seja até por fazer sugestões não impositivas. Seria importante, nesse aspecto, a educação social, a fim de evitar a procura do Poder Judiciário, buscando sempre dirimir os conflitos, respeitando os contratos, assim como as leis e, em caso de litígio, priorizando o acordo como melhor solução.

O atingimento de um moderno processo civil de resultados vem sendo sabotado pela praxe forense, onde se prolifera a emissão de sentenças ditas processuais ou terminativas, sem enfrentar o âmago da controvérsia, exacerbando a litigiosidade nas relações travadas entre as partes em conflito (MANCUSO, 2012).

Havendo tantas regras processuais e uma enorme quantidade de procedimentos que podem ser utilizados pelas partes, a demanda judicial torna-se extensa, fugindo do conceito base de justiça, que nada mais é do que a busca por uma solução célere e equânime para os conflitos entre as partes.

Fazendo um paralelo acerca das vantagens advindas da tutela coletiva, é incompreensível levantar-se como fato inibidor as desconfianças ideológicas no seio do próprio Poder Judiciário, exteriorizadas pelo número expressivo de julgamentos sem análise do mérito, especialmente quando enfrentam a questão da legitimidade dos entes portadores de interesses metaindividuais (MANCUSO, 2012).

Deveria haver uma regra que pudesse atender a maior quantidade de pessoas em ações coletivas, inclusive alterando o rol de legitimados, pois essa seria uma das formas de desenlace para diversos conflitos que têm a mesma origem.

Voltando ao acesso à justiça, eis a razão por que se levantam algumas vozes na doutrina, buscando redimensionar o alcance do postulado constitucional de acesso à justiça, sem a pretensão de minimizar sua magnitude, contudo lhe conferindo uma significação mais funcional diante do dilema do déficit de atuação dos órgãos jurisdicionais. Para que a expressão – acesso à justiça – mantenha a atualidade e aderência à realidade sociopolítica e econômica do país, impende que ela passe por uma releitura, de modo a não se degradar numa garantia meramente retórica, tampouco numa oferta generalizada e incondicionada do serviço judiciário estatal (MANCUSO, 2012).

Nesse diapasão, "o acesso à justiça pode, portanto, ser encarado como requisito fundamental – o mais básico dos direitos humanos – de um sistema jurídico moderno e igualitário que pretenda garantir, e não apenas proclamar os direitos de todos" (CAPPELLETTI; GARTH, 1988, p. 12).

Uma das razões para esse esgotamento é a cultura demandista fomentada desde os bancos acadêmicos e se espraiando pela população, composta por um contingente que abarca uma geração que viveu sob os auspícios de um regime totalitário.

Outra vertente de medidas centra-se no remodelamento judicial, com sumarização de procedimentos, súmulas vinculantes, eliminação de figuras recursais e outras tantas inovações alvissareiras, mas insuficientes por si para refrear as causas do excessivo demandismo judicial ou da judicialização do cotidiano.

De modo ineficaz, ainda nos bancos das faculdades incentiva-se o estudante de direito a ingressar com ações judiciais, sem buscar por alternativas de solução mais rápida para as arrelias, comportamento este que urge ser alterado.

É exacerbada a judicialização da vida em sociedade, para o que contribui a pródiga positivação de novos direitos e garantias, individuais e coletivos, a partir do texto constitucional, projetando ao interno da coletividade uma expectativa (utópica) de pronto atendimento a todo e qualquer interesse contrariado ou insatisfeito. Trata-se de ufanista e irrealista leitura do que se contém no inciso XXXV do art. 5º, da CF/1988 – usualmente tomado como sede do acesso à justiça (MANCUSO, 2012).

Nesse sentido, da mesma maneira que o povo brasileiro mudou muito rápido, até o próprio direito processual civil mudou, de forma acelerada e muito precoce, adotando outros critérios e outras linhas de atuação, visando desde então à eficiência e à celeridade na solução da lide (THAMAY, 2011).

Observando do ponto de vista social, nenhum paradoxo da política contemporânea é tão dolorosamente irônico como a discrepância entre os esforços de idealistas bem-intencionados, que persistem teimosamente em considerar "inalienáveis" os direitos desfrutados pelos cidadãos dos países civilizados, e a situação de seres humanos sem direito algum (ARENDT, 1998).

Em *O problema da justiça*, Hans Kelsen, da escola positivista, analisa a problemática relação entre direito e justiça. O autor identifica dois tipos de normas de justiça: as metafísicas e as racionais. As normas metafísicas provêm de uma instância transcendental, que existe para além do conhecimento humano baseado na experimentação. E não podem ser compreendidas pela razão. Os homens devem crer nessas normas metafísicas da mesma forma que creem na instância transcendental da qual derivam (KELSEN, 1998).

As normas de justiça do tipo racional, em contrapartida, não pressupõem a existência de qualquer instância transcendental e podem ser compreendidas pela razão humana, o que "[...] não significa, todavia, que estas normas possam ser postas pela razão humana – pela chamada 'razão prática' – ou ser encontradas na razão" (KELSEN, 1998, p. 17).

Frise-se que nesse contexto, da conhecida regra de ouro, que determina que se deve tratar os outros como se quer ser tratado, fica excluída toda punição de um malfeitor, pois nenhum malfeitor deseja ser punido. Desse modo, é afastada uma parte essencial do direito positivo (KELSEN, 1998).

Definidas a norma e a justiça, dentro do estudo da escola positivista, porém, com um parecer de direito alternativo (luta pela justiça ou ainda justiça pelo código, apesar do código) pode-se passar à utilização desses institutos do ponto de vista prático, que é o tema deste livro, a arbitragem nas relações de trabalho. Mas, antes, deverá ser abordado o tema jurisdição, de forma a se obter a base necessária para sustentar a ideia de aplicação de novos meios de soluções de conflitos, especialmente na área trabalhista.

1.2 Jurisdição

Antes de adentrar nos aspectos processuais, de acesso à justiça, serão ressaltados alguns pontos relevantes acerca da jurisdição, tema de suma importância no presente livro, tendo em vista a necessidade de compreensão do Poder Judiciário e das saídas correlatas para a decifração dos conflitos. Indubitavelmente, esse ponto se faz necessário, haja vista que o entendimento dele acarreta o aprofundamento no conhecimento do sistema judiciário, a fim de encontrar formas diferentes de solução de litígios, o que é o objetivo deste trabalho.

Um outro motivo para o estudo da jurisdição é justamente que a arbitragem tem natureza jurídica fundada no contrato. Isso ocorre pelo simples fato de só existir por exigência da convenção de arbitragem, que se dá por meio de dois mecanismos: cláusula compromissória, que poderá ser cheia ou vazia, e compromisso arbitral, que será necessário quando a cláusula compromissória for considerada vazia ou se ela nem existir. Mas é importante salientar que a arbitragem tem natureza mista, surge no contrato e depois se desenvolve como jurisdição. Tais argumentos serão reiterados no capítulo 2 deste livro.

O termo jurisdição origina-se da expressão latina *dicere ius*, ou seja, o poder de dizer. Contudo, a jurisdição atua sempre em segundo plano, isto é, somente quando o encargo não é cumprido, origina-se da *actio nata*. Saliente-se que a jurisdição sempre deverá ser procurada, provocada pelos interessados, sendo necessária a vontade dos envolvidos.

Do ponto de vista histórico, a *jurisdictio* foi exatamente a manifestação do *imperium* (ou seja, do poder de mandato atribuído ao magistrado superior romano), que consistia em fixar regras jurídicas e que se distinguia tanto do poder militar quanto da *coercitio*; apenas porque essa fixação de regras acontecia por meio do processo, o mesmo nome serviu para designar o fim e o meio, e, por conseguinte, tanto a função jurídica, quanto a função processual. Assim, explica-se que se tenha acabado por chamar jurisdição a esta última, inclusive quando é execução (CARNELUTTI, 2004).

Atualmente, a jurisdição deve ser compreendida menos como um poder e mais centrada em sua função, colimando promover a resolução justa dos conflitos, exercida e pensada não tanto como um monopólio estatal, mas oportunizando instrumentos hétero e autocompositivos que levem a esse desiderato de distribuição da justiça, ainda que por intermédio dos chamados equivalentes jurisdicionais (MANCUSO, 2012).

Do mesmo modo, salienta-se que o sistema jurídico é o modo pelo qual se deve interpretar a lei, preencher suas lacunas e afastar as antinomias. Atribui-se a Chiovenda a primazia de ter afirmado a autonomia da ação como direito potestativo conferido ao autor, de obter, em face do adversário, uma atuação concreta da lei (CHIOVENDA, 2000).

A jurisdição é o poder-dever do estado de dizer o direito no caso concreto, é una e indivisível (PRETTI, 2018).

A fim de dar uma resposta às indagações anteriores, o Poder Judiciário detém apenas o monopólio da justiça estatal, mas não da jurisdição, uma vez que esta pode ser arbitral ou estatal, de acordo com a vontade manifestada pelos interessados (TELLECHEA, 2016).

Dentro do conceito de competência, há o alcance da jurisdição de um magistrado. É o âmbito do seu poder de dizer o direito. Por isso, um juiz competente para causas trabalhistas poderá não ser competente para questões penais, não porque ele não conheça o direito penal, mas porque a própria lei estabelece que o juiz não pode invadir a competência, o raio de ação do outro (ACQUAVIVA, 2001).

Acerca da competência da arbitragem institucional, esta deverá verificar se a demanda pertence a esse órgão, o que na prática resulta em muitas designações equivocadas quanto à denominação da instituição (BENGLIA, 1996, p. 11). Quando ocorre um equívoco na sede social, não se pode interpretá-lo como prova de inexistência da referida instituição ou da nulidade da cláusula compromissória (DIMOLITSA, 1993, p. 14). No caso de incompetência, o tribunal pode e deve analisar as diversas exceções levantadas (ARNALDEZ; DERAINS; HASCHER, 1997, p. 436). As partes muitas vezes preferem escolher uma instituição internacional e não doméstica para que exista a imparcialidade (DERAINS, 1998, p. 90).

Para que seja feito um paralelo com as leis estadunidenses, foi traduzida de maneira livre a crítica geral feita a história interpretativa da Lei Nacional de Relações Trabalhistas desse país. A lei, como a maior parte da legislação social dos últimos 45 anos, está agora sob ataque. A regulamentação governamental em muitas esferas da vida econômica está sendo reduzida, e os programas liberais do passado estão sendo desmantelados. Nesse contexto, também é provável que haja um reexame dos direitos trabalhistas conferidos pela lei. Ao criticar as interpretações prevalecentes, não se propõe que a lei seja descartada por suas falhas. Pelo contrário, insta a uma interpretação substantiva das relações de trabalho (STONE, 1981).[1]

Buscando a doutrina trabalhista, tradicionalmente a competência é a medida da jurisdição. É a competência que legitima o poder jurisdicional. Logo, é do exame desta "medida de jurisdição" que se saberá qual órgão estatal será competente para solucionar o conflito social (LEITE, Carlos, 2018).

No art. 114 da CF, foram fixadas todas as competências materiais-constitucionais da jurisdição do trabalho, o que encerrava uma "[...] regra trina da competência da Justiça do Trabalho" (PAMPLONA FILHO, 1998), qual seja: a competência material natural, originária ou específica; a competência material legal ou decorrente; a competência material executória.

Importante ressaltar que a jurisdição trabalhista atua quando se tem a violação dos direitos assegurados pelas regras jurídicas (direito objetivo), em razão de um conflito de interesses, ou seja, pressupõe a aplicação da lei em um caso factual (PRETTI, 2018).

Assim, a própria CF/88 determina quais são as situações em que podem ser exigidas as decisões da Justiça do Trabalho, dando, em especial com a Emenda Constitucional (EC) nº 45, de 2004, um aparato ainda maior às ações da justiça trabalhista especializada.

A Constituição de 1988 resguarda a liberdade individual e defende os direitos do cidadão contra o Estado, quando este age contra as carências que atingem a sociedade.

Dito isso, fica demonstrado que a Constituição, a despeito do seu caráter compromissório, confere uma unidade de sentido, de valor e de concordância prática ao sistema de direitos fundamentais. E ela repousa na dignidade da pessoa humana, proclamada no art. 1º, ou seja, na concepção que faz da pessoa fundamento da sociedade e do Estado (MIRANDA, 1993).

---

[1] Nossa tradução. No original: "One general critique of the interpretive history of the National Labor Relations Act. The Act, like most of the social legislation of the past forty-five years, is now coming under attack. Government regulation in many spheres of economic life is being curtailed, and the liberal programs of the past are being dismantled. In this context, there is also likely to be a reexamination of the rights of labor conferred by the Act. This article, in criticizing the prevailing interpretations of the Act, does not propose that the Act be jettisoned for its failures. On the contrary, it urges a substantive interpretation of labor relations". (STONE, Katherine van Wezel. The Post-War Paradigm in American Labor Law. *The Yale Law Journal*, v. 90, n. 7, p. 1.509-1.580, Jun. 1981. Disponível em: https://www.jstor.org/stable/796079. Acesso em: 9 nov. 2021).

Em particular, nos EUA, as cláusulas de arbitragem incluídas na maioria dos acordos coletivos de trabalho podem ter impacto substancial sobre os direitos dos trabalhadores negros, que alegam discriminação racial e violação dos direitos contratuais, que esses legislativos e doutrinários desenvolvimentos procuram proteger (GOULD, 1969).²

A Constituição é suprema quando assegura não só sua autodefesa formal, mas também real, ou seja, quando se torna efetivamente respeitada e garantida no seio da sociedade (ARRUDA, 1998).

A CF/88, em seu artigo 5º, inciso XXXV, garantiu ao cidadão o direito à tutela jurisdicional do Estado, ao dispor que "a Lei não excluirá da apreciação do Poder Judiciário lesão ou ameaça a direito". Esse preceito da inafastabilidade da jurisdição, aliado ao princípio da igualdade, ao princípio da dignidade da pessoa humana e do direito ao devido processo legal, esteiam o direito de acesso à justiça no ordenamento jurídico brasileiro (OLIVEIRA, Gustavo, 2017).

A decisão do Agravo de Instrumento em Recurso de Revista publicada em 21 de outubro de 2011 demonstra a supremacia da Constituição relativamente a outras normas, como se vê:

> AGRAVO DE INSTRUMENTO. RECURSO DE REVISTA. PRINCÍPIO DA SUPREMACIA DA CONSTITUIÇÃO. ARTIGO 19 DO ADCT (ESTABILIDADE ASSEGURADA APENAS AOS SERVIDORES PÚBLICOS CIVIS DAS UNIDADES DA FEDERAÇÃO ADMITIDOS SEM CONCURSO PÚBLICO EM EXERCÍCIO HÁ PELO MENOS CINCO ANOS CONTINUADOS NA DATA DA PROMULGAÇÃO DA CF). PREVALÊNCIA SOBRE LEI MUNICIPAL (QUE PREVIU A ESTABILIDADE PARA OS SERVIDORES PÚBLICOS ADMITIDOS SEM CONCURSO PÚBLICO EM EXERCÍCIO NA DATA DA PROMULGAÇÃO DA CF). Nega-se provimento a agravo de instrumento pelo qual a recorrente não consegue infirmar os fundamentos do despacho denegatório do recurso de revista. (BRASIL, 2011d).

A Constituição não é apenas um limite negativo à atuação do Estado, mas um texto de encargos, o que o obriga a dirigir suas atividades

---

² Nossa tradução. No original: "In particular, the arbitration clauses included in most collective bargaining agreements can have substantial impact upon the rights of black workers who allege both racial discrimination and contract violation-rights which these legislative and doctrinal developments seek to protect". (GOULD, William B. Labor Arbitration of Grievances Involving Racial Discrimination. *University of Pennsylvania Law Review*, v. 118, n. 1, p. 40-68, Nov. 1969. Disponível em: https://www.jstor.org/stable/3311125. Acesso em: 9 dez. 2021).

à prestação e ao empenho na satisfação das necessidades econômicas, culturais e sociais de seu povo, além de ser uma fonte de disciplina das relações (ARRUDA, 1998).

Veja-se a aplicação da eficácia horizontal nos processos trabalhistas:

> TRT-PR-26-07-2011 TERCEIRIZAÇÃO. RESPONSABILIDADE SUBSIDIÁRIA DO TOMADOR DOS SERVIÇOS. EFICÁCIA HORIZONTAL DOS DIREITOS FUNDAMENTAIS. A pessoa jurídica de direito público, além de zelar pela juridicidade da contratação da terceirização de serviços, deve servir-se de rigoroso e constante acompanhamento da idoneidade da empresa, frente aos meios utilizados por esta para a satisfação do objeto contratual, como bem instruem os artigos 58, III, e 67, §1º, da Lei nº 8.666/93. Por derradeiro, cumpre ao tomador, incluindo os entes públicos, fiscalizar a atuação da prestadora de serviços, a fim de assegurar o cumprimento das obrigações trabalhistas e, consequentemente, a dignidade do trabalhador. Trata-se, aqui, de respeito a direito humano e aos valores sociais do trabalho, protegidos pela Constituição Federal. Enfatiza Douglas Alencar Rodrigues que "Nas relações privadas de emprego, há de observar a eficácia horizontal dos direitos fundamentais, decorrente do princípio da dignidade da pessoa humana. Assim, considerando que os direitos fundamentais refletem o norte axiológico da sociedade, então sua observância, respeito e efetividade não devem se restringir ao Estado, mas a toda e qualquer relação jurídica, seja ela de direito público ou de direito privado". (TST – AIRR 142140-04.2004.5.03.0036, Data de julgamento: 02.12.2009, 6ª T., Data de Publicação: DEJT 11.12.2009). Recurso da Reclamada a que se nega provimento, no particular. (BRASIL, 2011b).

A preocupação dos julgadores em aplicar os princípios de forma objetiva a fim de resolver os litígios existentes fica evidente:

> EMENTA: TRT-PR-18-03-2011 PENHORA – BEM ÚTIL À ATIVIDADE DA EXECUTADA – PRINCÍPIO DA PROTEÇÃO AO TRABALHADOR – Em que pese seja o bem da agravada útil ao exercício da atividade empresarial, não se pode negar o direito do exequente de auferir o mínimo necessário ao seu sustento, ainda mais quando a executada não terá sua sobrevivência afetada com a penhora do bem referido, sendo-lhe possibilitada, inclusive, a substituição do bem constrito por dinheiro antes da arrematação ou da adjudicação (art. 668 do CPC). (BRASIL, 2011c).

O princípio tutelar influi em todos os segmentos do direito individual do trabalho, inclusive na própria perspectiva desse ramo ao construir-se, desenvolver-se e atuar como direito. Efetivamente, há ampla predominância, nesse ramo jurídico especializado, de regras essencialmente protetivas, tutelares da vontade e dos interesses obreiros; seus princípios são fundamentalmente favoráveis ao trabalhador; suas presunções são elaboradas em vista do alcance da mesma vantagem jurídica retificadora da diferenciação social prática. Na verdade, pode-se afirmar que, sem a ideia protetivo-retificadora, o direito individual do trabalho não se justificaria histórica e cientificamente (DELGADO, 1983). Porém, diante da demora dos julgamentos, especialmente das ações trabalhistas, existe uma expectativa por parte da sociedade em ter uma resolução das demandas, mas na prática não há.

Com as variações sofridas no corpo social, as leis sofrem alterações para que permaneçam atuantes e eficazes. Como bem ensina Nader (2017, p. 19): "Não basta, portanto, o ser do direito na sociedade, é indispensável o ser atuante, o ser atualizado. Os processos de adaptação devem-se renovar, pois somente assim o direito será um instrumento eficaz na garantia do equilíbrio e da harmonia social". Com a necessidade de adequar a legislação às novas relações de trabalho surgiu a Lei nº 13.467/2017.

De acordo com Cappelletti e Garth (1988, p. 9), o que se tinha era apenas o acesso formal à justiça, não havendo preocupação do Estado em afastar a incapacidade que muitas pessoas tinham de utilizá-la. No direito do trabalho, observa-se o caráter compensatório desse histórico no princípio da proteção.

Diante dos argumentos descritos, verifica-se que não existe a real eficácia da aplicação da justiça em sua concepção da palavra, tendo em vista os entraves para o resultado positivo dos conflitos, tema este que será abordado de forma mais específica na seção seguinte, com o acesso à justiça.

1.3 Acesso à justiça e seus entraves

Trata-se de tema de importância para o presente livro, tendo em vista que só será possível oferecer formas mais rápidas de solução dos conflitos caso exista o conhecimento prévio da atual máquina estatal do Poder Judiciário. Nomeadamente sobre o acesso à justiça, com o passar dos séculos essa ideia vem sofrendo importantes mudanças no decorrer do processo de evolução.

Do ponto de vista liberal, inicialmente nos Estados que seguem essa corrente, o pensamento predominante era o *laissez-faire* (não interfiram, em tradução livre), em que todos eram presumidamente iguais, não importando as características particulares das partes. O conceito não levava em conta distinções patrimoniais, sociais ou qualquer outra, de maneira que os problemas reais dos indivíduos sequer adentravam no campo das preocupações doutrinárias em torno do direito processual (THEODORO JÚNIOR, 1997).

Contudo, uma vez que os conflitos sempre surgem, cabe ao Estado o encargo de agir, atuando como o solucionador dessas diferenças, buscando sempre a realização do bem social.

Do ponto de vista universal, a base para o acesso à justiça dar-se-á pelo respeito aos direitos humanos, em que toda pessoa tem direito de ser ouvida, com as devidas garantias e dentro de um prazo razoável, por um juiz ou tribunal competente, independente e imparcial, estabelecido anteriormente por lei, na apuração de qualquer acusação penal contra ela, ou para que se determinem seus direitos ou suas obrigações de natureza civil, trabalhista, fiscal ou de qualquer outra (art. 8º, §1º da Convenção Interamericana sobre Direitos Humanos – São José da Costa Rica).

O princípio assegurado pelo artigo 5º da Constituição é conhecido pela doutrina e jurisprudência como princípio da inafastabilidade do controle jurisdicional ou princípio do direito de ação.

O grau de uma ciência é medido pelo refinamento maior ou menor do seu vocabulário específico. Onde os conceitos estão maldefinidos, os fenômenos ainda confusos e insatisfatoriamente isolados, onde o método não chegou a tornar-se claro ao estudioso de determinada ciência, é natural que ali também seja pobre a linguagem e as palavras sejam usadas sem grande precisão técnica. Em direito também é assim. À medida que a ciência jurídica se aperfeiçoa, também o vocabulário do jurista vai sentindo os reflexos dessa evolução, tornando-se mais minucioso e apurado. A linguagem do jurista de hoje não é a mesma de seu antecessor do século passado, precisamente porque a ciência do direito já se encontra profundamente modificada (DINAMARCO, 2010).

Para melhor entender, cabe distinguir princípio de regra, dizendo-se que aquele se caracteriza pela generalidade e abstração, enquanto esta pela determinação e concreção. Tal critério foi considerado por Alexy (2001, p. 112), que procura demonstrar a diferença qualitativa entre princípio e regra. Consoante essa concepção, os princípios são mandados de otimização, isto é, comportam graus de aplicação; já as regras ou valem ou não valem.

De maneira exemplificativa, o princípio da ampla defesa sujeita-se a gradação segundo a natureza da causa (por exemplo, na ação de desapropriação, a defesa é restrita à discussão da validade do ato expropriatório e ao valor da indenização). Já a regra não se sujeita a tal gradação. A lei posterior revoga a anterior expressa ou tacitamente de modo a excluí-la do sistema. É o chamado tudo ou nada. Em razão dessa diferença, o conflito entre princípios se resolve de modo diferente do conflito entre regras. No primeiro caso, devem-se avaliar os interesses em jogo, após cuidadosa operação para se dar prevalência aos valores mais relevantes (por exemplo, se houver liça entre o direito à vida e à propriedade privada, deverá prevalecer o primeiro). Já o conflito entre regras se soluciona com a aplicação de uma e a exclusão da outra (LOPES, 2010).

Neste trabalho, mostrar-se-á como o apontamento exato das palavras utilizadas pelo legislador evidencia um acesso formal, mas não efetivo à justiça, correspondendo a uma igualdade também apenas formal, e não efetiva, contrariando o conceito de acesso à justiça em si, que deveria trazer o sentimento de que o sistema deve ser igualmente acessível a todos, e deve produzir resultado individual e socialmente justo (CAPPELLETTI; GARTH, 1988).

Importa verificar o que significa a elevação da norma ao nível constitucional. Para não a relegar ao plano das simples normas "programáticas", sem impacto direto na realidade, deve-se cogitar ao menos duas consequências primaciais: 1ª) será incompatível com a Carta da República e, portanto, inválida qualquer lei cuja aplicação incorra em descumprimento de garantia instituída no texto; 2ª) a violação da norma por parte do Poder Público acarretará a responsabilidade deste pelos danos patrimoniais e morais ocorridos (MOREIRA, José Carlos, 2006).

O grande problema e entrave do acesso à justiça continua sendo os fatores econômicos, e sociais, pois a movimentação da máquina judiciária é exacerbadamente dispendiosa, de modo que, havendo o monopólio estatal na resolução das lides, verificam-se gastos com funcionários e formação destes, entre outros materiais, sejam humanos ou não (CARVALHO, 2011).

Quando se aprofunda na questão, sempre surge a dúvida quanto à real necessidade de uma máquina judiciária do tamanho da que existe hoje. Considerando os julgados proferidos e a demora nos encerramentos dessas decisões, parece que não há necessidade de uma estrutura tão densa, se aplicados outros institutos de desenlace, como é a arbitragem.

Por outro prisma, importante trazer para a discussão a distinção entre duas palavras indianas que significam justiça, *nitie* e *nyaya*. A primeira significa adequação organizacional e correção comportamental, e a segunda é o resultado, a vida que as pessoas realmente podem levar. Em contrapartida, seria parte essencial da justiça evitar a *matsyanyaya*, que, sendo traduzida como "justiça dos peixes", representaria uma forma inadequada de aplicação das instituições, em que o "peixe grande pode livremente devorar um peixe pequeno" (SEN, 2011, p. 711).

Nitie estaria vinculada às instituições, que poderiam ser as mais corretas possíveis, mas, ainda assim, permitir que um peixe grande engolisse um pequeno. Para Sen (2011, p. 46), nessa perspectiva, não se poderia falar em *nyaya*, mas em *matsyanyaya*. Assim, "o tema da justiça não diz respeito apenas à tentativa de alcançar – ou sonhar com a realização de – uma sociedade perfeitamente justa ou arranjos sociais justos, mas à prevenção de injustiças manifestamente graves". Ele usa como exemplo, para separar *nitie* e *nyayae* e confirmar seu posicionamento, a luta pela abolição da escravatura, que, para seus defensores, não teria o condão de, por si só, tornar o mundo justo. Ao contrário, o que pretendiam era o fim de uma injustiça muito grande, ou seja, a "injustiça intolerável" (SEN, 2011, p. 723).

A justiça global perfeita, realizada por meio de um conjunto de instituições impecavelmente justo, mesmo que coisa pudesse ser realizada, sem dúvida exigiria um Estado global soberano, e, na ausência deste Estado, as questões de justiça global pareceriam intratáveis aos transcendentalistas (SEN, 2011).

A comunidade justa seria aquela formada por instituições baseadas nos princípios eleitos pelo contrato firmado na posição original. Existe um ceticismo quanto a essa seleção de princípios, uma vez que existem "interesses gerais genuinamente plurais, e às vezes conflitantes, que afetam nossa compreensão de justiça". Isso significaria que não seria possível eleger um ou dois princípios elementares de justiça, e que "a pluralidade de princípios imparciais pode refletir o fato de que a imparcialidade pode assumir muitas formas diferentes e ter manifestações bastante distintas" (SEN, 2011, p. 1.451).

É tentador acreditar que a justiça não se relaciona com nenhum tipo de argumentação racional, que basta a sensibilidade para a injustiça – o que seria corroborado com a indignação causada diante da fome coletiva, por exemplo. Determinadas tragédias só seriam consideradas injustiças se pudessem ter sido evitadas e nada tivesse sido feito nesse sentido, ou seja, em caso de força maior não se estaria diante de uma injustiça, mesmo que a calamidade fosse enorme. Por fim, os requisitos de uma teoria da justiça incluem fazer com que a razão influencie o diagnóstico da justiça e da injustiça.

O papel libertador da imparcialidade aberta permite que diferentes tipos de perspectivas, sem preconceitos e vieses, sejam levados em conta e encoraja os indivíduos a se beneficiarem dos insights que vêm de espectadores imparciais diferentemente situados.

Se as exigências da justiça só podem ser avaliadas com a ajuda da argumentação pública, e se essa argumentação está constitutivamente relacionada com a ideia de democracia, então existe uma íntima conexão entre a justiça e a democracia, que partilham características discursivas (SEN, 2011).

Chega-se ao consenso de que apenas com a democracia pode-se ter acesso à informação, e assim a justiça poderá ser obtida de forma mais evidente.

Com o passar dos séculos, a ideia de acesso à justiça vem sofrendo importantes mudanças.

Como já exposto, inicialmente, nos Estados liberais, o pensamento predominante era o *laissez-faire*, em que todos eram presumidamente iguais, não se importando com as características das partes, não se levando em conta distinções patrimoniais, sociais, ou qualquer outra, de modo que os problemas reais dos indivíduos sequer adentravam no campo das preocupações doutrinárias em torno do direito processual (THEODORO JÚNIOR, 1997).

Para Enrico Liebman (*apud* TARTUCE, Fernanda, 2020, p. 118), "o acesso à justiça é direito genérico, indeterminado e inconsumível". Na mesma direção, Bedaque (2006, p. 71) ensina que:

> Acesso à justiça, ou mais propriamente, acesso à ordem jurídica justa, significa proporcionar a todos, sem qualquer restrição, o direito de pleitear a tutela jurisdicional do Estado e de ter à disposição o meio constitucionalmente previsto para alcançar esse resultado. Ninguém pode ser privado do devido processo legal, ou, melhor, do devido

processo constitucional. É o processo modelado em conformidade com garantias fundamentais, suficientes para torná-lo équo, correto, justo.

Na teoria, temos definições que um dia, talvez, a sociedade consiga obter, mas como será demonstrado neste livro, a tutela jurisdicional do Estado está muito distante da realidade do cidadão. O acesso formal mas não efetivo à justiça correspondia à igualdade, também apenas formal, e igualmente não efetiva. A expressão acesso à justiça, todavia, deve trazer o sentimento de que o sistema é igualmente acessível a todos, e deve produzir resultado individual e socialmente justo (CAPPELLETTI; GARTH, 1988). Porém, no dia a dia do cidadão, o acesso à justiça traz imbróglios de toda a natureza.

No que tange ao Judiciário, o respeito ao princípio da dignidade humana deve ser o primeiro a ser observado ao interpretar uma norma jurídica (SIQUEIRA JÚNIOR, Paulo; OLIVEIRA, Miguel, 2009).

Tem-se o princípio da dignidade da pessoa humana como o elemento basilar para que se possa iniciar a exegese de uma norma, e aplicá-la de forma justa a todos os envolvidos.

Na verdade, acesso à justiça é uma expressão que comporta um elevado grau de complexidade, na proporção em que existe para determinar finalidades básicas do sistema jurídico. Por princípio, esse sistema precisa ser considerado igualmente acessível a todas as pessoas e, acima de tudo, deve produzir resultados – individual e socialmente – justos. Portanto, o acesso à justiça seria um elemento constitutivo da identidade do Estado de Direito e um fator fundante e essencial para a concretização do Estado Democrático de Direito. E isso em virtude de que o acesso à justiça possui o condão de garantir a concretização de um princípio básico da arquitetura democrática – a isonomia. Se todas as pessoas são iguais perante a lei, a administração e a aplicação da justiça podem e devem tornar-se instrumentos eficazes no combate à desigualdade (FABRETTI, 2008).

Hodiernamente, cada vez mais, aspira-se por uma justiça que implemente a vontade da lei material, por meio de órgãos devidamente preparados, do ponto de vista técnico, com o menor custo e a maior brevidade (THEODORO JÚNIOR, 1997).

Sem prejuízo de uma melhor atenção ao tema, é possível afirmar que justiça é a igualdade (GODOY, 2006). Nesse contexto, é importante analisar como a evolução do sistema processual no Brasil criou ferramentas para resolver prélios e como o suporte legal estabelece adequações nesse novo contexto social.

A falta do acesso à justiça e a diminuta percepção dos próprios direitos são causas que demonstram a grande deficiência na cidadania da grande maioria da população brasileira (FABRETTI, 2008).

E, para alcançar a aplicação efetiva desse direito, há a necessidade de se adotar providências urgentes, que projetem mudanças na estrutura do Judiciário desde a propositura da demanda, buscando novas técnicas e tecnologias para o curso do procedimento (DELGADO, 2016).

Do ponto de vista prático, a redução da quantidade de recursos seria um primeiro passo para evitar a quantidade excessiva de meios protelatórios numa demanda judicial, assim como a aplicação de formas efetivas de resolver um conflito, como é o caso da arbitragem, tema central deste trabalho.

A inobservância natural de tais direitos, seja por omissão do Poder Legislativo, ou do Poder Executivo, quando estes se esquivam de suas atribuições, implica ao Poder Judiciário o dever de fazê-lo. Para tanto, exige-se que os magistrados sejam criativos, colaborando com o alargamento do controle judicial e o avanço da concretização do texto constitucional (OLIVEIRA, Carlos Alberto, 2004).

Paroski (2008, p. 105) identifica que primordialmente a justiça era o que os sacerdotes decidiam, com base nas suas próprias compreensões e convicções, ou a partir das decisões tomadas anteriormente por eles mesmos ou por outros sacerdotes, conceito que viria a se tornar a jurisprudência.

De forma escrita e consubstanciada, a primeira acepção do que viria a ser a justiça acessada surge a partir da produção pelos escribas dos primeiros códigos e das primeiras leis, baseados nas decisões dos sacerdotes (AMORIM, 2017).

Ao analisar a tríade que compõe a Revolução Francesa, Eros Grau (2014, p. 21-25) se atenta para o que trata como as imperfeições do liberalismo, enxergando limitações à liberdade, à igualdade e à fraternidade que advêm do poder econômico: a liberdade somada ao poder econômico poria fim à concorrência; a igualdade, dada a discrepância do poder econômico, somente seria atingida no nível formal; e a fraternidade seria esquecida no contexto de uma sociedade interessada na atividade econômica e na acumulação de riquezas, o que revela alta competitividade e significativo egoísmo.

Marinoni, Arenhart e Mitidiero (2017, p. 32) inclusive diferenciam o modelo inglês que ficou conhecido como o *rule of law*, que colacionava à lei outros valores e elementos, criando o sistema complexo da *common law* e pondo verdadeiro fim ao absolutismo, enquanto a Europa continental de tradição da *civil law*, apenas transferiu o absolutismo à lei por meio do princípio da legalidade, que seria concedido ao Estado.

Montesquieu (1996, p. 171-172), que idealizou a separação dos poderes, definiu que o Judiciário seria formado não por um corpo permanente, mas sim "exercido por pessoas tiradas do seio do povo, em certos momentos do ano, de maneira prescrita pela lei, para formar um tribunal que só dure o tempo que a necessidade requer". A ideia de Montesquieu seria o que hoje se convencionou chamar de tribunal de exceção, permitindo-se inclusive a eleição do tribunal pelo próprio acusado, o que é considerado ilegal na atualidade.

Desse modo, ao diferenciar as doutrinas de Chiovenda (2000, p. 132) e Carnelutti, explicam Marinoni, Arenhart e Mitidiero (2017, p. 45):

> Para Chiovenda, a função da jurisdição é meramente declaratória; o juiz declara ou atua a vontade da Lei. Carnelutti, ao contrário, entende que a sentença torna concreta a norma abstrata e genérica, isto é, faz particular a Lei para os litigantes. Para Carnelutti, a sentença cria uma regra ou norma individual, particular para o caso concreto, que passa a integrar o ordenamento jurídico, enquanto, na teoria de Chiovenda, a sentença é externa (está fora) à ordem normativa, tendo a função de simplesmente declarar a Lei, e não de completar o ordenamento jurídico.

Nesse sentido, nas palavras de Cássio Scarpinella Bueno (2018, p. 45): "um conflito que não envolva, contudo, pelo menos dois sujeitos, que não seja intersubjetivo, é estranho ao direito processual civil, quiçá ao próprio direito". Com efeito, esse conceito se aplica ao direito processual do trabalho.

Deve-se frisar, por outro lado, que, apesar de se falar em jurisdição nessa época, o acesso à justiça sofria amplas limitações, o que levou Emetério Silva de Oliveira Neto (2016, p. 38) a se referir sobre tal acesso como "quimera", haja vista que "ao Judiciário recorriam exclusivamente os que detinham condições financeiras de arcar com as altas e insuportáveis custas deste acesso (despesas inerentes ao direito de ação)".

Em grande parte da sua história, o Brasil não se preocupou em garantir acesso à justiça. Nesse contexto, o Código Filipino, também chamado de Ordenações Filipinas, que foi sancionado em 1595 e ratificado em 1603, apesar de já tratar da assistência judiciária aos necessitados, não fazia qualquer menção ao direito de provocar os órgãos dotados de poder jurisdicional em caso de lesão ou ameaça de lesão a direitos (AMORIM, 2017).

Nesse sentido, Cappelletti e Garth (1988) tratam o problema do acesso à justiça por meio não apenas dos direitos fundamentais, mas também com escopos jurídicos, políticos e sociais do processo, reproduzindo os problemas de acesso à justiça por meio de três ondas: a primeira se preocupa em assegurar a assistência judiciária aos pobres; a segunda defende uma adequada representação dos interesses coletivos, difusos e individuais homogêneos; e na terceira surgem os mecanismos judiciais que visam à celeridade do processo e os institutos de alternativas extrajudiciais, temas estes que serão abordados mais adiante neste livro.

O acesso à justiça é requisito imprescindível aos sistemas jurídicos modernos, sendo necessário inclusive para a elaboração de novos meios de solução e refregas.

Embora não exista no mundo jurídico um conceito uníssono para a expressão, de forma precária, pode-se considerar que o acesso à justiça corresponde à efetivação da garantia dada pelo Estado, àqueles que são legitimados, para demandar em juízo.

Demandar em juízo, porém, é apenas um dos momentos em que há acesso à justiça. A efetividade da prestação jurisdicional também faz parte dos objetivos visados pela ferramenta. Nesse sentido, Cappelletti e Garth (1988) afirmam que a efetivação do acesso à justiça depende da igualdade de instrumentos à disposição das partes.

Os autores enumeram itens que representam obstáculos para o alcance da efetividade do acesso à justiça, como: as custas do processo, as possibilidades individuais dos litigantes e os problemas específicos dos direitos difusos. Por esse motivo, a própria legislação assegura métodos alternativos de soluções de uma pugna, que se deu exatamente com as ondas renovatórias da justiça.

1.4 Ondas renovatórias da justiça

Nesse ponto, cabe destacar, no presente trabalho, o esforço dos envolvidos a fim de solucionar os problemas da justiça, com as ondas renovatórias, que nada mais são do que a evolução da própria sociedade. Porém, consoante será apresentado a seguir, essas situações não são suficientes para atender a necessidade inerente de uma solução rápida de um conflito. Conforme será visto no capítulo 2, os números das ações ajuizadas e julgadas pelo Poder Judiciário estão muito aquém do esperado, e, dessa forma, a arbitragem é uma das maneiras de resolução de lides trabalhistas.

Voltando ao esforço para demonstrar a evolução dos meios de solução, é importante descrever a ordem cronológica dos movimentos de acesso à justiça, criada por Mauro Cappelletti e Bryant Garth (1998). Eles sustentaram a existência de três vertentes essenciais, que receberam a denominação de ondas renovatórias de acesso à justiça: "O recente despertar de interesse em torno do acesso efetivo à justiça levou a três posições básicas, pelo menos nos países do mundo Ocidental" (BARROSO, 2014).

A primeira onda renovatória do acesso à justiça parte do empecilho das custas do processo e trata da assistência judiciária. Cappelletti e Garth (1988, p. 32) indicam que as pessoas têm a necessidade de um advogado para desvendar o ordenamento jurídico, porém nem todas têm condições de patrocinar um profissional habilitado, e, dessa forma, o empenho na solução do primeiro empecilho foi no sentido de "proporcionar serviços jurídicos para os pobres".

Do ponto de vista histórico, o movimento reformador da assistência judiciária iniciou em 1965, nos Estados Unidos, alastrando-se pela Europa na década de 1970, e possibilitou significativa mutação e melhora desse instituto nos países que submeteram sua legislação à modificação. Cappelletti e Garth (1988) apontam como solução ao empecilho das custas processuais a adoção do sistema *judicare*, em que os pobres têm o mesmo defensor que teriam se pudessem pagá-lo, porém quem os remunera é o Estado (como ocorre na advocacia dativa), ou do advogado remunerado pelos cofres do governo, modelo pelo qual os serviços de advocacia seriam oferecidos por "escritórios de vizinhança", e o profissional jurídico, encarregado de atender os anseios dos necessitados, deveria ser pago pelo Estado, o que resolveria, além dos gastos, o problema da falta de conhecimento jurídico dos pobres.

A primeira onda renovatória trouxe reflexos ao direito brasileiro, resultando, por exemplo, na inserção do art. 5º, inciso LXXIV da CF/88, que instituiu a obrigação do Estado em prestar assistência judiciária gratuita e integral aos pobres, e no art. 134 do mesmo ordenamento, que instituiu a Defensoria Pública.

A segunda onda renovadora do acesso à justiça se refere à representação coletiva no Judiciário. Nesse sentido, Cappelletti e Garth (1988) esclarecem que o processo era concebido como um conflito de interesse entre dois litigantes, que tinham como objetivo o alcance de interesses pessoais, e, por isso, nos casos de demanda envolvendo direitos coletivos, os procedimentos previstos não atendiam com a mesma perfeição os interesses das partes.

O reflexo da segunda onda no Brasil deu-se pela inserção e pelo aprimoramento legislativo da tutela da dimensão supraindividual, com a criação de instrumentos como a ação popular (Lei nº 4.717/1965), a ação civil pública (Lei nº 7.347/1985), o mandado de segurança coletivo (Lei nº 12.016/2009), o Código de Defesa do Consumidor (Lei nº 8.078/1990) e o Estatuto da Criança e do Adolescente (Lei nº 8.069/1990).

A terceira e última onda renovatória do acesso à justiça abarca as ondas anteriores e, ainda, busca a melhoria e a adequação dos instrumentos processuais do sistema judiciário. Cappelletti e Garth (1988, p. 67-68) apontam-na como a onda "do acesso à representação em juízo a uma concepção mais ampla de acesso à justiça", que se concentra no "conjunto geral de instituições e mecanismos, pessoas e procedimentos utilizados para processar e mesmo prevenir disputas nas sociedades modernas".

Surge a necessidade de investigar a arrelia e magnitude envolvidas nas disputas, bem como os fatores e empecilhos que concernem tais litígios, de forma a possibilitar o desenvolvimento de institutos e de mecanismos efetivos para enfrentá-los.

Essa fase refletiu de forma significativa no ordenamento brasileiro e influenciou na criação do procedimento monitório, das súmulas vinculantes, da antecipação dos efeitos da tutela, dos juizados especiais e de meios alternativos para resolução dos conflitos, como a arbitragem (NOGUEIRA, 2009).

Embora muitas alterações tenham sido inseridas no direito processual civil brasileiro a partir da terceira onda renovatória de acesso à justiça, ainda é necessário aperfeiçoar institutos, a fim de possibilitar que o processo seja mais célere e conveniente. Dessa forma, a teorização do acesso à justiça busca permitir que o processo acompanhe o desenvolvimento da sociedade e lhe satisfaça as necessidades jurídicas, circunstância esta que está distante de acontecer.

Há grande preocupação da nova legislação processual em estimular a pacificação das batalhas por meio da participação ativa de todos os envolvidos na demanda, fazendo florescer valores embasados no autêntico ideal de justiça e na efetividade do processo, libertando-se de formalidades excessivas e, ainda, fomentando a solução consensual, a fim de que os resultados alcançados sejam verdadeiramente satisfatórios e eficazes (MEDEIROS NETO, 2019).

O processo civil brasileiro ainda precisa evoluir para alcançar de forma satisfatória os objetivos precípuos do acesso à justiça: possibilitar às partes a resolução dos seus conflitos e a concretização dos seus direitos de forma igualitária, e proferir decisões individuais e com fim justo perante a sociedade (CAPPELLETTI; GARTH, 1988).

Uma novidade que vem ao encontro do eixo central deste trabalho (a arbitragem) é que o CPC adota o modelo multiportas de processo civil, no qual cada demanda deve ser submetida à técnica ou ao método mais adequado para a sua decifração, e devem ser adotados todos os esforços para que as partes cheguem a uma solução consensual.

É norma fundamental do processo civil brasileiro a prioridade na utilização das técnicas para facilitar a resolução consensual dos conflitos (art. 3º, §§2º e 3º, do CPC.) É dever do Estado promover o consenso, divulgando e fornecendo os meios necessários para tanto, e é encargo dos operadores jurídicos estimular a composição dos litígios, esclarecendo a população, por meio da difusão e utilização das opções existentes para a resolução de disputas.

Complementando o parágrafo anterior, o modelo multiportas é essencialmente democrático e participativo. Ele parte da noção de empoderamento e de que o cidadão deve ser o principal ator da solução de sua altercação. No processo civil tradicional, a parte é um sujeito passivo, que não se manifesta ou atua no processo. De modo geral, apenas fala por meio de seu advogado, por petições escritas. No modelo multiportas, os envolvidos têm a chance de falar diretamente, de expor suas preocupações, seus objetivos e suas prioridades, para que possam diretamente construir a solução de seus conflitos.

Adotar esse modelo é uma alteração na própria lógica tradicional de atuação do Poder Judiciário perante a sociedade. As perspectivas que se descortinam têm sentido e alcance democrático. O cidadão está clamando por novas formas de solução das pugnas, a necessidade de novos meios para evitar problemas antigos, e cabe ao operador do Direito refletir e encontrar saídas que sejam as melhores para o todo.

Do ponto de vista teórico, embora a opção por um modelo de audiência de mediação "quase-obrigatória" seja passível de críticas, o CPC criou um desenho adequado para a implantação do modelo multiportas no Brasil. Contudo, a lei, por si só, não basta. Ela não é capaz de efetivamente implantar o modelo no país, cabendo outras maneiras de solução.

É preciso avançar em diversos sentidos. Não é fácil o caminho para o bom funcionamento dos mecanismos adequados de resolução de disputas, de maneira integrada ao processo adjudicatório tradicional. Infelizmente, há uma resistência velada e grande dificuldade de implantação do mecanismo citado, pois, além da inadequada formação do profissional jurídico, em muitas instituições, para lidar com uma maneira de encarar o conflito que não foque apenas numa solução que demanda prestação do Judiciário, há desafios de ordem: a) estrutural; b) educacional; e c) cultural a serem superados. Só assim o modelo multiportas pode vir a ser efetivamente implantado e executado de maneira exitosa no Brasil.

Muitos profissionais da área jurídica ainda são vistos como personagens que, por vezes, dificultam a negociação e o acordo com os envolvidos. Os motivos são vários, incluindo a maneira como, muitas vezes, é feita a contratação dos honorários advocatícios. É preciso habilitar o advogado para o novo cenário que se descortina, qualificando-o para seu papel de agente conhecedor do caso e dos interesses de seu cliente, como agente apto a melhor analisar as potencialidades do caso e a estabelecer os limites da negociação (MNOOKIN, 2000).

O desafio cultural está diretamente relacionado ao desafio educacional. O que é desconhecido repugna. O desconhecimento sobre as possibilidades e técnicas de solução consensual de litígios gera uma visão, equivocada, de que elas seriam uma justiça de segunda linha (WALKER; FRICKER, 1994).

Não é suficiente a alteração legislativa. Na verdade, se os desafios não forem enfrentados rápida e energicamente, há o sério risco de o modelo multiportas virar "letra morta" ou, por não se conseguir sequer acolher a demanda decorrente do número de casos judiciais encaminhados para mediação ou conciliação, entravar o funcionamento do Poder Judiciário. Dessa forma, a aplicação de novas maneiras para a solução da lide é imprescindível.

A fim de aprofundar o conhecimento, nos últimos anos, um método alternativo de resolução das liças extrajudiciais vem ganhando espaço no mundo do direito: trata-se dos Dispute Boards, também conhecidos como Comitês de Resolução de Disputas (CRD). Embora o aumento da popularidade do instituto seja recente, o primeiro registro de utilização dos Dispute Boards para resolução de conflitos remonta à década de 1960, durante a construção da Boundary Dam, na cidade de Washington, nos Estados Unidos.

Nessa ocasião, as partes celebraram um Joint Consulting Board, que ficaria ativo durante toda a relação contratual para a emissão de opiniões não vinculantes sobre os conflitos que eventualmente surgissem ao longo da construção (BUENO, 2017).

São painéis, comitês ou conselhos formados para a solução de litígios, cujos membros são nomeados por ocasião da celebração do contrato e acompanham a sua execução até o fim, podendo, conforme o caso, fazer recomendações – no caso dos Dispute Review Boards (DRB) – ou tomar decisões – Dispute Adjudication Boards (DAB) – ou até tendo ambas as funções – Combined Dispute Boards (CDB) –, conforme o caso, e dependendo dos poderes que lhes foram outorgados pelas partes (WALD, 2011).

Em 1976, na Pound Conference, em St. Paul, Minessota, o professor emérito da faculdade de Havard, Frank Sander, em sua palestra *Variedades de processamento de conflitos*, introduziu no mundo jurídico uma ideia que foi chamada originalmente de "centro abrangente de justiça" (*comprehensive justice center*), que mais tarde ficou conhecida mundialmente como "tribunal multiportas", em razão da forma como foi divulgada por uma das revistas da American Bar Association (STIANOWICH, 1998).

Embora exista quem defenda que o Poder Judiciário é a única opção para aqueles que têm um direito violado, a doutrina mais recente reconhece que o Estado não detém a exclusividade da resolução de litígios, tendo em vista, de forma específica, os dissídios individuais trabalhistas, pela sua natureza de direito privado, o que deve respeitar a autonomia das partes.

Não é razoável admitir que todos os litígios devam necessariamente ser resolvidos perante a justiça comum, até mesmo porque os cidadãos cotidianamente transacionam direitos e obrigações de modo a prevenir litígios, bem como a própria lei autoriza as partes de um processo a transacionarem sobre seu objeto.

Cabe, nesse momento, a seguinte reflexão: para que exista a possibilidade de encontrar uma solução para resolver a luta, se no direito do trabalho as partes podem pactuar para contratação e alteração do contrato de trabalho, o que poderia impedir que essas mesmas partes escolham, como num contrato, a maneira mais adequada para resolver futuros litígios entre os envolvidos, por meio da arbitragem? Respeita-se o princípio da autonomia da vontade.

Aprofundando o tema, avulta-se que os indivíduos são livres para solucionarem suas divergências por todas as formas lícitas, inclusive (mas nunca exclusivamente) pelo Poder Judiciário. O que o Estado deve assegurar a todos é uma tutela jurisdicional justa. E esta pode ser conduzida tanto por particulares, investidos de autoridade, quanto por servidores públicos concursados. A escolha do modelo de solução dos conflitos não há de ser aquela imposta pelo Estado e, sim, aquela manifestada pelo interessado (MARTINS, Pedro, 2012).

Desse modo, conclui-se que o Estado não detém o monopólio da jurisdição, razão pela qual aqueles que têm um direito violado podem optar por resolver seu litígio tanto pelo tradicional processo judicial, quanto por qualquer das outras formas lícitas de resolução de litígios, como é o caso da arbitragem.

Não há menor dúvida de que se necessita de meios mais céleres e justos para atender as demandas atuais apresentadas ao Judiciário. Novas perspectivas, fugindo da corrente juspositivista, se fazem necessárias, para que se recupere a credibilidade da justiça, como a análise do direito alternativo.

Diante das novas situações criadas pela sociedade, o cabimento de outras formas de solução da contenda é algo imprescindível para que a paz social se mantenha nas relações humanas.

Do ponto de vista prático, a implantação do conceito de tribunal multiportas trouxe importantes contribuições para a ampliação e o aprimoramento do sistema de solução de conflitos, colaborando com o restabelecimento do diálogo entre a sociedade civil e a comunidade jurídica, bem como assegurando maior eficiência à justiça, ao permitir e incentivar a participação dos envolvidos na tomada de decisões que a eles dizem respeito (ALMEIDA, Rafael; ALMEIDA, Tânia; CRESPO, Mariana, 2012).

Um ponto a ser considerado são as inovações do ordenamento jurídico pátrio, trazidas pela criação da Lei nº 9.307/1996, que implementou o instituto da arbitragem, e trouxe oportunidades para entidades especializadas, juntamente com movimentos associativos, de se transformarem em reais instâncias voltadas à solução de prélios. Embora não faça referência à mediação, a legislação veio colaborar para a divulgação dos trabalhos dessas entidades que, alcançando maior campo de atuação, puderam, da mesma forma, fomentar a prática da mediação como metodologia eficiente para a resolução de controvérsias (SALLES, 2009).

Retornando e aprofundando o conhecimento, a ideia do tribunal multiportas no Brasil, entrementes, só foi plenamente recepcionada em 2010, pela Resolução nº 125, do CNJ, no sentido de que os tribunais estaduais precisariam ter mais que uma "porta" para receberem as contendas instauradas, fazendo com que muitos interpretassem tal situação como o Big Bang da teoria moderna de resolução de conflitos (TARTUCE, Flávio, 2015).

Nesse sentido, é válido ressaltar também que, no ano de 2014, o Conselho Nacional do Ministério Público brasileiro editou a Resolução de nº 118, com fim de "incentivar a autocomposição, pautando-se na garantia fundamental do acesso à justiça, constitucionalmente assegurado, e na tendência mundial, decorrente da evolução da cultura de participação, do diálogo e do consenso", livrando-se, também, do perfil demandista prevalente por décadas, destacando-se como instituição direcionada à pacificação social (MEDEIROS NETO, 2019).

Inegável, contudo, que dentro do direito brasileiro, o ambiente em que o instituto dos Dispute Boards mais se encontra desenvolvido e vem sendo constantemente previsto é nos regulamentos das Câmaras de Mediação e Arbitragem, entidades que foram estudadas e comparadas no capítulo 2 do presente livro.

O que se percebe é que, ainda que a passos suaves, o instituto dos Dispute Boards vem ganhando espaço no ordenamento jurídico brasileiro, sendo papel dos operadores do direito, em especial aqueles que possuem experiência teórica e prática com o tema, empenharem-se, com afinco, para possibilitar que o mecanismo seja bem compreendido pelo judiciário e por órgãos de controle (SALLA, 2019).

Uma diferença evidente entre arbitragem e Dispute Boards está no fato de que, no primeiro caso, a disputa será submetida por um árbitro, que não integra ou acompanha a execução do contrato, ao qual caberá dirimir, em definitivo, o litígio já instaurado, ao passo que, no segundo caso, a controvérsia será dirimida pelo colegiado de experts escolhido antes mesmo da existência de qualquer controvérsia para acompanhar a execução do contrato, com melhores condições, em tese, de prevenir e solucionar problemas, em virtude da redução da assimetria de informações e da celeridade da decisão (SCHMIDT, 2021).

Quanto à existência das lides em si, cumpre discorrer acerca da origem das divergências. O choque manifesto, que é aberto ou explícito, e o conflito oculto, que é implícito ou negado. Em suma, o conflito pode ser definido como um processo ou estado em que duas ou mais pessoas divergem em razão de metas, interesses ou objetivos individuais, percebidos como mutuamente incompatíveis (DEUTSCH, 2004).

Tal teoria traz uma reflexão sobre a necessidade de utilizar situações de conflito como uma oportunidade de aprendizado e de crescimento, com geração de ganhos mútuos. O impasse deve ser enxergado como o surgimento de diferenças entre dois lados, não necessariamente negativo, e que precisa ser evitado a todo custo ou resolvido de forma dominadora.

A lide é algo inerente às relações humanas, e dela não podemos fugir, representa a diferença que habita a individualidade humana. Cada indivíduo tem propósitos, desejos e vontades pessoais que muitas vezes conflitam com os de outros. Devemos, assim, aproveitar a energia do atrito causado pela divergência de interesses, ideias e visões de mundo para construir novas realidades, novos relacionamentos, em patamares mais produtivos para todos os envolvidos na arrelia. Pela Teoria Moderna do Conflito, uma opção válida para solução destes é afastar a abordagem dominadora, comumente adotada e excessivamente concessiva, para adotar uma terceira forma, a integradora de interesses de forma construtiva (FOLLETT, 1997, p. 298).

Vale ainda dizer que a ideia de conflito construtivo tem um paralelismo muito grande com a concepção de consenso da Teoria da Ação Comunicativa de Habermas, que propõe a construção de consensos racionais para a solução dos litígios. Pela teoria apresentada pelo filósofo, as decisões deixariam de ser arbitrárias e coercitivas, pois passariam a ser resultado do agir comunicativo em que todos os concernidos dialogam para o consenso. A proposta é que a melhor solução seja encontrada pela participação ativa e igualitária das partes envolvidas (HABERMAS, 1989).

Nessa linha, há a classificação dos processos de resolução de disputas em construtivos ou destrutivos. Destrutivo seria aquele que se caracteriza pelo enfraquecimento ou rompimento da relação social preexistente à disputa, em razão da forma pela qual esta é conduzida. Nesses processos, há a tendência de o atrito expandir-se ou tornar-se mais acentuado no desenvolvimento da relação processual, podendo ser observada nas partes a percepção de que seus interesses não podem coexistir. Já nos processos construtivos, a relação processual é concluída com o fortalecimento da relação social preexistente à disputa. Isso porque, no transcurso dessa relação, há um estímulo para que as partes desenvolvam soluções criativas que permitam a compatibilização dos interesses. Há, também, o estímulo para que as partes resolvam as questões sem atribuição de culpa, e a abordagem frequentemente aborda todas as questões relevantes para a relação social entre as partes e não apenas aquelas juridicamente tuteladas (ZAMORA Y CASTILLO, 1991).

O processo judicial se identificaria muitas das vezes com um processo destrutivo, pois deixa de encarar o conflito por uma perspectiva holística, mas o encara apenas como uma lide que precisa ser posta a termo, lastreada somente no direito positivo (ZAMORA Y CASTILLO, 1991).

Um ponto crucial nesse aspecto e acerca da conciliação é que o termo se origina do latim *conciliare*, que significa atrair, ajudar, harmonizar. Trata-se de um meio alternativo de pacificação social, no qual as pessoas buscam sanar as diferenças, por meio de um conciliador (SALLES, 2011). Warat (2004) define a conciliação como um meio que não trabalha o conflito, ignora-o e, portanto, não o transforma.

No que tange à conciliação, ela guarda uma sintonia com o paradigma adversarial que rege toda disputa, recebendo partes voltadas a encontrar uma solução que melhor as atenda, sem se importar, ao menos, em considerar o nível de satisfação que o outro lado venha a ter. Algumas vezes, os sujeitos das mesas de conciliação entendem como ganho a insatisfação que o resultado possa provocar na outra parte (ALMEIDA, Diogo, 2014).

Nas palavras de Salles (2009, p. 38), a conciliação mostra-se como um meio de solução dos problemas, no qual as pessoas procuram sanar as divergências com a ajuda de terceiro, o qual é conhecido como conciliador. Esse conciliador deve ser um terceiro imparcial, com competência para aproximar as partes, controlar as negociações, sugerir e formular propostas, apontar vantagens e desvantagens, objetivando sempre a resolução do conflito, por meio da transação. O conciliador tem poder de sugerir um possível acordo, após uma criteriosa avaliação das vantagens e das desvantagens que tal proposição trará às partes. A conciliação, em muito, assemelha-se à mediação. A diferença fundamental, contudo, está na forma de condução do diálogo entre as partes.

A conciliação tem o poder de "desmanchar" a lide, resultado este que, na maioria dos casos, não é alcançado com a intervenção forçada do Poder Judiciário.

Em relação à conciliação, esta possui quatro etapas, quais sejam: 1. abertura; 2. esclarecimento das partes sobre suas ações; 3. criação de opções e sugestões; 4. acordo. Em contrapartida, a mediação consiste em sete etapas: 1. pré-mediação; 2. investigação; 3. criação de opções; 4. escolha das opções; 5. avaliação das opções; 6. preparação para o acordo; e 7. acordo e assinatura (BRAGA NETO, 2008).

A eficácia da conciliação exige discussão aberta, direta e franca entre as partes. Pode acontecer antes ou depois da instauração do processo. É importante alternativa de aproximação e participação dos envolvidos na solução do conflito. Mas também proporciona efetivo acesso à justiça, já que sua eficácia depende do tratamento igualitário entre os contendores que decidem, em conjunto e da melhor forma, a situação conflituosa, buscando a maior harmonia e a mútua satisfação (CAMBI et al., 2017).

Braga Neto (2008, p. 64-65) esclarece que inicialmente a conciliação aborda o conflito por meio de um procedimento mais célere e muito eficaz quando não há inter-relacionamento entre as partes. Ao contrário, na mediação, são utilizados recursos didáticos pelos profissionais, separando as etapas do procedimento.

A conciliação apresenta-se, assim, como uma tentativa de se chegar voluntariamente a um acordo neutro, que conta com a participação de um terceiro que intervém entre as partes de forma oficiosa e desestruturada para dirigir a discussão sem ter um papel ativo (MORAIS; SPENGLER, 2012). Diferencia-se, pois, a mediação da conciliação pelo fato de que na segunda o tratamento do impasse é superficial, encontrando-se um resultado muitas vezes parcialmente satisfatório. Já na primeira, existindo acordo, ficam os mediados totalmente satisfeitos.

Convém ressaltar que a conciliação difere da mediação, pois naquela o conciliador busca ativamente obter o acordo, focando na resolução do litígio, enquanto nesta o objetivo é restaurar a comunicação entre as partes, fazendo com que elas percebam, por si próprias, a melhor decisão para ambas (SOUZA, 2015).

Mas a diferença fundamental entre conciliação e mediação reside no conteúdo de cada instituto. Segundo Sales (2011, p. 38), na conciliação, o objetivo é o acordo, ou seja, as partes, mesmo adversárias, devem chegar a um acordo para evitar o processo judicial ou para nele pôr um ponto final, se por ventura ele já existe. Na conciliação, o conciliador sugere, interfere, aconselha, e, na mediação, o mediador facilita a comunicação sem induzir as partes ao acordo. Na conciliação, se resolve o conflito exposto pelas partes sem analisá-lo com profundidade. Muitas vezes, a intervenção do conciliador ocorre no sentido de forçar o acordo.

Além do mais, a mediação, como ética da alteridade, reivindica a recuperação do respeito e do reconhecimento da integridade e da totalidade de todos os espaços de privacidade do outro. Desse modo, há um respeito absoluto pelo espaço do outro, e uma ética que repudia o mínimo movimento invasor. É radicalmente não invasora, não dominadora, não aceitando dominação sequer nos mínimos gestos (WARAT, 2004).

Ressalve-se, nesse sentido, que as pessoas estão tão impregnadas do espírito e da lógica da dominação que acabam, mesmo sem saber, sendo absolutamente invasoras do espaço alheio (SPENGLER; BEDIN, 2013).

Serpa (1999, p. 90) conceitua a mediação como um processo informal e voluntário, o qual apresenta um terceiro interventor, neutro, que assiste os disputantes na resolução de suas questões. Acrescenta que o papel do interventor é ajudar na comunicação por meio de neutralização de emoções, formação de opções e negociação de acordos. Compara a mediação com o agente fora do contexto conflituoso, que funciona como catalisador de disputas ao conduzir as partes às suas soluções, sem propriamente interferir na substância destas.

Deve ter três elementos básicos: "a existência de partes em conflitos, uma clara contraposição de interesses e um terceiro neutro capacitado a facilitar a busca pelo acordo". Ao tratar das partes, elas podem ser físicas, jurídicas ou entes despersonalizados, desde que seja possível identificar seu representante ou gestor. Em relação ao segundo elemento, o antagonismo, este "delimita a amplitude da atividade a ser desenvolvida pelo mediador". Por último, sobre o mediador, deve ser imparcial, neutro, com boa credibilidade e confiabilidade, e focado na solução do litígio (PINHO, 2011, p. 224-225).

Parece evidente que, quanto maior o grau de envolvimento entre as partes, mais adequada parece ser a perspectiva da mediação transformativa. Nesta, o mediador privilegia a atuação das partes na evolução do diálogo e na construção da solução, sem sugerir comportamentos específicos, mas apenas buscando ressaltar sutilmente a necessidade de cada parte assumir seu poder e sua responsabilidade pessoal, bem como de se sentir ouvida e reconhecida pela outra parte (SOUZA, 2015).

De acordo com a página virtual do CNJ, mediação é:

[...] uma forma de solução de conflitos na qual uma terceira pessoa, neutra e imparcial, facilita o diálogo entre as partes, para que elas construam, com autonomia e solidariedade, a melhor solução para o problema. Em regra, é utilizada em conflitos multidimensionais, ou complexos. A mediação é um procedimento estruturado, não tem um prazo definido, e pode terminar ou não em acordo, pois as partes têm autonomia para buscar soluções que compatibilizem seus interesses e necessidades.

Morais e Spengler (2012, p. 174) diferenciam a conciliação e a mediação de quatro maneiras: a) Quanto ao conflito: na conciliação eles são esporádicos, pois as partes conflitantes não têm ou tiveram qualquer tipo de relacionamento; e na mediação, contrariamente, os conflitantes mantêm e continuarão mantendo – assim espera-se – relações íntimas. b) Quanto ao papel do conciliador/mediador: o conciliador é o terceiro que pode sugerir, orientar as partes e até mesmo direcionar a lide e seus resultados; ao contrário, o mediador nada pode fazer nesse sentido, a não ser ajudar os conflitantes a restabelecer a comunicação. c) Quanto aos objetivos perseguidos: na mediação tem-se o tratamento adequado ao conflito, o qual deve gerar comunicação e satisfação dos conflitantes, sendo o acordo uma consequência; porém, na conciliação, o acordo é o propósito principal. d) Quanto às técnicas empregadas e à dinâmica das sessões: na mediação, as técnicas são direcionadas para a escuta e o desvelamento do real interesse em questão, de forma que a mediação admite sessões mais longas (uma hora e meia cada uma) e até remarcação de sessões quando necessário, tendo em vista a mantença do diálogo; na conciliação, há o estímulo de propostas e contrapropostas, usando assim técnicas de negociação, as sessões têm menor duração do que na mediação, e a remarcação delas não é frequente.

Porém, muitos aspectos são iguais, como a imparcialidade do terceiro mediador ou conciliador. Eles não podem julgar, nem fazer juízo de valor, como dizer quem tem razão. Devem, sim, ajudar no diálogo entre as partes sem emitir opiniões. Ambos devem guardar sigilo, preservando a intimidade das partes. Não devem sugerir ou tentar convencer, e sim indagar à parte sobre se a proposta seria ou não adequada, bem como quais os óbices para sua aceitação. Devem tratar as partes com respeito e tranquilidade e pedir aos presentes que assim o façam também. Durante uma reunião, as partes podem se dirigir tanto ao conciliador/mediador quanto para elas mesmas, ampliando as possibilidades de diálogo entre os presentes (FABRETTI, 2008).

Cabe enfatizar os pontos controversos da mediação, como a necessidade de o

[...] público ser mais informado acerca dos seus benefícios; de mais pesquisas serem realizadas acerca do tema; da intensificação da institucionalização da mediação; de recursos para o provimento das entidades dos setores público e privado encarregadas da promoção da mediação; e de descoberta de novos setores para aplicação da mediação [...]. (MOORE *apud* PIRES, 2002, p. 271-272).

Os dois métodos oferecem ferramentas alternativas às partes, possibilitando que elas sejam mais bem orientadas na escolha do procedimento que mais se adéqua à solução pacífica dos seus conflitos. Tais situações são realizadas pela arbitragem.

Em contrapartida, a justiça estatal tem um escopo muito claro, que é o de resolver os problemas entre as partes, sempre que procurada para esse fim. Ocorre que, pela demora na solução dessas demandas, muitas pessoas deixam de procurar o Judiciário, por consciência da existente delonga processual no julgamento, e este é um dos fatores discutidos neste trabalho.

O Estado encontra-se incapaz de pacificar todos os conflitos por si, sendo tangível a insatisfação social com a justiça nos moldes que se apresenta, o que provoca e justifica a procura por uma justiça privada capaz de oferecer a resolução dos litígios, e ainda desafogar a justiça pública (ALVIM, José Manoel Arruda, 2001).

Sobre a possibilidade de privatizar ou desjudicializar a justiça, para Eber Zoehler Santa Helena, consiste em: "facultar às partes comporem seus litígios fora da esfera estatal da jurisdição, desde que juridicamente capazes e que tenham por objeto direitos disponíveis" (HELENA, 2006).

Para complementar a atividade estatal, nas apropriadas palavras de Arruda Alvim:

[...] surgem formas parajudiciais ou parajurisdicionais de resolução dos conflitos, através de organismos criados pela própria sociedade, com ou sem estímulo do Estado, que, mais que uma mera resolução de litígios, busca alcançar a pacificação do grupo social, pela pacificação dos litigantes (ALVIM, 2001).

A fim de aprender e aplicar na arbitragem trabalhista, com a experiência da sociedade pela lei, no século XXI, iniciou-se uma grande discussão para que fosse criado um código processual, com o intuito de solucionar as liças de forma mais célere, que se adaptasse às novas exigências da sociedade em mudança.

Nessa linha de pensamento, o Novo Código de Processo Civil inovou ao acrescentar normas fundamentais ao processo civil, expressas em seus 12 primeiros artigos. Implementou os direitos sociais, com consequências positivas, sendo uma delas o incentivo a formas alternativas de resolução de conflitos, como a conciliação, a mediação e a arbitragem.

A promulgação da CF/88, além de refletir diretamente no direito processual civil, instituiu novos instrumentos. Após a promulgação, a Carta Magna também experimentou alterações, tais como a Emenda Constitucional nº 45, de 2004, que implementou a resmuda constitucional do Poder Judiciário. A referida emenda incluiu dispositivos e alterou parte do texto constitucional, especialmente no artigo 114 do referido texto, ampliando a competência da Justiça do Trabalho, o que trouxe um aumento de ações.

De forma específica, no tocante ao objeto estudado, no art. 5º foi incluído o inciso LXXVII, que prevê: "no âmbito judicial e administrativo, são assegurados a razoável duração do processo e os meios que garantam a celeridade de sua tramitação".

Em decorrência das novidades constitucionais referidas, e tendo em vista os anseios da sociedade brasileira, que clama por um processo mais ágil, sensível e efetivo, foi instituída, pelo então presidente do Senado Federal, José Sarney, por meio do ato nº 379/2009, uma comissão de juristas cuja finalidade era a edição de um novo Código de Processo Civil. Em 8 de junho de 2010, o Projeto do Novo CPC, acompanhado de sua exposição de motivos, foi entregue por Luiz Fux, então ministro do Superior Tribunal de Justiça (STJ), ao Senador José Sarney, que o submeteu à apreciação do Senado Federal por meio do Projeto de Lei (PL) nº 166/2010.

O PL nº 166/2010 foi discutido, emendado e, enfim, aprovado pelo Senado Federal em 20 de dezembro de 2010. Após, foi remetido à Câmara dos Deputados para apreciação. Na Câmara dos Deputados se transformou no Projeto de Lei nº 8.046, de 2010. Em 2013, requereu-se a prorrogação de prazo por 20 sessões para discussão da Comissão Especial, criada com o objetivo de "resgatar a crença no judiciário e tornar realidade a promessa constitucional de uma justiça pronta e célere".

Dessa forma, o Projeto do Novo CPC manteve no seu texto aqueles institutos que obtiveram resultados positivos por meio do CPC/73 e inseriu outros institutos visando simplificar e dar coesão ao sistema, o que permite ao magistrado concentrar de forma intensa sua atenção no mérito da causa (FUX, 2010).

A partir das necessidades de um processo mais ágil, sensível e efetivo, foram traçados, pela comissão de juristas, cinco objetivos assim descritos por Fux (2010, p. 17): 1. estabelecer expressa e implicitamente verdadeira sintonia fina com a Constituição Federal; 2. criar condições para que o juiz possa proferir decisão de forma mais rente à realidade fática subjacente à causa; 3. simplificar, resolvendo problemas e reduzindo a complexidade de subsistemas, como, por exemplo, o recursal; 4. dar todo o rendimento possível a cada processo em si mesmo considerado; e, 5. finalmente, sendo talvez este último objetivo parcialmente alcançado pela realização daqueles mencionados antes, imprimir maior grau de organicidade ao sistema, dando-lhe, assim, mais coesão.

O primeiro objetivo foi instrumentalizado pela inclusão, no Projeto do Novo CPC, de princípios constitucionais, como as medidas que visam assegurar a razoável duração do processo (art. 5º, LXXVII da CF/88).

Com intuito de dar celeridade aos processos, foi criado, no Capítulo VII do Livro IV, o instituto do "incidente de Resolução de Demandas Repetitivas", que, segundo Fux (2010, p. 21), "consiste na identificação de processos que contenham a mesma questão de direito, que estejam ainda no primeiro grau de jurisdição, para decisão conjunta", isto é, permitirá a aplicação da mesma sentença às causas que tratem de questão jurídica idêntica. O segundo objetivo visa tornar o processo um instrumento social, introduzindo-o no meio em que produz consequências.

Dessa forma, as partes podem criar a solução do próprio litígio por meio dos institutos da mediação e da conciliação, presentes no Projeto (art. 134 do PL nº 8.046/2010). A simplificação do processo é o terceiro objetivo, que, para ser efetivado, requer alterações pertinentes, por exemplo, no que se refere aos recursos, e a efetivação das tutelas de urgência e de evidência.

O Projeto do Novo CPC, aprovado na Câmara, previa a extinção dos embargos infringentes, recurso interposto de decisões não unânimes de órgãos colegiados, e, conforme esclarece Marinoni (2017, p. 203), o recepcionamento dos recursos, em regra, apenas no efeito devolutivo, limitando o efeito suspensivo, que impede a execução da sentença a casos "excepcionais".

Com o mesmo objetivo de simplificação, o Projeto do Novo CPC previa a extinção do Livro de Cautelares e introduzia, na sua Parte Geral, o título "Tutela de Urgência e Tutela da Evidência", que abrange também as ações cautelares, porém sem nominação específica. Marinoni (2017, p. 106) esclarece que a condensação dessa matéria se deve ao fato de que o projeto reconheceu que a tutela antecipatória e a tutela cautelar são espécies do gênero "tutela de urgência".

Resta evidente que o Poder Judiciário deve responder de forma rápida aos casos em que houver "receio de que uma parte, antes do julgamento da lide, cause ao direito da outra, lesão grave e de difícil reparação" (art. 278, Projeto do Novo CPC).

O quarto objetivo busca extrair de cada processo o maior rendimento possível. Para tanto, deixa de ser condição da ação a possibilidade jurídica do pedido (FUX, 2010, p. 26).

O quinto objetivo busca dar organicidade às regras do processo civil, fazendo com que a disposição de livros, títulos e capítulos no Projeto do Novo CPC se desse da forma mais didática e eficaz possível. Perante essas e outras inovações o Projeto do Novo CPC, a partir dos estudos da comissão de juristas instituída, pretende munir o processo e, assim, o Poder Judiciário, de mecanismos capazes de alcançar a razoável duração do processo, apontada por Fux (2010) como "ideário de todas as declarações fundamentais dos direitos do homem, de todas as épocas e continentes", e qualificar a resposta judicial, para realizar, conforme o referido autor, o sonho de justiça, que, para Kelsen (FUX, 2010), é "o mais formoso sonho da humanidade".

Destaca-se que tais objetivos dizem respeito ao Anteprojeto de Novo CPC, apresentado pela comissão de juristas ao Senado Federal. Em trâmite na Câmara dos Deputados, o Projeto recebeu, até o final do ano de 2012, 900 emendas formais, conforme consta do parecer do relator-geral do Projeto, deputado Sérgio Barradas Carneiro.

Dessa maneira, o Novo CPC a ser promulgado pelo Congresso Nacional, sem data prevista, poderia evoluir ou retroceder em relação às mudanças já apresentadas. A morosidade, mais uma vez, se apresentou como empecilho à implementação do novo ordenamento, cabendo dessa vez ao Legislativo.

Embora o processo civil tenha sido submetido a diversas e profundas mudanças nos últimos anos, e seu texto e sua estrutura tenham amadurecido, a escrita e a aplicabilidade atual ainda não alcançam os anseios da sociedade moderna brasileira, necessitando de novas formas de solução dos conflitos, em especial na área trabalhista, por se tratar de um direito alimentar.

Acerca das referidas reformas, estas foram implementadas para dar maior acesso à justiça e efetividade ao processo, porém alguns instrumentos e algumas fases processuais ainda impedem que o processo acompanhe a dinamicidade e os avanços culturais, sociais e tecnológicos do Estado brasileiro.

Os objetivos inicialmente pretendidos, como o de tornar o CPC um instrumento de celeridade e eficácia da tutela jurisdicional, ainda não foram alcançados de forma satisfatória. A constitucionalização do processo, a possibilidade das tutelas coletivas, a criação dos juizados especiais, a instrumentalização de novas modalidades processuais, a implementação do acesso à justiça e o Projeto do Novo CPC demonstram o interesse e o emprenho dos juristas em fazer com que o processo acompanhe a realidade social, bem como demonstram o efetivo enriquecimento da lei processual. Essa situação, de forma subsidiária, pode ser utilizada no processo trabalhista, mas não responde aos anseios da sociedade.

A efetividade dessa valia, porém, está subordinada à burocracia do processo legislativo e ao necessário debate e amadurecimento das ideias, haja vista que as alterações do texto legal devem beneficiar a sociedade.

Nesse ínterim, sobreleva-se que o Novo CPC inovou ao trazer a aplicação das normas fundamentais com o foco constitucional.

A Constituição de 1988 trouxe nova concepção ao ordenamento jurídico, ditando normas condizentes com o Estado Democrático, identificando no direito privado o movimento de constitucionalização. Essa nova leitura do direito surge também com o Novo CPC, fortalecido no direito público (instrumental). Denota-se a promiscuidade crescente e aprimoradora na relação entre o público e o privado, diminuindo-lhes as barreiras, porém a legislação infraconstitucional ainda é tímida para oferecer diversos meios de resposta rápida a uma demanda judicial, com exceção da Lei nº 9.307/1996, que inova e muda a responsabilidade de solução do prélio para a sociedade, e não apenas para o Estado.

O CPC de 2015, em seu capítulo introdutório, estabelece as normas fundamentais a serem seguidas no curso processual, elencando os princípios a serem seguidos no andamento do processo.

Com efeito, nesse início, o CPC de 2015 reafirma como normas fundamentais os princípios processuais constitucionais, dentre eles o acesso à justiça (art. 3º do CPC), o princípio da duração razoável do processo (art. 4º do CPC) e o princípio do contraditório e da ampla defesa (arts. 9º e 10º do CPC).

Além disso, todas as normas fundamentais elencadas no CPC de 2015 demonstram a vinculação do novo diploma processual ao princípio do devido processo legal, notável nos artigos 7º, 8º e 12 do CPC.

Nesse segmento, os princípios são disposições que devem ser seguidas, formando a base e o norte para a análise de todo o ordenamento jurídico (CAVALIERI FILHO, 2002).

O Novo CPC estabelece um sistema legal cuja interpretação deve estar atrelada aos princípios e às garantias constitucionais. O estudo do processo pressupõe a consequente busca constitucional da realização do direito material. Por meio dessa aproximação, serão garantidos o respeito aos direitos fundamentais e a legitimação do sistema de aplicação da justiça (CAMBI *et al*., 2017).

Nessa esteira, o Código deve ser interpretado de acordo com a Constituição, o que significa dizer que as lacunas interpretativas devem ser resolvidas a favor da otimização da Constituição e do processo civil como meio de garantia e tutela dos direitos (ARENHART; MARINONI; MITIDIERO, 2015).

As normas fundamentais elencadas pelo legislador infraconstitucional são as linhas mestras do Código, eixos normativos pelo qual o direito processual civil estrutura-se. Importante a ressalva de que o Novo Código não reproduz a título de normas todos os direitos fundamentais processuais que compõem o processo justo, entretanto, a ausência de menção expressa a alguns desses direitos fundamentais não obsta a sua observância, como o direito ao juiz natural e o direito à prova (MARINONI; ARENHART; MITIDIERO, 2017).

Importante ressaltar que princípio da inércia é aquele segundo o qual cabe à parte titular do direito colocar em movimento a máquina estatal, para que dela obtenha uma solução concreta para a controvérsia trazida a juízo.

Já o princípio do impulso oficial é o princípio segundo o qual, uma vez instaurado o processo, este se desenvolve por iniciativa do juiz, que promove e determina os atos processuais, de forma que o instituto referido siga sua marcha em direção à solução da lide (TALAMINI; WAMBIER, 2015).

O modelo inquisitorial caracteriza-se pela liberdade da iniciativa conferida ao magistrado, tanto no desenvolvimento da relação processual como em sua instauração. Já o modelo adversarial atribui às partes a iniciativa de instauração e impulso do processo (THEODORO JÚNIOR, 2016).

Ao reproduzir o dispositivo constitucional, o artigo 3º, caput, funciona como uma cláusula do compromisso do Novo Código com os parâmetros da Carta Magna. A proibição da autotutela acarreta o dever do Estado de prestar a tutela jurisdicional idônea aos direitos (ARENHART; MARINONI; MITIDIERO, 2015).

Para que o Estado seja realmente atuante na solução das demandas, o acesso à justiça deve ser pleno, determinando cada qual sua responsabilidade.

Assim, o direito de acesso à justiça é indispensável para a própria configuração de Estado, tendo em vista que não se pode pensar em proibição da tutela privada sem viabilizar a todos a possibilidade de efetivo acesso ao Poder Judiciário (ARENHART; MARINONI; MITIDIERO, 2015).

Notoriamente, a intenção do legislador é evitar a lentidão na entrega da prestação jurisdicional, por meio de um processo justo e em conformidade com outros princípios, como a dignidade da pessoa humana, o devido processo legal, a igualdade e a razoabilidade (IMHOF, 2016).

O que se impõe, dessa forma, é simplesmente evitar ritos arcaicos e injustificáveis e impedir a ineficiência organizacional dos aparelhamentos judiciais, bem como vedar o abuso de atos desnecessários e do manejo de faculdades e poderes, tanto das partes como do órgão jurisdicional, com intenção meramente procrastinatória (THEODORO JÚNIOR et al., 2015).

O princípio da boa-fé é considerado o mais importante no plano infraconstitucional, assim como o princípio da dignidade da pessoa humana é no plano constitucional (CAVALIERI FILHO, 2010).

Na perspectiva processual, o dispositivo visa afastar definitivamente a má-fé dos sujeitos que compõem o processo, estabelecendo, por meio do subprincípio da cooperação, que as partes devem contribuir para que a demanda levada ao Judiciário seja conduzida da melhor maneira possível (IMHOF, 2016).

Nesse ponto do desenvolvimento teórico, importante adentrar nos princípios processuais, que, como mandamentos nucleares de um sistema, são disposição fundamental que se irradia sobre diferentes normas, formando o espírito e servindo de critério para sua exata compreensão e inteligência, exatamente por definir a lógica e a racionalidade do sistema normativo, no que lhe confere a tônica e lhe dá sentido harmônico (MELLO, 1997).

Quanto aos princípios, cabe indagar: quem são os titulares desses direitos fundamentais formados pelos princípios? Poderiam ser restringidos? Qual deve ser a intensidade do controle da corte constitucional sobre o legislador? (ALEXY, 1998).

É possível conceituar os princípios como "mandados de otimização", sendo que mandados (proibição e permissão) fazem parte da deontologia, ou seja, fazem parte do que é obrigatório. Desde logo se vê, portanto, que os princípios são tratados como uma categoria deontológica, e não axiológica ou antropológica (ALEXY, 2001).

Da mesma maneira, com semelhante raciocínio, as colisões de direitos fundamentais devem ser consideradas como uma colisão de princípios, sendo que o processo para a solução é a ponderação (ALEXY, 2001).

Insta luzir que, segundo a doutrina clássica, os princípios têm quatro funções: a) inspirar o legislador; b) permitir interpretação; c) suprir lacunas; d) sistematizar o ordenamento, dando suporte a todas as normas jurídicas e possibilitando o equilíbrio do sistema.

Quanto à função inspiradora, o legislador costuma ali buscar inspiração para a criação de normas, sendo muitos princípios positivados na lei.

Na função interpretativa, os princípios ganham especial destaque como norteadores da atividade do intérprete na busca da real finalidade da lei, inclusive se em conformidade com os princípios constitucionais. Segundo a doutrina, violar um princípio é muito mais grave do que violar uma norma, pois é desconsiderar todo o sistema de normas.

Os princípios também são destinados ao preenchimento de lacunas na legislação processual. Há lacuna quando a lei não disciplina determinada matéria. Desse modo, os princípios, ao lado da analogia e dos costumes, são instrumentos destinados a suprir as omissões do ordenamento jurídico processual.

De outro lado, os princípios têm a função de sistematização do ordenamento processual trabalhista, dando-lhe suporte, sentido, harmonia e coerência.

Sendo assim, os princípios são aqueles que oferecem o equilíbrio à sociedade, dando base para a criação das normas que a concernem.

Mas, como se pode analisar o direito em face dos princípios? O Estado de direito do século XIX e da primeira metade do século XX é o direito das normas dos códigos; o direito do Estado constitucional e de direito leva a sério os princípios, é o direito dos princípios. Tomar a sério os princípios implica uma mudança profunda na metodologia de concretização do direito e, por conseguinte, na atividade jurisdicional dos juízes (CANOTILHO, 2012).

Existe nos dias de hoje uma redefinição dos princípios e de suas funções dentro do sistema jurídico. Modernamente, a doutrina tem atribuído caráter normativo aos princípios (força normativa), vale dizer: os princípios são normas, atuando não só como fundamento das normas ou no suprimento da ausência legislativa, mas com a mesma eficácia no ordenamento jurídico das normas positivadas.

Os princípios gerais são apenas normas fundamentais ou normas generalíssimas do sistema. O nome "princípios" induz a erro, de tal forma que é antiga a questão entre os juristas de saber se os princípios gerais são normas ou não. A tese sustentada pelo estudioso que se ocupou mais amplamente do problema, Crisafulli, afirma que os princípios gerais são normas. Para sustentar tal tese, existem dois argumentos principais, ambos válidos: em primeiro lugar, se são normas aquelas das quais os princípios gerais são extraídos, mediante um procedimento de generalização excessiva, não há motivo para que eles também não sejam normas. Em segundo lugar, a função pela qual são extraídos e usados é igual àquela realizada por todas as normas, ou seja, a função de regular um caso. Ou seja, os princípios são extraídos para regular um comportamento não regulado, servindo ao mesmo objetivo para que servem as normas expressas. E, sendo assim, por que não deveriam de ser considerados normas? (BOBBIO, 2010).

Naturalmente, o direito processual se compõe de um sistema uniforme, que lhe dá homogeneidade, com fim de facilitar sua compreensão e aplicação para a solução das ameaças e lesões a direito. Mesmo que se reconheça essa unidade processual, é comum dizer-se didaticamente que existe um direito constitucional processual, para significar o conjunto das normas de direito processual que se encontra na Constituição Federal, ao lado de um direito processual constitucional, que seria a reunião dos princípios para o fim de regular a denominada jurisdição constitucional. Não se trata, portanto, de ramos novos do direito processual (NERY JUNIOR, 2009).

Encarados os princípios constitucionais processuais como garantidores de verdadeiros direitos fundamentais e tendo em vista a dimensão objetiva já mencionada, tiram-se as seguintes conclusões: a) o magistrado deve interpretar esses princípios como se interpretam os direitos fundamentais, ou seja, de modo a dar-lhes o máximo de eficácia; b) o magistrado poderá afastar, aplicando o princípio da proporcionalidade, qualquer regra que se coloque como obstáculo irrazoável/desproporcional à efetivação de todo direito fundamental; c) o magistrado deve levar em consideração, "[...] na realização de um direito fundamental, eventuais restrições a este impostas pelo respeito a outros" (DIDIER JUNIOR, 2007).

Princípio vem a ser a fonte, o ponto de partida que devemos seguir em todo o percurso; ao mesmo tempo em que é o início, também é o meio a ser percorrido e o fim a ser atingido. Dessa forma, todo o ordenamento jurídico deve estar de acordo com os princípios, pois só eles permitem que o próprio ordenamento jurídico se sustente, se mantenha e se desenvolva (VILAS-BÔAS, 2003).

O princípio estabelece uma orientação, se entende como uma direção para se estabelecer e classificar determinadas condutas, porém essa orientação não é concisa. Nesse sentido, princípio é, por definição, mandamento nuclear de um sistema, verdadeiro alicerce dele, disposição fundamental que irradia sobre diferentes normas, compondo-lhes o espírito e servindo de critério para sua exata compreensão e inteligência, exatamente por definir a lógica e a racionalidade do sistema normativo, no que lhe confere a tônica e lhe dá sentido harmônico (MELLO, 1991).

Para que possa subsistir como unidade, o ordenamento estatal, considerado na sua globalidade, constitui um sistema cujos diversos elementos são entre si coordenados, apoiando-se um ao outro e pressupondo-se reciprocamente. O elo entre esses elementos é a Constituição, origem comum de todas as normas. É ela, como norma fundamental, que confere unidade e caráter sistemático ao ordenamento jurídico (KELSEN, 1990).

O processo é regido por normas processuais que compreendem regras e princípios.

Os princípios são a base na qual se estrutura qualquer ramo do direito, dando ao sistema jurídico um aspecto de organização, coerência e ordem. Os princípios processuais dão, nesse sentido, coerência e lógica ao sistema processual.

Outra observação importante é que o processo é um só, porém acima dele o que predomina é a Constituição Federal. Logo, a tutela dos direitos fundamentais – e, além disso, ele próprio – deve ser estruturado de acordo com os direitos fundamentais. No primeiro caso, as regras processuais devem ser criadas de maneira adequada à tutela dos direitos fundamentais. No segundo caso, o legislador deve criar regras processuais adequadas aos direitos fundamentais, respeitando, por exemplo, a igualdade das partes e o contraditório (DIDIER JUNIOR, 2007).

Com efeito, por via do princípio da igualdade, o que a ordem jurídica pretende firmar é a impossibilidade de este bem, este valor, ser absorvido pelo direito. O sistema normativo concebeu fórmula hábil que interdita o quanto possível tais resultados, visto que, exigindo igualdade, assegura que os preceitos genéricos, os abstratos e os atos concretos colham a todos sem especificações arbitrárias, assim mais proveitosas que detrimentos para os atingidos (MELLO, 1993).

> Os princípios constitucionais são, precisamente, a síntese dos valores mais relevantes da ordem jurídica. A Constituição [...] não é um simples agrupamento de regras que se justapõem ou que se superpõem. A ideia de sistema funda-se na de harmonia, de partes que convivem sem atritos. Em toda ordem jurídica existem valores superiores e diretrizes fundamentais que "costuram" suas diferentes partes. Os princípios constitucionais consubstanciam as premissas básicas de uma dada ordem jurídica, irradiando-se por todo o sistema. Eles indicam o ponto de parada e os caminhos a serem percorridos. (SARMENTO, 2004).

Realmente, se o processo, na sua condição de autêntica ferramenta de natureza pública, indispensável para a realização da justiça e da pacificação social, não pode ser compreendido como mera técnica, mas, sim, como instrumento de realização de valores e especialmente valores constitucionais, impõe-se considerá-lo como direito constitucional aplicado. Na atualidade, cresce em significado a importância dessa concepção, se atentarmos para a íntima conexidade entre a jurisdição e o instrumento processual na aplicação e proteção dos direitos e das garantias assegurados na Constituição. Aqui não se trata mais, bem entendido, de apenas conformar o processo às normas constitucionais, mas de empregá-las no próprio exercício da função jurisdicional, com reflexo direto no seu conteúdo, naquilo que é decidido pelo órgão judicial e na maneira como o processo é por ele conduzido (OLIVEIRA, Carlos Alberto, 2004).

O processo pode ser conceituado sob dois enfoques: o primeiro de forma intrínseca, visto internamente, pelo qual o processo é a relação jurídica que se estabelece entre autor, juiz e réu com o objetivo de acertamento, certificação, realização ou acautelamento do direito substancial subjacente; sob a perspectiva extrínseca, é o meio, método ou instrumento para definição, realização ou acautelamento de direitos materiais.

Elpídio Donizetti (2016, p. 39) esclarece que o processo é "O método pelo qual se opera a jurisdição, com vistas à composição dos litígios. É instrumento de realização da justiça; é relação jurídica, portanto, é abstrato e finalístico", isto é, uma das formas de solução dos conflitos de forma célere.

A Constituição passa a ser encarada como um sistema aberto de princípios e regras, permeável a valores jurídicos suprapositivos, no qual as ideias de justiça e de realização dos direitos fundamentais desempenham um papel central. A mudança de paradigma nessa matéria deve especial tributo às concepções de Ronald Dworkin e aos desenvolvimentos a ela dados por Robert Alexy. A conjugação das ideias desses dois autores dominou a teoria jurídica e passou a constituir o conhecimento convencional da matéria (BARROSO, 2005).

O que o princípio constitucional quer significar é a proteção da igualdade substancial, e não a isonomia meramente formal. Essa igualdade real explicada e demonstrada cientificamente pelo direito constitucional e pelo direito processual civil está servindo de fundamento básico para recente corrente político-jusfilosófica denominada no Brasil de "aplicação alternativa do direito" ou "justiça alternativa", desenvolvida por setores da magistratura do Rio Grande do Sul, que vê na igualdade substancial o instrumento para a busca da segurança e do justo (NERY JUNIOR, 2009).

O princípio do contraditório pode ser compreendido como sendo uma combinação entre os princípios da ampla defesa e da igualdade das partes, em que o princípio constitucional da igualdade jurídica, do qual um dos desdobramentos é o direito de defesa para o réu, contraposto ao direito de ação para o autor, está intimamente ligado a uma regra eminentemente processual: o princípio da bilateralidade da ação, surgindo, da composição de ambos, o princípio da bilateralidade da audiência (SANSEVERINO, 1983).

Deve ser ressaltado, todavia, que a garantia da publicidade não se traduz na exigência da efetiva presença do público e/ou dos meios de comunicação nos atos em que o procedimento se desenrola, não obstante reclame mais do que uma simples "potencialidade" abstrata (como quando, por exemplo, não se tem conhecimento da data, do horário e do local da realização de determinado ato: a publicidade deste reduz-se, então, a um nível meramente teórico) (TUCCI; Rogério Lauria; TUCCI, José Rogério Cruz e, 1989).

A obrigatoriedade da motivação, portanto, preserva interesses públicos e particulares. De um lado, é essencial que se possa aferir em concreto a imparcialidade do juiz e a justiça de suas decisões, e, de outro, isso é essencial às partes, para que elas conheçam as razões da decisão. A falta de motivação gera a nulidade da decisão, a qual, por se tratar de matéria de ordem pública, pode ser arguida em qualquer instância (DONIZETTI, 2016).

É um princípio operativo em relação a todas e quaisquer normas constitucionais, e embora a sua origem esteja ligada à tese da atualidade das normas programáticas (*thoma*), é hoje sobretudo invocado no âmbito dos direitos fundamentais (no caso de dúvida deve preferir-se a interpretação que reconheça maior eficácia aos direitos fundamentais) (CANOTILHO, 2012).

A cláusula do devido processo "tem o significado sistemático de fechar o círculo das garantias e exigências constitucionais relativas ao processo, numa fórmula sintética destinada a afirmar a indispensabilidade de todas e reafirmar a autoridade de cada uma" (DINAMARCO, 2003, p. 245).

Violar um princípio é muito mais grave do que transgredir uma norma. A desatenção ao princípio implica ofensa não apenas a um específico mandamento obrigatório, mas a todo o sistema de comandos. É a mais grave forma de ilegalidade ou inconstitucionalidade, conforme o escalão do princípio atingido, porque representa insurgência contra todo o sistema, subversão de seus valores fundamentais (MELLO, 1997).

Sendo assim, faz-se necessária a aplicação adequada dos princípios, com a exegese adequada, no caso concreto, não importando qual o ramo do direito, para a solução das altercações. Segundo Daniel Amorim Assumpção Neves (2016, p. 15), a interpretação moderna do princípio da inafastabilidade está assentada em quatro ideias principais, quais sejam: a ampliação do acesso ao processo, o respeito ao devido processo legal, mediante a observância do contraditório, a justiça e a eficácia da decisão proferida.

Em primeiro lugar, deve-se ampliar o máximo possível o acesso ao processo, permitindo-se que eventuais obstáculos sejam mínimos, senão inexistentes. Esse amplo acesso cresce em importância quando referente ao aspecto econômico da demanda e aos direitos transindividuais. Uma vez ampliado o acesso, deve-se observar o respeito ao devido processo legal, em especial a efetivação do contraditório real e do princípio da cooperação. Significa dizer que as partes devem desempenhar um papel fundamental durante o processo, com ampla participação e efetiva influência no convencimento do juiz. De nada adiantará a ampliação do acesso se tal participação não for incentivada e respeitada no caso concreto. Essa ampla participação pode ser obtida por intermédio de um contraditório participativo, mediante o qual o juiz mantenha um diálogo permanente e intenso com as partes, bem como por meio do contraditório efetivo, sendo as participações das partes aptas a influenciar a formação do convencimento do juiz (NEVES, 2016).

Amplia-se o acesso, permite-se a ampla participação, mas profere-se uma decisão injusta. É fácil perceber que, nesse caso, tanto o acesso como a ampla participação não levaram as partes a lugar algum. Em razão disso, a terceira "viga mestra" é a decisão com justiça, ainda que o conceito de justiça seja indeterminado, suscetível de certa dose de subjetivismo. Trata-se de preferir a interpretação mais justa diante das várias possíveis ou, ainda, de aplicar a lei sempre se levando em consideração os princípios constitucionais de justiça e os direitos fundamentais.

Por fim, de nada adiantará ampliar o acesso, permitir a ampla participação e proferir decisão com justiça, se esta se mostrar, na situação existente, ineficaz. O famoso "ganhou, mas não levou" é inadmissível dentro do ideal de acesso à ordem jurídica justa. A eficácia da decisão, portanto, é essencial para se concretizar a promessa constitucional de inafastabilidade da jurisdição. Nesse sentido, a questão da eficácia pode ser enfrentada por três diferentes perspectivas.

Na primeira, considerar-se-á a necessidade de tutela de urgência ampla, de forma a afastar concretamente o perigo da ineficácia representado pelo tempo necessário à concessão da tutela definitiva. Nesse tocante, o direito brasileiro encontra-se excepcionalmente servido, contando com a tutela cautelar, garantidora, e a tutela antecipada, satisfativa, ambas amplas e genéricas, cabíveis em qualquer hipótese e a qualquer momento, desde que preenchidos os requisitos legais para sua concessão.

Em segundo lugar, a necessidade de aumentar os poderes do juiz na efetivação de suas decisões, o que se pode fazer – como o direito brasileiro vem fazendo – por dois caminhos distintos: a) disponibilizar ao juiz mecanismos de execução indireta, por meio dos quais poderá convencer o devedor de que o melhor a fazer é cumprir o gravame; e b) aumentar as sanções processuais a serem aplicadas pelo juiz na hipótese de não cumprimento ou criar obstáculos à efetivação da decisão judicial, com especial ênfase ao ato atentatório à dignidade da justiça (*contempt of court*), previsto no art. 77, §2º, do Novo CPC.

Em terceiro lugar, cumprir a promessa constitucional prevista no art. 5º, LXXVIII, CF/88, e no art. 4º do Novo CPC, que garante às partes uma razoável duração do processo por meio da adoção de técnicas procedimentais que permitam uma maior celeridade, naturalmente sem afastar as garantias constitucionais. O raciocínio é bastante simples: quanto mais demore uma demanda judicial, menores são as chances de o resultado ser eficaz, devendo-se atentar para essa realidade no momento da estruturação procedimental e da fixação das regras para a condução do processo (NEVES, 2016).

A doutrina nacional que já enfrentou o tema divisa fundamentalmente três vertentes desse princípio da cooperação, entendidas como verdadeiros deveres do juiz na condução do processo: (i) dever de esclarecimento, consubstanciado na atividade do juiz de requerer às partes esclarecimentos sobre suas alegações e pedidos, o que naturalmente evita a decretação de nulidades e a equivocada interpretação do juiz a respeito de uma conduta assumida pela parte; (ii) dever de consultar, exigindo que o juiz sempre consulte as partes antes de proferir decisão, em tema já tratado quanto ao conhecimento de matérias e questões de ofício; (iii) dever de prevenir, apontando às partes eventuais deficiências e permitindo suas devidas correções, evitando-se assim a declaração de nulidade, dando-se ênfase ao processo como genuíno mecanismo técnico de proteção do direito material (NEVES, 2016).

Dessa forma, o princípio da cooperação confirma os argumentos descritos, tendo em vista que o objetivo do código é justamente resolver o conflito da forma mais célere possível. Essa hodierna perspectiva visa fortalecer o contraditório, a ampla defesa e o devido processo legal, conferindo-lhes caráter substancial, considerando que são normas fundamentais e valores consagrados constitucionalmente, que conquanto imponham um necessário tempo fisiológico ao processo, devem ser fortalecidos e caminhar lado a lado com o desiderato, também constitucional, da duração razoável do processo, que pretende eliminar o seu tempo patológico. Tal preocupação, aliás, é materializada nas técnicas de cognição sumária e de execução provisória, igualmente adotadas na novel codificação processual civil (MEDEIROS NETO, 2016).

O Estado e a sociedade apresentam-se empenhados para que o processo seja eficaz, útil ao seu elevado desígnio, por isso a preocupação das leis processuais em assentar os procedimentos à luz dos princípios da boa-fé e da lealdade das partes e do juiz (THEODORO JÚNIOR, 2016).

O princípio da boa-fé impõe deveres de cooperação entre os sujeitos processuais (DIDIER JUNIOR, 2015), sendo a cooperação uma novidade expressamente disposta no artigo 6º do Código.

O direito à igualdade e à paridade de armas, além de vincular o legislador, vincula também o magistrado na condução do processo. O processo tem de se estruturar com técnicas capazes de promover a igualdade de todos no ordenamento jurídico, visando a uma decisão justa e à formação de precedentes (ARENHART; MARINONI; MITIDIERO, 2015).

Por mais paradoxal que seja, o tratamento distinto é, em alguns momentos, a melhor maneira de igualar as partes. O disposto no artigo 72 do CPC, por exemplo, prevê a nomeação de curador especial para os incapazes processuais, bem como a tramitação prioritária de processos que envolvam idosos ou pessoas com doença grave, nos termos do artigo 1.048 da legislação processual, o que lhes confere proteção necessária apesar de destacá-los do todo (DIDIER JUNIOR, 2015).

Outra dimensão do princípio da igualdade é o dever do órgão julgador de confrontar o caso concreto com o paradigma, com o intuito de verificar se é possível ou não a aplicação do precedente ou da jurisprudência, conforme estabelece o artigo 489, §1º, V e VI, do CPC/15 (DIDIER JUNIOR, 2015).

Para que exista a igualdade jurídica entre as partes, deve haver o respeito aos envolvidos na demanda, oferecendo a estes a mesma oportunidade de defesa, com pleno exercício do princípio do contraditório.

Nessa esteira, o mencionado princípio do contraditório figura como principal corolário da paridade de tratamento entre as partes, consistindo na necessidade de ouvir a pessoa antes de ser proferida a decisão, garantindo-lhe o direito de defesa e de se manifestar durante todo o andamento processual (THEODORO JÚNIOR, 2016).

O dispositivo possui uma importância significativa ao reforçar o princípio da dignidade da pessoa humana (artigo 1º, III, da CF/88) e os princípios basilares da atividade administrativa previstos no artigo 37 da Constituição Federal (IMHOF, 2016).

O CPC impõe ao juiz a observância a esses comandos constitucionais, tendo em vista que o exercício da função jurisdicional é o exercício da função estatal, de modo que o magistrado tem o dever de resguardar e promover a dignidade da pessoa humana (DIDIER JUNIOR, 2015).

O direito ao contraditório (princípio constitucional previsto no artigo 5º, LV, CF) é inseparável de qualquer ideia de administração da justiça, sendo que o direito ao processo justo tem o seu exercício balizado pela observância desse direito ao longo de todo o andamento processual (ARENHART; MARINONI; MITIDIERO, 2015).

Da mesma forma, o artigo 10 da legislação processual incorpora uma versão moderna do princípio do contraditório (IMHOF, 2016), no sentido de que o magistrado não poderá proferir decisão "com base em fundamento a respeito do qual não se tenha dado às partes oportunidade de se manifestar, ainda que se trate de matéria sobre a qual deva decidir de ofício".

Outro ponto muito importante numa demanda é justamente a decisão que respeite a legislação, e que tenha fundamentação para que os envolvidos saibam a essência e origem dos motivos que levaram o julgador a optar por determinada solução para o problema.

O princípio da motivação das decisões, também conhecido como princípio da fundamentação, está disposto no artigo 93, incisos IX e X da Carta Magna e preceitua que toda e qualquer decisão judicial deve ser justificada e explicada pela autoridade judiciária que a proferiu, com o intuito de que sejam inteligíveis as suas razões de decidir e haja a transparência e o respectivo controle da atividade judicial (TALAMINI; WAMBIER, 2015).

Outrossim, ainda que o princípio da fundamentação não estivesse expresso no texto constitucional e na legislação processual, é possível extraí-lo, mesmo que implicitamente, do próprio modelo político de Estado de Direito proposto pela Constituição Federal.

Por esse motivo, as decisões implícitas e insuficientemente fundamentadas não são admitidas no ordenamento jurídico, pois se faz necessário que sejam motivadas, ainda que de modo conciso, demonstrando o enfrentamento de todas as questões aduzidas no processo. No Novo CPC, o legislador enfrenta a questão de modo ainda mais incisivo no artigo 489, §1º, ao disciplinar as situações em que a decisão judicial não será considerada como devidamente fundamentada (TALAMINI; WAMBIER, 2015).

Por sua vez, o princípio da publicidade do processo resume-se no direito à discussão das provas, na obrigatoriedade da motivação da sentença e da sua publicação, bem como na faculdade de intervenção das partes e de seus advogados em todas as fases processuais. Esse princípio não impede que existam processos em segredo de justiça, em favor do interesse das partes (THEODORO JÚNIOR et al., 2015).

Tal previsão foi instituída como meio de promoção da razoável duração do processo e do respeito à impessoalidade. Ainda, para fins de fiscalização, a lista de processos aptos a julgamento deverá estar permanentemente à disposição para consulta pública e na rede mundial de computadores, na forma do artigo 12, §1º, do CPC (ARENHART; MARINONI; MITIDIERO, 2015).

As normas processuais fundamentais são um conjunto de regras e princípios que servem como base para as demais normas dispostas no CPC. Algumas se originam da Constituição Federal, enquanto outras emanam de legislação infraconstitucional. Os artigos 1º ao 12 do CPC especificam algumas dessas normas e desses princípios, sem, contudo, estabelecer rol taxativo.

Da Constituição emergem os requisitos do processo justo, o qual supera, em profundidade, o feitio preponderantemente procedimental da antiga visão do devido processo legal. Deixa, esse moderno processo tipificado pelo novo constitucionalismo, de ser tratado como simples instrumento técnico de aplicação da lei, para tornar-se um sistema constitucional de tutela de direitos, sempre que lesados ou ameaçados (THEODORO JÚNIOR, 2016).

O princípio do juiz natural é um preceito oriundo da Constituição, e determina que a jurisdição só será exercida por aquele órgão a quem a Constituição atribuir o poder jurisdicional. Portanto, o cidadão deve ser julgado por um órgão jurisdicional criado previamente e com competência prevista na normativa jurídica nacional, que possa julgar quaisquer casos e não processos determinados (THEODORO JÚNIOR, 2016).

Quanto ao princípio do devido processo legal, explicam Talamini e Wambier (2015, p. 75):

[...] tal garantia é também, conhecida pela expressão inglesa *due process of law*. Segundo este princípio, que se consubstancia em postulado fundamental de todo o sistema processual, previsto no inc. LIV do art. 5º da CF, "ninguém será privado da liberdade ou de seus bens sem o devido processo legal". Isso quer dizer que toda e qualquer interferência negativa que as partes possam sofrer, tanto na esfera da liberdade e integralidade pessoal quanto no âmbito de seu patrimônio, deve necessariamente decorrer de decisão prolatada num processo que tenha tramitado em conformidade com antecedente previsão legal e em consonância com o conjunto de garantias constitucionais fundamentais.

Ou seja, os procedimentos adotados no processo devem estar previstos em lei. Deve haver a atuação apropriada do juízo, em consonância com os dispositivos legais e o respeito aos princípios constitucionais fundamentais, na efetivação de um processo razoável, como prevê os ditames normativos.

Marcus Vinicius Rios Gonçalves (2018, p. 106) expende que o juiz não age de ofício, mas aguarda a provocação das partes, sem a qual não tem iniciativa. Mas a exigência de propositura da demanda não deixa de constituir manifestação do poder dispositivo: cabe à parte interessada decidir se ingressa ou não em juízo, cabendo-lhe ainda verificar qual o momento oportuno para tanto. O titular do direito pode, se o preferir, não ingressar com ação nenhuma e sofrer as consequências de sua inércia.

No que tange ao princípio da vedação a prova ilícita, mencionam Talamini e Wambier (2015, p. 85) que são vedadas em razão de norma constitucional as provas obtidas por meios ilícitos. A vedação também está insculpida no art. 369 do CPC ora vigente. Há provas que violam o ordenamento jurídico (como é o caso da confissão mediante tortura, por exemplo), não comportando qualquer gradação, enquanto outras são eventualmente toleradas pelo ordenamento jurídico, ainda que o meio de produção seja ilegal (como é o caso do grampo telefônico). A razão do presente princípio é resguardar ampla e peremptoriamente a integridade, a intimidade e a vida privada dos indivíduos.

O artigo 2º do CPC estabelece que "O processo começa por iniciativa da parte e se desenvolve por impulso oficial, salvo as exceções previstas em lei". Dessa forma, ele unifica as normas, que estavam previstas, no antigo código, nos artigos 2º e 262. Ensina Theodoro Júnior (2016, p. 70) a respeito:

Caracteriza-se o princípio inquisitivo, teoricamente, pela liberdade da iniciativa conferida ao juiz, tanto na instauração da relação processual como no seu desenvolvimento. Por todos os meios a seu alcance, o julgador procura descobrir a verdade real, independente de iniciativa ou de colaboração das partes. Já o princípio dispositivo, quando observado por inteiro, atribui às partes toda a iniciativa, seja na instauração do processo, seja no seu impulso. As provas só podem, portanto, ser produzidas pelas próprias partes, limitando-se o juiz à função de mero espectador.

Notadamente, o art. 4º do CPC descreve que "as partes têm o direito de obter em prazo razoável a solução integral do mérito, incluída a atividade satisfativa", refletindo a premissa da duração razoável do processo. Didier Junior (2015, p. 21) explana que:

A Corte Europeia de Direitos do Homem firmou entendimento de que, respeitadas as circunstâncias de cada caso, devem ser observados três critérios para que se determine se a duração do processo, é ou não, razoável: a) a complexidade do assunto; b) o comportamento dos litigantes e de seus procuradores ou da acusação e da defesa no processo; c) a atuação do órgão jurisdicional. No Brasil, podemos acrescentar como critério a análise da estrutura do órgão judiciário.

Escreve Donizetti (2016, p. 97) que, consagrado pela CF, o princípio da igualdade (ou isonomia) relaciona-se à ideia de processo justo, no qual seja dispensado às partes e aos procuradores idênticos tratamentos, para que tenham iguais oportunidades de fazer valer suas alegações em juízo. Uma vez que os sujeitos processuais são diferentes, devem ser respeitados em suas diferenças. A igualdade objeto de garantia constitucional, portanto, é a igualdade substancial e não meramente formal. O princípio do contraditório, igualmente o devido processo legal, apresenta duas dimensões. Em um sentido formal, é o direito de participar do processo, de ser ouvido. Mas essa participação há de ser efetivamente capaz de influenciar o convencimento do magistrado.

Dessa forma, o cidadão, em tese, consegue verificar a aplicação da lei pelo magistrado e a efetivação do direito. E, sendo público, necessita também de fundamentação, para entendimento e verificação da legalidade na situação factual. Nesse sentido, ensina Theodoro Júnior (2016, p. 94):

Explica-se a exigência constitucional pela circunstância de que na prestação jurisdicional há um interesse público maior do que o privado defendido pelas partes. Trata-se da garantia da paz e harmonia social, procurada por meio da manutenção da ordem jurídica. Daí que todos, e não apenas os litigantes têm direito de conhecer e acompanhar tudo o que se passa durante o processo.

Em que pese à importância dos princípios referidos, não se deve ignorar o fato de que, recentemente, principalmente pela adoção de sistemas informatizados na Justiça do Trabalho, a informalidade e a simplicidade podem ter diminuído, visto que a utilização da informática causa certos limitadores à prática dos atos processuais e de compreensão, como é o caso do cadastro da inicial eletronicamente e das publicações eletrônicas, dentre outros (SCHIAVI, 2019). Esse fato não é verificado na arbitragem, tendo em vista que o referido instituto se adapta à situação dos envolvidos.

Afirma-se ainda que é permitida a arbitragem, na forma da lei. O prestígio e incentivo às formas alternativas de pacificação social restou consignado no Código. O mesmo ocorre com a conciliação, a mediação e outros métodos de solução consensual estimulados pelo Estado, por juízes, advogados, defensores públicos e membros do Ministério Público, inclusive no curso do processo judicial.

Sobre esse aspecto, a via judicializada deve passar a ser vista como opção de reserva, caso as soluções alternativas tenham insucesso, ou nos casos em que a própria natureza exija a intervenção judicial. Nesse segmento, a substituição do espírito de conflituosidade foi bastante incentivada no Novo CPC, conforme se extrai do artigo 3º. O dispositivo esclarece a necessária promoção aos métodos alternativos de resolução de litígio, bem como a necessidade de esse incentivo ser realizado por todos os envolvidos no processo, quais sejam, as partes, seus patronos, os membros da Defensoria Pública, os magistrados e os membros do Ministério Público (MEDEIROS NETO, 2019).

Sobre os temas discorridos, segue a análise da legislação processual, em seus princípios, conforme o art. 4º As partes têm o direito de obter em prazo razoável a solução integral do mérito, incluída a atividade satisfativa.

A máquina judiciária, por representar a população nas demandas, mormente material e extrapatrimonial, deve satisfazer aos anseios dos jurisdicionados, com qualidade e em tempo razoável. Deve atender à função (objetivo) para a qual foi idealizada e criada (tutela jurisdicional justa). Essa tutela justa deve-se ater também à celeridade e razoabilidade temporal (art. 5º, LXXVIII, CF) da prestação jurisdicional.

Fala a doutrina que a razoável duração é a manifestação plena de vários princípios, dentre os quais: direito de ação, acesso à justiça e efetividade do processo.

Portanto, o princípio da duração razoável do processo, consagrado no art. 5º, LXXVIII, da CF, encontra-se, atualmente, previsto também no art. 4º do Novo Código. No direito da parte de obter num prazo razoável a solução integral do processo, fica incluída a atividade satisfativa (DIDIER JUNIOR, 2015).

O dispositivo aprimora o texto constitucional ao delinear, quanto ao mérito, a inclusão da atividade executiva como merecedora da duração razoável. Trata-se de observância da característica jurisdicional de pacificação social com efetividade ou eficácia social, acontecimento que não se encontra de forma efetiva na sociedade.

A República Federativa do Brasil é signatária tanto dos instrumentos já descritos, quanto do Pacto de São José da Costa Rica, que tem a mesma referência em seu artigo 8º, anteriormente transcrito. Portanto, facilmente verificável a evolução da ciência processual com a adoção expressa na lei infraconstitucional ao direito pátrio, velando em última análise pela proteção à dignidade da pessoa humana (DIDIER JUNIOR, 2015).

Nesse condão, observa-se a transposição do juiz sujeito a aplicar as regras rígidas positivadas ao caso concreto, atribuindo-lhe o dever precípuo de distribuir a justiça, valendo-se da principiologia constitucional, seguida da inserção expressa na legislação processual ordinária de diversos dispositivos da Constituição Federal, conforme constata-se dos artigos 4º ao 10º do Novo CPC, na busca de um judiciário mais humanizado e atento à efetividade da prestação jurisdicional (MEDEIROS NETO, 2019).

> Art. 7º É assegurada às partes paridade de tratamento em relação ao exercício de direitos e faculdades processuais, aos meios de defesa, aos ônus, aos deveres e à aplicação de sanções processuais, competindo ao juiz zelar pelo efetivo contraditório.

O tratamento dispensado às partes deve assegurar a paridade, devendo velar pelo efetivo contraditório. Trata-se de igualar substancialmente as partes, dando-lhes instrumento compatível com sua particularidade. Aliás, o juízo deve ser proativo na fiscalização desse desiderato.

O exercício de direitos e faculdades processuais deve ser fiscalizado pelo juiz, a fim de que sejam plenamente exercitados de forma sempre paritária. Que seja observado o contraditório pleno, ou seja: que a oportunidade de manifestação da parte seja de fato efetiva, com o poder de influência, com a informação dada eficazmente e a possibilidade de reação sendo efetiva a influenciar a decisão judicial.

Quando se fala em processo, intrinsecamente entende-se que este estrutura-se em procedimento contraditório, necessariamente, pois, bipolar (partes opostas). Com efeito, a Constituição Federal prevê o contraditório no inciso LV do art. 5º: "aos litigantes, em processo judicial ou administrativo, e aos acusados em geral, são assegurados o contraditório e ampla defesa, com os meios e recursos a ela inerentes". Por conseguinte, o princípio do contraditório é reflexo do princípio republicano e democrático na estruturação do processo.

Assim, o contraditório realiza-se como evidência da manifestação democrática e de cidadania, em que o princípio do contraditório pode ser decomposto em duas garantias: participação (audiência; comunicação; ciência) e possibilidade de influência na decisão. A garantia da participação é a dimensão formal do princípio do contraditório. Trata-se da garantia de ser ouvido, de participar do processo, de ser comunicado e poder falar no processo. Esse é o conteúdo mínimo do princípio do contraditório e concretiza a visão tradicional a respeito do tema (DIDIER JUNIOR, 2015).

Acerca da dimensão substancial do princípio do contraditório, deve haver o "poder de influência", a permitir que a parte participe do processo e tenha efetivas condições de poder influenciar a decisão do magistrado. Se não for conferida a possibilidade de a parte influenciar a decisão do órgão jurisdicional – e isso é o poder de influência, de interferir com argumentos, ideias, alegando fatos –, a garantia do contraditório estará ferida. É fundamental perceber isso: o contraditório não se efetiva apenas com a ouvida da parte; exige-se a participação com a possibilidade, conferida à parte, de influenciar no conteúdo da decisão (DIDIER JUNIOR, 2015).

Por fim, o contraditório afina-se ao princípio processual cooperativo:

Art. 8º Ao aplicar o ordenamento jurídico, o juiz atenderá aos fins sociais e às exigências do bem comum, resguardando e promovendo a dignidade da pessoa humana e observando a proporcionalidade, a razoabilidade, a legalidade, a publicidade e a eficiência.

Interessante destacar que a base legal comentada assemelha-se ao art. 5º da Lei de Introdução às Normas do Direito Brasileiro (LINDB). A regra da *lex legum* cuida da aplicação das normas de toda a ordem jurídica nacional (civil, penal, tributária, previdenciária, enfim, todas as normas). Por esse preceito, a lei, ao ser interpretada e aplicada, deve atender fundamentalmente aos fins sociais e às exigências comuns da população. Aliás, o ordenamento dispõe na lei fundamental, em certa medida, reduzir as desigualdades sociais e regionais, o que implica e pretende o bem comum, buscando a isonomia como caminho de uma sociedade mais justa e solidária. Trata-se de objetivo a ser relevantemente considerado na interpretação e aplicação da norma.

É com essa principiologia que se deve atentar o juízo na aplicação da norma. Essa é a ideologia fixada no artigo 8º da lei processual do novo código processual. Entrementes, há outros apontamentos a serem observados na aplicação do artigo sob comento; trata-se do epicentro jurídico adotado pela Constituição Federal, "a dignidade da pessoa humana", sem se descurar, na interpretação e aplicação da regra, da observância aos princípios da razoabilidade, da legalidade, da publicidade e da eficiência, como forma de ajustar à decisão um grau de qualidade e adequação jurígena ao caso posto, aproximando o sentido de justeza ou justiça à casuística.

A carga axiológica disposta nesse preceito é enorme, importa o mote principiológico constitucional de vários dispositivos, demonstrando a ideologia traçada pelo novo código e a Constituição.

Da mesma forma, a legislação processual passa a vedar qualquer espécie de decisão surpresa, ao impedir que o magistrado profira deliberações, seja qual for o grau de jurisdição, sem que se tenha oportunizado a palavra às partes acerca do objeto da demanda, mesmo em se tratando de questões nas quais esteja autorizado a decidir de ofício (SOUZA, 2015).

A preocupação do Novo CPC é de constitucionalizar o processo, uma vez que insere todos os seus dispositivos em um universo mais amplo, ao possibilitar que as normas constitucionais recebam um efeito expansivo, condicionando a validade e o sentido de todas as previsões do ordenamento jurídico (WAMBIER *et al.*, 2016). Essa circunstância está distante de acontecer na prática, em face da demora no julgamento das ações.

Não se pode olvidar que a desjudicialização é fenômeno global em destaque, razão pela qual objeto dessas considerações, levando-se em conta as propostas contidas no PL nº 6.204/2019, forjado sob a luz das tendências contemporâneas do direito processual civil. Esse PL não traz consigo qualquer mácula de inconstitucionalidade (MEDEIROS NETO, 2020).

As disposições do CPC/15 evidenciaram a procura acirrada pela divulgação e pelo incentivo dos métodos alternativos de solução de demandas, especialmente os consensuais, como a mediação, uma vez que neste instituto há efetiva participação das partes na busca pela solução do problema enfrentado. Isso possibilita, certamente, que o resultado alcançado seja mais satisfatório do que aquele advindo de uma imposição judicial, que, muitas vezes, ao invés de finalizar um litígio, faz crescer ainda mais a animosidade entre os envolvidos (MEDEIROS NETO, 2019).

Portanto, segundo análise realizada neste tópico, tem-se a convicção de que a presente legislação processual vigente é pautada em princípios sólidos, os quais surgiram fruto da experiência na sociedade. Porém, estes não asseguram a justiça de forma efetiva, numa conjuntura que poderá ser utilizada para interpretação das normas. Dessa forma, isso faz com que surjam novas maneiras de aplicação da lei para atender às necessidades da sociedade, mas que ainda dependem de aprimoramento, tendo em vista aplicação de outras formas de solução da liça, como é a arbitragem na seara trabalhista. Diante da doutrina citada, o presente livro busca novos meios e novas formas de solução aos conflitos, especialmente no aspecto da demora judicial. Este aspecto será demonstrado a seguir no acesso à Justiça do Trabalho.

1.5 Análise do direito e acesso à Justiça do Trabalho

Antes de adentrar nos aspectos do acesso à Justiça do Trabalho, bem como na aplicação prática da arbitragem na área, faz-se necessário analisar os conceitos basilares das relações de emprego e trabalho, tendo em vista que, no presente livro, defende-se a ideia de aplicação da arbitragem tanto na relação de trabalho, como na relação de emprego, especialmente na rescisão. Esse fato é necessário, pois todos os envolvidos numa relação arbitral trabalhista devem conhecer os conceitos que seguem, sobre os principais institutos da área. Isso demonstrará confiabilidade no procedimento, logo, evitará situações que causam qualquer tipo de nulidade do ato realizado pelo árbitro ou por uma câmara.

Do ponto de vista da ordem econômica, consagrada constitucionalmente no Brasil, está legitimada como um de seus princípios a livre iniciativa. Esta, por sua vez, desdobra-se na livre concorrência e liberdade de comércio e indústria (MOLLICA; CARDOSO JUNIOR, 2019). Esse autor vai ao encontro dos argumentos descritos no artigo 170 da CF/88, em que fica clara a liberdade para exercer a atividade econômica, bem como escolher as regras necessárias para as partes.

Como acentuado por Renautl (2004, p. 31): "Desterritorialização, descentralização e exteriorização do trabalho passam a ser palavras de ordem, capazes de ampliar as perspectivas de maior produtividade e lucratividade". Diante desse quadro, os requisitos da caracterização de vínculo de emprego já não podem mais ser analisados de forma convencional, conforme destacado:

> No tocante aos elementos fático-jurídicos essenciais à relação empregatícia, eles não desaparecem, nem requerem novo modelo normativo apto a redefini-los, ante o contexto atual sociedade, notadamente sob enfoque das modificações trabalhistas. Apenas se tem uma relativização conceitual de alguns elementos diante de peculiaridades da nova formatação contratual. (CHIARELLI, 2006, p. 289).

O conceito de direito do trabalho pode não ser o mesmo para alguns autores, porém remontam para um mesmo entendimento, que são as regras e princípios jurídicos que regulam os vínculos de trabalho.

Segundo Amauri Mascaro Nascimento, o direito do trabalho é o ramo da ciência do direito que tem por objeto as normas, as instituições jurídicas e os princípios que disciplinam as relações de trabalho subordinado, determinam os seus sujeitos e as organizações destinadas à proteção deste trabalho em sua estrutura e atividade (NASCIMENTO, 2014, p. 59).

Nesse mesmo pensamento, Donato (1979, p. 6) afirma que direito do trabalho é "o corpo de princípios e normas jurídicas que ordenam a prestação do trabalho subordinado ou a este equivalente, bem como as relações e os riscos que dela se originam".

Muitos autores apontam a Revolução Industrial como o cenário do surgimento do direito do trabalho, apoiado por razões jurídicas, econômicas e políticas. Para Nascimento (2014, p. 44), "o direito do trabalho nasce com a sociedade industrial e o trabalho assalariado".

O direito do trabalho surgiu de uma forma assistencialista, baseado na debilidade econômica do trabalhador, com objetivo de assegurar seus direitos e protegê-lo de variadas formas de explorações, por meio de lutas da própria classe trabalhadora, conforme observa Gustavo Filipe Barbosa Garcia (2015).

Do ponto de vista filosófico, o trabalho é importante para a sociedade, tendo em vista que ficar ocioso é tornar-se um estranho para as estações e retirar-se do cortejo da vida que marcha com grandiosidade e orgulhosa submissão rumo ao infinito (GIBRAN, 2017).

Nesse contexto, em razão das péssimas condições de trabalho, com excessivas jornadas e exploração do labor de mulheres e menores (a chamada "questão social"), os trabalhadores começam a se reunir para reivindicar melhorias, inclusive salariais, por meio de sindicatos (GARCIA, Gustavo, 2016, p. 31).

Porém, cabe ao jurista a adequação do direto trabalhista à realidade atual. Na opinião de Nunes (2009):

[...] o Direito do Trabalho há de ser concebido, agora, não mais como um espaço normativo e dogmático de superproteção do trabalhador presumidamente incapaz, mas um direito humanístico que permite, além de uma proteção madura, também o pleno desenvolvimento da personalidade do trabalhador através da livre manifestação de sua liberdade de contratar. (NUNES, 2009, p. 37).

Ao se dar conta de momentos de ausência da lei, grupos de trabalhadores passaram a lutar por seus direitos, e os empregadores passaram a conceder algumas dessas reivindicações, surgindo as primeiras leis trabalhistas.

Destaca-se que a presente e imbricada relação entre direito e economia moldou-se ao longo dos anos, sobretudo por conta do fortalecimento do constitucionalismo, surgindo uma nova postura acerca do tratamento das relações privadas consideradas isoladamente e, mais ainda, quando analisadas junto ao contexto coletivo. Essa constitucionalização do direito civil trouxe uma forte carga axiológica, sendo mais sensível sob o manto da Constituição de 1988, ante sua vocação para a tutela social, pelo que, entre outros aspectos, "ganha relevo a questão da função social na cena jurídica" (FERREIRA, Jussara, 2005).

A configuração de vínculo empregatício necessita da existência de alguns requisitos, pressupostos no art. 3º da Consolidação das Leis do Trabalho (CLT): "considera-se empregado toda e qualquer pessoa física que prestar serviços de natureza não eventual a empregador, sob a dependência deste e mediante salário". Assim, os requisitos para caracterizar o vínculo empregatício são: não eventualidade, subordinação, serviço prestado por pessoa física, pessoalidade e onerosidade. Nesse ponto, fica evidente a caracterização de todos os imperativos autorizantes das normas jurídicas, o direito objetivo (TELLES JUNIOR, 2014). Equitativamente, o direito objetivo é o conjunto sistemático de normas destinadas a disciplinar a conduta dos homens na convivência social (RÁO, 1991).

O primeiro requisito indicado é a pessoalidade. O elemento pessoalidade é formado por dois sentidos que têm relação entre si. Para configurar pessoalidade, é preciso prestação de trabalho por pessoa natural; exercido *intuitu personae*, sem substituição de nenhuma natureza (DELGADO, 2016).

Quanto à eventualidade, o mesmo autor afirma que, para que haja relação empregatícia, é necessário que o trabalho prestado tenha caráter de permanência (ainda que por um curto período determinado), não se qualificando como trabalho esporádico. A continuidade da prestação (antítese da eventualidade) é, inclusive, expressão acolhida pela Lei nº 5.859/1972 (Lei do Trabalho Doméstico), que se refere a serviços de natureza contínua (DELGADO, 2016, p. 294).

Quanto à subordinação, fator considerado como principal pela doutrina, Delgado (2016) destaca que ela guarda importante ligação com os poderes do empregador (de direção, organização, controle e disciplina), destacando-se a sujeição do trabalhador ao comando do empregador.

No direito do trabalho, é essencial separar de quem são as obrigações. Nesse sentido, Raquel Martins (2016, p. 1) afirma que a "obrigação é um dever jurídico originário; a responsabilidade é um compromisso jurídico sucessivo consequente a violação do primeiro".

De acordo com o autor, quando um trabalhador se propõe a prestação de um serviço profissional a outro, adota para si um ônus, um compromisso jurídico originário. O ato de não cumprimento dessa sobrecarga viola o dever jurídico originário, fazendo surgir a responsabilidade de adquirir o prejuízo ocasionado pelo descumprimento da obrigação.

Assim, inexiste a responsabilidade sem encargo. Para que haja a identificação do responsável, é necessário o conhecimento de quem assumiu primeiramente a obrigação.

No entender de Migliora (2015), o objeto do contrato de trabalho é:

[...] a prestação de serviço subordinado e não eventual do empregado ao empregador, mediante o pagamento do salário. O trabalho autônomo prestado a uma pessoa física ou jurídica não caracteriza a existência do contrato de trabalho, pois não há o elemento subordinação [...] possibilitar o conhecimento dos principais aspectos práticos, legais e doutrinários na área dos contratos de trabalho. Fornecer, através de uma visão geral sobre o tema, os elementos necessários à elaboração de um modelo de contrato escrito.

Nesse sentido, é necessário adentrar nos contratos de emprego utilizados pelos funcionários para mostrar que o direito do empregador de demitir é limitado.

Já Delgado (2016, p. 80) apresenta duas definições para contrato de trabalho, em que uma delas busca identificar seus elementos e o que os integram, definindo o contrato de trabalho como "o negócio jurídico expresso ou tácito, mediante o qual uma pessoa natural obriga-se perante pessoa natural, jurídica ou ente despersonificado a uma prestação pessoal, não eventual, subordinada e onerosa de serviços". Em outra definição, o autor considera os elementos fático-jurídicos que compõem a relação empregatícia. Assim, o contrato empregatício é "o acordo de vontades, tácito ou expresso, pelo qual uma pessoa física coloca seus serviços à disposição de outrem, a serem prestados com pessoalidade, não eventualidade, onerosidade e subordinação ao tomador".

Para Antônio Álvares da Silva e George Augusto Mendes e Silva (2017, p. 6), contrato é "um acordo de vontades, na conformidade da lei, e com a finalidade de adquirir, resguardar, transferir, conservar, modificar ou extinguir direitos". Entrementes, para Contarin (2009, p. 3-4), o contrato de trabalho pode ser um contrato bilateral, de direito privado, consensual, sinalagmático, comutativo, oneroso, de trato sucessivo e/ou do tipo dos contratos de adesão.

Para ser válido, o contrato de trabalho demanda a junção das conjecturas (elementos extrínsecos) e dos requisitos elementares (elementos intrínsecos). Essenciais são os elementos que constituem um contrato, de forma a torná-lo válido juridicamente, conforme o pacto firmado. Concernem às pessoas contratantes (sujeitos) – à sua capacidade e legitimação. Vincula-se ainda ao objeto do pacto ajustado à sua idoneidade ou não. Oportuno ao consenso que gerou o ajuste – busca-se pelo atendimento a ambas as partes. Esses três elementos contrapõem-se à externação do contrato consentido. Dessa forma, os requisitos essenciais do contrato de trabalho são: o objeto lícito, o consenso, a forma e a capacidade das partes (DELGADO, 2016; SENA, 2014).

De acordo com Migliora (2015), os principais requisitos para um contrato de trabalho são: capacidade das partes – o maior de 18 anos possui ampla capacidade para a elaboração do contrato de trabalho, e os menores de 18 anos deverão ser assistidos por seus pais na elaboração do contrato de trabalho, respeitando a idade mínima para o menor aprendiz de 14 anos; licitude do objeto – a licitude do objeto não depende da análise da licitude ou ilicitude do empreendimento, mas diz respeito à qualidade da prestação de serviços; e consentimento – consiste no acordo das vontades envolvidas no contrato, em que o empregado assume a forma de adesão.

Algumas cláusulas são indispensáveis ao contrato de trabalho, conforme destaca Migliora (2015): salário – que pode ser estabelecido de diversas formas, como por tarefas realizadas, por produção, por tempo, dentre outros; jornada de trabalho – especificando com clareza a jornada de trabalho, constando dias a serem trabalhados e horários, respeitando os limites legais (após o consenso sobre o horário do trabalho, o empregador deverá ainda incluir uma cláusula em que o empregado consentirá em possíveis mudanças de horários quando necessário); compensação de trabalho extraordinário – as leis trabalhistas brasileiras permitem estabelecer a forma de compensação do trabalho extraordinário, devendo ser especificado em uma cláusula do contrato de trabalho.

Acerca dos contratos de trabalho, específico para a relação de emprego, segundo o art. 442 da CLT, o contrato de trabalho é o acordo tácito ou expresso que formaliza a relação de emprego. Existem várias teorias que buscam explicar a natureza jurídica do contrato de trabalho. Dentre essas teorias, duas se mostram mais relevantes: a teoria anticontratualista e a teoria contratualista.

A doutrina supre essa deficiência com a conceituação do contrato de trabalho. Assim, para Amauri Mascaro Nascimento (2014, p. 44), o contrato de trabalho é "negócio jurídico expresso ou tácito, mediante o qual uma pessoa natural obriga-se perante pessoa natural, jurídica ou

ente despersonificado, a uma prestação pessoal, não eventual, subordinada e onerosa de serviços".
Sendo assim, Vieira (2012, p. 49) define tal contrato como um

> [...] pacto de direito privado, sinalagmático e consensual, celebrado intuito personae em relação ao empregado, e de trato sucessivo e de atividade, dotado de onerosidade, alteridade e complexidade e complementa em que diferencia o contrato de trabalho de relação de emprego, pois enquanto aquele seria resultado da pactuação entre os sujeitos, na relação de emprego não haveria elemento volitivo por ser mais instantânea.

Segundo a teoria anticontratualista, a relação de emprego se concretiza no momento da inserção do empregado na empresa. Esse entendimento é corroborado por Sérgio Pinto Martins, que ensina que: "Para a teoria anticontratualista, o trabalhador incorpora-se à comunidade de trabalho visando cumprir os objetivos almejados pela produção nacional, sem existir autonomia de vontade na discussão das cláusulas contratuais" (MARTINS, 2006). A arbitragem visa exatamente ao oposto, que é a ampla divulgação e clareza da cláusula e do procedimento que será adotado, em caso de lide.

Já a teoria contratualista, adotada majoritariamente pela doutrina trabalhista, assevera que contrato de trabalho é um pacto de vontade entre empregador e empregado que resulta na relação de emprego: "Com efeito, o elemento volitivo é essencial para a formação da relação empregatícia, o que demonstra a existência de um contrato, expressão máxima da liberdade de constituir obrigações mútuas, para as partes pactuantes" (PAULO; ALEXANDRINO, 2010, p. 37).

O contrato de trabalho é definido como bilateral, oneroso, comutativo, consensual, pessoal, de execução continuada, subordinativo, e para alguns é também definido como um contrato de adesão.

Importante avultar a definição de empregado e empregador respectivamente prevista nos artigos 2º e 3º da CLT. Nesse sentido são os dispositivos legais:

> Art. 2º Considera-se empregador a empresa, individual ou coletiva, que assumindo os riscos da atividade econômica, admite, assalaria e dirige a prestação pessoal de serviços.

Art. 3º Considera-se empregada toda pessoa física que prestar serviços de natureza não eventual a empregador, sob a dependência deste a mediante salário. (BRASIL, 1943).

Para José Cairo Júnior (2016, p. 156):

> O contrato de trabalho é celebrado *intuitu personae* em relação à pessoa do empregado. É um contrato personalíssimo e, por conta disso além de não se admitir que o empregado seja pessoa jurídica, a prestação de serviço deverá ser executada pessoalmente, vedada a substituição por outra pessoa.

O que salta aos olhos é a alteridade, como característica que determina que os riscos da atividade empresarial não possam ser imputados ao empregado. Para Sergio Pinto Martins (2006, p. 96):

> O empregado presta serviços por conta alheia (alteridade). Alteridade vem de *alteritas*, de *alter*, outro. É um trabalho sem assunção de qualquer risco pelo trabalhador. O empregado pode participar dos lucros da empresa, mas não dos prejuízos. Quando está prestando um serviço para si ou por conta própria, não será empregado, podendo ocorrer apenas a realização de um trabalho, ou a configuração do trabalho autônomo. É requisito do contrato do trabalho o empregado prestar serviços por conta alheia e não por conta própria.

O ponto crucial nessa relação é a subordinação, que trata da submissão do empregado em relação ao empregador, acatando as ordens impostas por este e atendendo as exigências para a realização do trabalho. Nada mais é que uma subordinação jurídica em razão do poder de direção do empregador sobre o empregado (PRETTI, 2012).

O empregado está subordinado ao poder de direção do empregador, faculdade que este detém de determinar o modo como a atividade do empregado, em decorrência do contrato do trabalho, deve ser exercida, dividindo-se em poder de organização, poder de controle e poder disciplinar, mesmo que de forma remota (PRETTI, 2012).

Um fato importante é que no século XXI ocorre uma mudança na relação de emprego e trabalho, com a inovação tecnológica, e esta assumiria uma dupla dimensão: por um lado, poderia favorecer o emprego em períodos de expansão do ciclo econômico e, por outro, poderia ser fator de agravamento durante as depressões, quando emergiria o desemprego tecnológico, como parte do desemprego cíclico (SCHUMPETER, 1968).

Diante dos argumentos descritos, o direito do trabalho nada mais é do que um conjunto de regras que assegura determinados direitos e impõe obrigações aos envolvidos, numa relação de emprego.

Insta salientar que os princípios são verdades fundantes de um sistema de conhecimento, como tais admitidas por serem evidentes ou por terem sido comprovadas, mas também por motivos de ordem prática de caráter operacional, isto é, como pressupostos exigidos pelas necessidades da pesquisa e da práxis (REALE, 2002).

Nessa mesma linha, os princípios conceituam-se como proposições fundamentais que informam a compreensão do fenômeno jurídico. São diretrizes centrais que se inferem de um sistema jurídico e que, após indeferidas, a ele se reportam, informando-o (DELGADO, 2016).

Dentre os princípios que regem o direito do trabalho, o que mais se destaca é o princípio da irrenunciabilidade dos direitos trabalhistas, por visar à proteção dos direitos trabalhistas, numa relação contratual.

Efetivamente, a irrenunciabilidade não é absoluta no processo do trabalho: a uma, porque nem todos os direitos trabalhistas têm origem em normas de ordem pública; a duas, porque existe na doutrina e na jurisprudência um tratamento diferenciado da irrenunciabilidade quanto ao momento do fato, se antes do contrato, durante este e no momento da rescisão ou após esta; a três, porque existem outros institutos acolhidos pelo direito do trabalho, como a conciliação (e consequente transação), que pode levar à renúncia parcial, bem como a prescrição e decadência, que podem acarretar a perda do direito de ação pela inércia do titular (PACHECO, 2003).

Frisa-se que não se trata de um direito absoluto, tendo em vista que o relativismo desse princípio pode ser notado quando uma empresa possui dois regulamentos e o empregado deve optar por um deles, implicando automaticamente a renúncia às regras do outro, já que, sendo normas de mesma hierarquia, deve ser aplicado aquele cujo conjunto inteiro seja mais favorável, conforme Súmula 51, II, do TST:

NORMA REGULAMENTAR. VANTAGENS E OPÇÃO PELO NOVO REGULAMENTO. ART. 468 DA CLT (incorporada à Orientação Jurisprudencial nº 163 da SBDI-1) – Res. 129/2005, DJ 20, 22 e 25.04.2005
II – Havendo a coexistência de dois regulamentos da empresa, a opção

do empregado por um deles tem efeito jurídico de renúncia às regras do sistema do outro. (BRASIL, 2005b).

Atualmente, na perspectiva do Estado Democrático de Direito, a igualdade é fundamental para a democracia. Nesse sentido, Cappelletti e Garth (1988, p. 12) afirmam que o acesso à justiça pode, portanto, ser encarado como requisito fundamental – o mais básico dos direitos humanos – de um sistema jurídico moderno e igualitário que pretenda garantir e não apenas proclamar os direitos de todos. A fim de encontrar novos meios de solução de cizânia, a arbitragem visa atender às necessidades inerentes de uma nova realidade social.

Tendo em vista que, como direito humano e direito fundamental, o acesso à justiça tem como objetivo proporcionar a todos os mesmos direitos com obrigações correspondentes, Carlos Henrique Leite (2018, p. 192) conceitua de maneira ampla o acesso à justiça como sinônimo de justiça social. Nader (2017, p. 112) diz que a justiça social tem a finalidade de proteção aos mais pobres e desamparados por meio de medidas que favoreçam a distribuição equilibrada de riqueza.

Sobre o tema em pauta, Cappelletti e Garth (1988) tratam o problema do acesso à justiça por meio não apenas dos direitos fundamentais, mas também com escopos jurídicos, políticos e sociais do processo, reproduzindo os problemas de acesso à justiça por meio de três ondas: a primeira se preocupa em assegurar a assistência judiciária aos pobres; a segunda onda defende uma adequada representação de relevância coletiva, com direitos difusos e individuais homogêneos; e na terceira onda surgem os mecanismos judiciais que visam à celeridade do processo e os institutos de alternativas extrajudiciais.

O acesso à justiça não deve ser entendido e interpretado apenas como o direito a ter uma demanda apreciada por um juiz imparcial, mas sim como acesso à ordem jurídica justa, composta por princípios e regras imparciais e razoáveis que possibilitem ao cidadão, tanto no polo ativo, como no passivo de uma demanda, ter acesso a um conjunto de regras processuais que sejam aptas a possibilitar o ingresso da demanda em juízo, bem como influir na convicção do juízo, de recorrer da decisão, além de materializar, em prazo razoável, o direito concedido na sentença (SCHIAVI, 2019).

Nader (2017, p. 90), ao tratar da estrutura das normas, menciona que estas guardam em si uma hierarquia, uma ordem de subordinação. Dessa forma, qualquer norma jurídica de categoria diversa, anterior ou posterior à constitucional não terá validade caso contrarie as disposições desta.

Sobre o tema, Bulos (2011, p. 611) esclarece que, consoante o art. 5º, XXXV, da Constituição Federal, o princípio do acesso à justiça deve ser compreendido em sentido material e formal, o que engloba que toda e qualquer pauta que vise obscurecer o acesso à justiça será invalidada. Sendo assim, qualquer norma que vise restringir ou até mesmo criar obstáculos que prejudiquem direitos fundamentais será inconstitucional.

Sobre o acesso à Justiça do Trabalho, a legislação trabalhista tentou resolver a questão a partir da alteração legislativa, tentando a solução mais rápida dos conflitos, por meio do rito sumaríssimo, conforme artigo 852-A da CLT, porém não obteve o êxito esperado (PRETTI, 2012).

Especificamente quanto ao direito do trabalho, em conformidade com o artigo 114, I, da Constituição Federal, é totalmente cabível, no caso de choque coletivo, a utilização da arbitragem.

Essa mesma regra também se aplica na Lei da Greve, Lei nº 7.783/1989, e na participação dos lucros prevista na Lei nº 10.101/2000.

Nos Estados Unidos, os contratos coletivos são resolvidos principalmente por meio da arbitragem, com um tempo subjacente de execução judicial ou situações especiais. Isso não era verdade antes da Segunda Guerra Mundial, quando o sistema arbitral como o conhecemos não existia (KLARE, 1982).[3]

Do ponto de vista individual, especialmente após o término da relação jurídica trabalhista, os direitos do ex-empregado são patrimoniais, disponíveis e de natureza indenizatória. A defesa acerca do princípio da irrenunciabilidade dos direitos trabalhistas tem aplicação na assinatura do contrato, tendo em vista que o empregado não poderá, por exemplo, renunciar às suas férias proporcionais. Mas essa regra não se aplica à rescisão.

Semelhantemente, tem-se os artigos 9º, 444 e 448 da CLT, que estabelecem que, uma vez que os direitos do empregado já foram adquiridos, conforme narrado na tese, estes poderão ser discutidos na arbitragem.

---

[3] Nossa tradução. No original: "Today the collective contract is primarily administered through arbitration, with an underlying regime of court enforcement for special situations. This was not true before World War II, when the arbitral system as we now know it did not exist". (KLARE, Karl E. The Public/Private Distinction in Labor Law. *University of Pennsylvania Law Review*, v. 130, n. 6, p. 1.358-1.422, Jun. 1982. Disponível em: https://www.jstor.org/stable/3311975. Acesso em: 9 dez. 2021).

Considerada a maior celeridade na solução do conflito, verifica-se a possibilidade de aplicação da arbitragem como solução mais adequada ao empregado. Diante disso, dá-se aplicação do instituto às relações individuais enquanto plausível, desde que isentas de vício ou coação (SCAVONE JUNIOR, 2018, p. 40).

A tese aqui desenvolvida acredita que a lei trabalhista estadunidense é melhor entendida como um dispositivo de facilitação, ainda que falha em relação à cartelização da mão de obra fornecida por sindicatos. Para que isso não pareça uma falta de política (especialmente para um juiz), ou uma condenação do movimento sindical, enfatiza-se que o uso da palavra "cartelização" tem sentido técnico e não pejorativo, entendida como: um esforço cooperativo de vendedores concorrentes para aumentar os preços de seus bens ou serviços (aqui serviços de mão de obra) acima do nível que prevaleceria em condições de concorrência não regulamentada. Não se toma posição sobre se é socialmente preferível para o preço do trabalho a ser determinado um ambiente competitivo ou um ambiente cartelizado de base. A análise é positiva, e não normativa (POSNER, 1984).[4]

Necessário entender, de forma clara, o acesso à Justiça do Trabalho, tornando possível o entendimento quanto aos motivos pelos quais há demora nos julgamentos trabalhistas. Apesar do enfoque primordial no primeiro aspecto, não se pode perder de vista o segundo. Sem dúvida, uma premissa básica será a de que a justiça social, tal como desejada pelas sociedades modernas, pressupõe o acesso efetivo (CAPPELLETTI; GARTH, 1988).

---

[4] Nossa tradução. No original: "One task I have set myself in this paper is simply to make labor law less mysterious to economists, in the hope that they will be encouraged to overcome a natural resistance to immersion in complex legal doctrine. I shall begin therefore with a brief sketch of the American system of labor law and then propose a simple economic model of that system. My basic thesis will be that American labor law is best understood as a device for facilitating, though not to the maximum possible extent, the cartelization of the labor supply by unions. Lest this seem an impolitic (especially for a judge) condemnation of the union movement, I emphasize that I am using the word "cartelization" in a nonpejorative, technical sense: it is the cooperativendeavor of competing sellers to raise the prices of their goods or services (here labor services) above the level that would prevail under conditions of unregulated competition. I take no position on whether it is socially preferable for the price of labor to be determined on a competitive or on a cartelized basis. My analysis is positive, not normative". (POSNER, Richard A. Some Economics of Labor Law. *The University of Chicago Law Review*, v. 51, n. 4, p. 988-1.011, Autumn 1984. Disponível em: https://www.jstor.org/stable/1599556?seq=1&cid=pdf-reference#references_tab_contents. Acesso em: 8 dez. 2021).

Necessário citar que, embora o destinatário principal dessa norma seja o legislador, o comando constitucional atinge a todos indistintamente, vale dizer, não pode o legislador e ninguém mais impedir que o jurisdicionado vá a juízo deduzir pretensão (NERY JUNIOR, 2009). Por esse motivo, existe uma forte demanda de processos judiciais, e por consequência uma demora nos julgamentos.

Nesse contexto, a expressa menção à "atividade satisfativa" é digna de destaque para evidenciar que a atividade jurisdicional não se esgota com o reconhecimento (declaração) dos direitos, mas também com a sua concretização (BUENO, 2018).

Como lição, só tem acesso à ordem jurídica justa quem recebe justiça. E receber justiça significa ser admitido em juízo, poder participar, contar com a participação adequada do juiz e, ao fim, receber um provimento jurisdicional consentâneo com os valores da sociedade. Tais são os contornos do processo justo, ou processo êquo, que é composto pela efetividade de um mínimo de garantias de meios e de resultados (DINAMARCO, 2001).

Na acepção restrita, o direito do trabalho, como conjunto de princípios, regras e institutos jurídicos dirigidos à regulação das relações empregatícias, não abrange, obviamente, ramos jurídicos em que a categoria básica não seja a relação empregado-empregador, mas relações nucleares próprias (DELGADO, 2016).

A doutrina de Mauricio Godinho Delgado escalona os períodos da evolução do direito do trabalho no Brasil da seguinte maneira: o primeiro período de 1888 a 1930, caracterizado por "manifestações incipientes ou esparsas" (2016, p. 106). Nesse período, visualizava-se a relação empregatícia no segmento agrícola cafeeiro "e, principalmente, na emergente industrialização experimentada na capital paulista e no distrito federal (Rio de Janeiro)".

Para elucidar o tema, em 1919, o Brasil, por ter assinado o Tratado de Versalhes, passa a ter maior responsabilidade no ramo trabalhista, ingressando na Organização Internacional do Trabalho (OIT). Nesse sentido, o estudo do direito internacional do trabalho ganha especial importância. A OIT é constituída na parte XIII do referido tratado, tendo sido complementada posteriormente pela Declaração de Filadélfia, em 1944.

O Decreto nº 21.396, de 21 de março de 1932, instituiu as comissões mistas de conciliação, "em que só poderiam demandar os empregados integrantes do sindicalismo oficial (Decreto nº 22.132, de 25 de novembro de 1932)" (DELGADO, 2016).

Do ponto de vista histórico, para Amauri Mascaro Nascimento (2014, p. 68), "os fins visados por Vargas eram de dominação ou de elevação das classes trabalhadoras, o certo é que neste período foi reestruturada a ordem jurídica trabalhista em nosso país, adquirindo fisionomia que em parte até hoje se mantém".

Aprofundando o assunto, o direito do trabalho possui fontes formais e materiais, assim como os demais ramos do direito. A doutrina afirma que "os fatores materiais tendem a atuar conjugadamente, no processo de indução à elaboração ou modificação do fenômeno do Direito" (DELGADO, 2016, p. 141). Ocorre que, na prática, a devida situação está longe de ser aplicada de forma compreensível.

A Justiça do Trabalho está em conformidade com o espírito das normas fundamentais do CPC/15. Os arts. 4º e 8º do referido diploma ratificam a imprescindibilidade da razoável duração do processo e da obtenção da tutela satisfativa, e orientam os juízes, como sujeitos processuais, a aplicar o processo atendendo "aos fins sociais e às exigências do bem comum", e "resguardando e promovendo a dignidade da pessoa humana e observando a proporcionalidade, a razoabilidade, a legalidade, a publicidade e a eficiência". Além disso, o CPC/15 incentiva posturas cooperativas entre os sujeitos processuais, conforme dispõe seu art. 6º, de modo que, nos termos do art. 805, parágrafo único, a execução deve ser efetiva, e caminhar de forma menos onerosa, privilegiando-se a postura de cooperação entre todos os sujeitos processuais (MEDEIROS NETO, 2017).

Já as fontes formais são os meios de revelação e transparência da norma jurídica e os mecanismos exteriores e estilizados pelos quais as normas ingressam, instauram-se e cristalizam-se na ordem jurídica (DELGADO, 2016). No meio trabalhista, podem ser classificadas em heterônomas e autônomas.

Desde o início da década de 1980:

> [...] o conceito de acesso à justiça passou por uma importante atualização: deixou de significar mero acesso aos órgãos judiciários para a proteção contenciosa dos direitos, para constituir acesso à ordem jurídica justa, no sentido de que os cidadãos têm o direito de serem ouvidos e atendidos não somente em situação de controvérsias com outrem, como também em situação de problemas jurídicos que impeçam o pleno exercício da cidadania, como nas dificuldades para a obtenção de documentos seus

ou de seus familiares ou os relativo a seus bens. Portanto, o acesso à justiça, nessa dimensão é mais amplo e abrange não apenas a esfera judicial, como também a extrajudicial. (WATANABE, 2019, p. 109).

Importante o destaque acerca dos direitos humanos, em que se estabelecem condições e limites àqueles que tem competência de criar e modificar o direito e negam o poder de violá-lo. Nesse sentido, os direitos somente têm efeito face a outros direitos, os direitos humanos somente em face a um poder jurídico, isto é, em face a competências cuja origem jurídica e cujo status jurídico sejam respeitados pelo titular da competência.

A apreciação judiciária é um direito fundamental que assiste a todo cidadão. Sendo assim, todo aquele que se sentir lesado ou ameaçado em seus direitos tem assegurado o acesso aos órgãos judiciais, não podendo a lei vedar esse acesso (CÂMARA, 2017).

A remodelação trabalhista foi justificada pela alegação de necessidade de adequação da lei às novas formas de contratação de empregados, surgidas em virtude de novas áreas de trabalho que despontam, em face, por exemplo, dos meios telemáticos.

De acordo com Mauricio Godinho Delgado (2016, p. 39-40), a mudança trabalhista se justifica no propósito de haver uma maior segregação social, como nos tempos antigos. O exímio doutrinador aponta três principais aspectos em que se se divide a finalidade da Reforma Trabalhista, sendo eles: direito individual do trabalho, regras do direito coletivo do trabalho e regras do direito processual.

Ao invés de respeitar o patamar jurídico fixado na Constituição da República, a Lei nº 13.467/2017 simplesmente faz emergir parâmetro jurídico sepultado há décadas no campo do direito, isto é, a desmedida prevalência do poder econômico na principal relação de poder existente no âmbito da economia e da sociedade, a relação de emprego (DELGADO, 2016).

Cumpre esplandecer que a reforma na lei trabalhista não traz, por si só, vagas de emprego, mas sim, uma comutação ampla, inclusive tributária, aumentando os encargos trabalhistas e consequentemente os gastos mensais do empregador.

O direito coletivo surgiu na história "como instrumento de aperfeiçoamento das condições de vida e de trabalho das pessoas humanas trabalhadoras, como mecanismo de elevação das condições de pactuação da força de trabalho no sistema econômico capitalista" (DELGADO,

2016, p. 44). Dessa maneira, com o enfraquecimento dos direitos dos trabalhadores, o direito coletivo acaba substancialmente afetado.

A alteração em questão, longe de solucionar os problemas das desigualdades nas relações de trabalho no país, tende a gerar mais distorções sociais e iniquidades, com impactos negativos na atividade econômica, na previdência, na atividade sindical e na litigiosidade. Ao retroceder ao encontro "livre" das vontades "iguais" como instância normatizadora prevalente, desconsidera-se a história da construção do direito do trabalho, cujos princípios próprios lhe dão fisionomia (BIAVASCHI, 2017).

O termo de garantia da aprovação da mudança parcial da lei foi o de que não haveria eliminação de direitos dos trabalhadores. Pois bem, o acesso à justiça é um direito fundamental da cidadania, que tem sede constitucional e nas declarações internacionais de direitos humanos. Assim, a Lei nº 13.467/2017 não pode impedi-lo.

As alterações nas regras processuais, propostas pela lei, precisam ser compreendidas e aplicadas à luz da atual noção do direito de acesso à justiça como um direito fundamental. Porém, a demora nos julgamentos, igualmente a dificuldade das partes de terem acesso ao Poder Judiciário, traz em si um afastamento da sociedade em relação ao poder estatal de solução de atritos, a sério que muito se discute acerca das novas formas de decifração de um conflito – ao que, no presente livro, defende-se a arbitragem.

Desse modo, o primeiro passo na direção da efetividade consiste, exatamente, na identificação das barreiras que impedem o acesso à justiça e a própria efetividade do processo; o segundo, como atacá-las; e o terceiro, a que custo isso se faria. As barreiras são: a desinformação quanto aos direitos; o descompasso entre os instrumentos judiciais e os novos conflitos sociais; os custos do processo; e a demora para solução dos litígios, que constitui fator de desestímulo. A arbitragem, conforme demonstrado neste livro, visa atender a celeridade na resolução do combate, de acordo com a legislação vigente.

Quando se pensa no acesso à Justiça do Trabalho, historicamente sobre a arbitragem como solução de conflitos individuais trabalhistas, parte da doutrina especializada, a exemplo de Nascimento (2014, p. 55), entendia que sua utilização seria possível.

Cairo Júnior (2016, p. 98-99) entende que a arbitragem poderia ser utilizada para solucionar conflito individual trabalhista desde que já extinto o pacto laboral, na medida em que, durante a vigência do contrato e da prestação de serviços, a manifestação de vontade do trabalhador deveria necessariamente ser presumida viciada, visto que ele ainda está submetido ao poder diretivo do empregador.

Além desse aspecto, Schiavi (2019, p. 58) elenca a possibilidade de que, além dos conflitos individuais trabalhistas, esse modelo de heterocomposição seria aplicável às lides surgidas a partir do término da relação de trabalho.

Sérgio Pinto Martins (2006, p. 775) também atenta que a arbitragem é um meio de solução de conflitos por meio da heterocomposição, onde não são as próprias partes que decidem o conflito, e sim um terceiro escolhido por estas. O autor define arbitragem como "forma de solução de um conflito, feita por um terceiro estranho a relação das partes, que é escolhido por estas. É uma forma voluntária de terminar o conflito".

Maurício Godinho Delgado (2016, p. 1.449) pressupõe que a heterocomposição "ocorre quando o conflito é solucionado através da intervenção de um agente exterior à relação conflituosa original". O conceito de arbitragem para esse autor não difere dos demais, sendo "tipo procedimental de solução de conflitos mediante o qual a decisão, lançada em um laudo arbitral, efetiva-se por um terceiro, árbitro, estranho à relação entre os sujeitos em controvérsia e, em geral, por eles escolhido".

Ademais, registra-se que esse método heterocompositivo de solução de conflitos é altamente recomendado para conflitos complexos (CAHALI, 2020, p. 119), uma vez que o julgamento arbitral é feito em instância única, isto é, não há instância recursal, considerando o pressuposto de que as partes escolheram, previamente, os árbitros responsáveis para exame do caso (CAHALI, 2020, p. 120-121).

Com o advento da Reforma Trabalhista em 2017, foi acrescido ao texto da CLT o artigo 507-A, que possibilita a cláusula de compromisso arbitral nos contratos individuais de trabalho, desde que preenchidos dois requisitos, quais sejam, a percepção de remuneração superior a duas vezes o limite máximo dos benefícios do Regime Geral de Previdência Social (RGPS) e a iniciativa ou expressa concordância do empregado.

Esse dispositivo, a nosso sentir, é manifestamente inconstitucional, porque atenta contra os princípios da dignidade da pessoa humana do cidadão trabalhador, do valor social do trabalho (CF, art. 1º, III e IV), da progressividade e da vedação do retrocesso social (CF, art. 7º, caput) e, em especial, o princípio da proibição de distinção entre trabalho manual, técnico e intelectual ou entre os profissionais respectivos (CF, art. 7º, XXXII), porquanto os trabalhadores que têm remuneração superior ao dobro do limite máximo dos benefícios pagos pela Previdência Social (R$11.000,00, aproximadamente) são, em regra, os que exercem trabalho intelectual e de nível superior. Além disso, o fato de perceberem tal remuneração não autoriza o tratamento discriminatório estabelecido pelo novel art. 507-A da CLT, pois os salários, independentemente do seu valor, são direitos fundamentais dos trabalhadores e gozam da proteção constitucional (LEITE, Carlos, 2018).

Errou o legislador, e vale salientar que o valor da remuneração não se mostra parâmetro certo e objetivo para presumir que determinado empregado seja mais ou menos capaz de optar pela apreciação dos seus direitos por meios diversos da jurisdição. O legislador fixou como condição para que possa estipular cláusula compromissória que o empregado perceba remuneração superior a duas vezes o teto de benefício do RGPS, critério que se limita ao aspecto financeiro e não confirma a maior ou menor hipossuficiência do trabalhador. Quisesse o legislador presumir a relativização da hipossuficiência no caso, melhor seria manter o requisito previsto no artigo 444 da CLT para a negociação individual de direitos disponíveis, qual seja, de percepção de salário de duas vezes o teto de benefício do RGPS e possuir curso superior. Seguramente, a educação faz presumir maior discernimento para negociar do que a remuneração mais elevada (MATTOS, 2018).

Importante destacar que a legislação trabalhista, no que tange à arbitragem, não proíbe a utilização desse instituto para contratos em que o valor do salário seja menor do que o descrito no artigo 507-A da CLT. Por se tratar de direito privado, o que não está vedado pela legislação poderá ser utilizado pelas partes.

Quando inserida a cláusula compromissória de arbitragem no contrato individual do trabalho, o empregado somente poderá recorrer ao Poder Judiciário se houver algum vício na adesão, ou seja, quando adotado esse método, o trabalhador estará renunciando ao direito de acionar o Judiciário quando houver controvérsias relacionadas ao labor (CISNEIROS, 2018).

A respeito da possibilidade de o empregado que recebe determinado valor salarial possuir a prerrogativa de convencionar cláusulas especiais no contrato de trabalho – diferentemente dos demais trabalhadores que recebem salário inferior a duas vezes o limite máximo estabelecido para os benefícios do RGPS –, entende-se que "a legislação trabalhista deve ser aplicada de forma igualitária, sem a distinção decorrente da escolaridade do trabalhador, da atividade desenvolvida ou do salário recebido" (CORREIA, 2018).

Assim, com a inovação trazida pela Lei nº 13.467/2017, a arbitragem pode ser utilizada como meio alternativo de solução heterônoma de lides trabalhistas, tanto individuais quanto coletivas, preenchidos os devidos requisitos estabelecidos legalmente.

Nada veda a arbitragem para solução de atritos individuais de trabalho, pois, segundo o disposto pelo artigo 1º da Lei nº 9.307, de 1996, "As pessoas capazes de contratar poderão valer-se da arbitragem para dirimir litígios relativos a direitos patrimoniais disponíveis". O artigo 31 da Lei, por sua vez, esclarece que "A sentença arbitral produz, entre as partes e seus sucessores, os mesmos efeitos da sentença proferida pelos órgãos do Poder Judiciário e, sendo condenatória, constitui título executivo". Tribunais e juízes do trabalho são órgãos do Poder Judiciário. Logo, a sentença arbitral gera, para as partes e seus sucessores, resultados idênticos aos da decisão exarada por juiz ou tribunal do trabalho, com mais rapidez e ausência de formalismos excessivos (PINTO, 2004).

Nesse sentido, segue parte do voto proferido no processo nº 0170400-06.2008.5.15.0008 do TRT da 15ª Região:

> Saliente-se que, ao revés do que entendeu a Origem, não há que se estabelecer distinção entre compromisso arbitral e cláusula compromissória para o efeito de reconhecer – ou não – o impedimento ao exercício do direito de ação perante o Judiciário, o qual, diga-se, não é absoluto: [...] Assim, a opção do reclamante pela via judicial não pode prevalecer, pois não houve aquiescência da reclamada quanto à renúncia ao juízo arbitral, tendo ela, assim, discordado da substituição da arbitragem pelo procedimento judicial, ao manifestar-se em preliminar de contestação. Por tais fundamentos, em que pese o r. entendimento proferido pelo MM. Juízo primitivo, forçoso reconhecer a validade da cláusula arbitral firmada entre as partes, reformando-se a r. decisão originária para determinar a extinção do feito, sem resolução do mérito, na forma do artigo 267, inciso VII, do Código de Processo Civil. Diante do acolhimento da preliminar em tela, fica prejudicada a apreciação de todas as demais questões devolvidas a este Egrégio Colegiado, inclusive aquelas ventiladas no recurso ordinário do reclamante (BRASIL, 2010).

Do ponto de vista processual, a remodelação trabalhista tentou equalizar os direitos e deveres tanto do empregado quanto do empregador, propondo com isso uma forma de igualdade processual, porém não atinge o principal escopo da justiça, que é uma solução rápida, de acordo com o direito de cada um. Decerto, conforme será demonstrado no próximo capítulo, com a crise do Poder Judiciário, especialmente trabalhista, em números, a solução é a aplicação da arbitragem.

CAPÍTULO 2

A CRISE DO PODER JUDICIÁRIO TRABALHISTA EM NÚMEROS, A IMPORTÂNCIA DA ARBITRAGEM NAS RELAÇÕES DE TRABALHO E A ANÁLISE DOS PROCEDIMENTOS DAS CÂMARAS ARBITRAIS NO BRASIL

2.1 Ações na Justiça do Trabalho em números

Neste capítulo, apresenta-se o grande problema da justiça estatal, detentora de um número excessivo de processos e incapaz de solucionar os prélios num prazo adequado. Os motivos são vários, os principais podem-se elencar como sendo a quantidade de recursos, o número de instâncias, poucos servidores e muitos conflitantes. Destaca-se que, ao final deste livro, foram apresentados os anexos, com os números atuais, a fim de demonstrar, de forma clara, a quantidade de processos pendentes para julgamento.

Para elucidar, no capítulo 3, serão abordadas soluções com a arbitragem na área trabalhista, a fim de comprovar a existência de formas extrajudiciais de solução do atrito. Mas antes se faz necessário a análise do Poder Judiciário atual, o que será realizado a partir deste ponto.

Com o intuito de trazer uma reflexão para o presente livro, diante da quantidade de ações existentes no Poder Judiciário e sua demora nos julgamentos – conforme será demonstrado a seguir, da mesma maneira que nos anexos, com os números –, ressalta-se que muitos se deleitam com as leis, ainda mais com o ato de violá-las (GIBRAN, 2017).

Nesse contexto, pela sua especificidade, a arbitragem tem condições de atender às necessidades das partes e realizar um julgamento célere, motivo pela qual é apresentada como alternativa, especialmente para dissídios individuais trabalhistas.

Primeiramente, situando no momento histórico em que a sociedade se encontra, há uma cultura de terceirização dos litígios, pautada na ideia de que a delegação ao Poder Judiciário da resolução dos conflitos é mais natural do que o estímulo para que haja um mútuo esforço entre os conflitantes na resolução por si mesmos, o que interfere na proposta da arbitragem como ferramenta útil (SOUZA, 2016).

Num primeiro plano, de forma lógica e cronológica, a seguir serão demonstrados os números de ações, conforme o CNJ, para que fique claro que existe um gargalo de processos pendentes para solução. Para elucidar a problemática acerca dos gastos públicos com o Poder Judiciário brasileiro, de acordo com o CNJ, as despesas totais do Poder Judiciário correspondem a 1,3% do Produto Interno Bruto (PIB) nacional, ou a 11% dos gastos totais da União, dos estados, do Distrito Federal e dos municípios (CNJ, 2021, p. 77).

Especificamente sobre o número de processos no marco do começo da década, vale destacar que o Poder Judiciário no Brasil, de acordo com dados do próprio CNJ, teve, em 2010 e em 2011, mais de 80 milhões de processos em trâmite nas esferas da jurisdição comum, federal e trabalhista; tendo, entretanto, uma média de apenas 9 magistrados para cada 100 mil habitantes. A taxa de congestionamento média em 2010, de acordo com o próprio CNJ, foi de 58%, o que significa dizer que, de 100 casos judiciais, 58 não foram julgados. Esse número aumentou para 73,9%, em 2011, na esfera da jurisdição comum (MEDEIROS NETO, 2013).

Pontualmente, na área trabalhista, o número de reclamatórias distribuídas nos últimos anos vem crescendo em escala considerável. Segundo dados do relatório Justiça em números, publicado pelo CNJ (2016, p. 206), apenas no ano de 2015 a Justiça do Trabalho recebeu aproximadamente 4 milhões de processos. Embora a fase de conhecimento não aponte tempo maior do que o suficiente à sua tramitação, na fase de execução há um gargalo que carece de solução.

Sobre essas novas formas de solução da pugna, o posicionamento oficial do CNJ é de promover, cada vez mais, o espaço para os métodos alternativos (conciliação, mediação e arbitragem), visto que esta é a via para evitar um futuro colapso da estrutura do Poder Judiciário. Inclusive, o último relatório do órgão indica o crescimento exponencial da utilização da conciliação para resolução dos conflitos na seara trabalhista, pois, no ano de 2016, cerca de 40% dos processos em fase de conhecimento foram solucionados por meio de conciliação (CNJ, 2017, p. 125-130).

Nessa linha temporal, a jurisdição encontra-se assoberbada. Na constante de evolução de números de ações, o CNJ, na edição de 2017 (p. 180) do relatório Justiça em números, informou que o número de processos que aguardam uma solução definitiva não para de crescer, sendo que no ano de 2009 tramitavam no Judiciário 60,7 milhões de processos, número que em sete anos cresceu para 80 milhões. Cabe destacar que em 2016 ingressaram 29,4 milhões de novas demandas, uma média de 14,3 processos para cada 100 habitantes.

Saltando mais um período, conforme o mesmo CNJ, observa-se que o Poder Judiciário finalizou o ano de 2019 com 77,1 milhões de processos em tramitação, que aguardavam alguma solução definitiva. Destes, 14,2 milhões, ou seja, 18,5%, estavam suspensos, sobrestados ou em arquivo provisório, e esperavam alguma situação jurídica futura. Dessa forma, desconsiderados tais processos, tem-se que, em andamento, ao final do ano de 2019, existiam 62,9 milhões de ações judiciais. Durante o ano de 2019, em todo o Poder Judiciário, ingressaram 30,2 milhões de processos e foram baixados 35,4 milhões. Houve crescimento dos casos novos em 6,8%, com aumento dos casos solucionados em 11,6%. Tanto a demanda pelos serviços de justiça como o volume de processos baixados atingiram, no último ano, o maior valor da série histórica (CNJ, 2020).

Esse volume de novos processos, conforme descrito anteriormente, faz com que a prestação jurisdicional seja morosa e, por vezes, não apresente a qualidade esperada. Porém, o volume de lides e inquietações sociais não dão sinais de diminuição, e, especialmente, no atinente aos conflitos trabalhistas, a tendência parece rumar para um crescimento em progressão geométrica.

Isso porque há importantes fatores sociais que influenciam nesse cálculo. De início, cediço que as relações de trabalho, dada sua natureza, inclusive de prevalência do empregador sobre o trabalhador, são tendentes a motivar a luta. Aliado a isso, o atual momento pelo qual passa o país, de crise econômica com flexibilização das relações, que tende a reduzir o direito e as garantias dos trabalhadores, e, ainda, com a edição da Lei nº 13.429/2017 (Lei da Terceirização) e da Lei nº 13.467/2017 (Reforma Trabalhista), permite afirmar que o número de processos trabalhistas provavelmente terá aumento ainda maior. Por fim, existe a crise econômica em face dos efeitos da pandemia pela Covid-19.

Apenas para título de enriquecimento do trabalho, houve uma situação atípica, mas que não perdurou. Pelo fato da mutação trabalhista de 2017, houve uma relativa mudança no ajuizamento das ações, tendo em vista que o relatório Justiça em números, do Poder Judiciário, mostra que o volume de ações trabalhistas no Brasil diminuiu 27,3% entre os anos de 2017 e 2018 (MENEZES, 2019). Com efeito, essa situação não se sustentou após esses anos.

Salienta-se que a queda das ações trabalhistas foi em virtude da Reforma Trabalhista de 2017, mas, conforme será descrito, além da demora na justiça para sua solução, está ocorrendo um crescente aumento das demandas, em face do fechamento das empresas, diante da crise causada pelos efeitos nefastos da pandemia na economia; por consequência, um aumento nas demandas judiciais trabalhistas.

Isso se somou ao número crescente de desligamentos e fechamentos de postos de trabalho, à falta de perspectiva de recolocação no mercado de trabalho e à mudança do pagamento dos benefícios sociais pelo governo federal. Mas a relação com a comutação é a mesma já explicada, ainda não foi possível firmar uma jurisprudência combativa à alteração e à atual regulamentação dos aspectos trabalhistas da Covid-19, o que gera grandes dúvidas sobre a aplicação da lei trabalhista e sua interpretação.

Os números apresentados deixam claro que o Judiciário está com excesso de processos, e isso não será resolvido com a legislação atual, tendo em vista que não houve uma significativa solução para o julgamento célere dos processos.

O problema está no sistema, que, quando foi criado, tinha um número de processos por habitante muito menor, somado esse fato a uma cultura paternalista. Hoje, a legislação não acompanha a sociedade e a sua evolução, especialmente tecnológica, fazendo com que exista um gargalo na pendência dos processos que aguardam julgamento.

Os números descritos evidenciam o desrespeito ao princípio da efetividade, que é bem presente na exposição de motivos do projeto do Novo CPC: "Um sistema processual civil que não proporcione à sociedade o reconhecimento e a realização dos direitos, ameaçados ou violados, que têm cada um dos jurisdicionados, não se harmoniza com as garantias constitucionais de um Estado Democrático de Direito" (MEDEIROS NETO, 2013).

Os dados apresentados mostram a necessidade de inovações na legislação, para que se resolva o problema do não respeito ao princípio da celeridade e efetividade. A aplicação da arbitragem em situações trabalhistas, com a criação de varas que atendam essa demanda, é a solução que se propõe no presente trabalho.

A fim de corroborar com essa tese, da mesma maneira com a demonstração de que existe um enorme número de processos pendentes de julgamento, o Anexo A determina, num primeiro momento, a queda de ações entre 2017 e 2018, em face da Reforma Trabalhista de 11 de novembro de 2017. Assim como o Anexo B demonstra o mesmo fato, mas o cenário foi apenas temporário, para que a legislação alterada fosse assimilada pela sociedade, do mesmo modo que pelos operadores do direito, para que pudessem encontrar novas situações e para requerer e pleitear direitos.

Corroborando com o argumento anterior, pode-se verificar no Anexo C, que inclui até o ano de 2020, que existe um número alto de demandas ainda pendentes de julgamento na área trabalhista. Tal fato deixa evidente que a máquina do Poder Judiciário ainda não está devidamente apta a realizar a sua atividade de forma plena, seja pela ausência de servidores ou qualquer outro motivo. Sendo assim, a sociedade precisa de uma nova forma de desenlace da arrelia, que este livro defende como sendo a arbitragem.

Ainda acerca do aumento das ações nos últimos anos, fica evidente o acréscimo de ações, no Anexo D, em temas relacionados com os aspectos da modificação trabalhista. Por se tratar de algo novo, houve um exponencial acréscimo na quantidade de ajuizamentos de ações.

Essa demanda aumentada está evidente nos Anexos E e F, pois deixam claro que existe uma enorme quantidade de processos ajuizados, pendentes de julgamento. Em números de 2020, foram recebidos 2.867.673 processos, com 2.521.958 julgamentos, mas ainda com um residual de 2.057.470 processos (TST, 2021).

Exclusivamente, tratou-se da taxa de congestionamento e do índice de atendimento à demanda (IAD). A taxa de congestionamento do Poder Judiciário, que mede o percentual de processos que ficaram represados sem solução, comparativamente ao total tramitado no período de um ano, oscilou entre 70,6% no ano de 2009 e 73,4% em 2016. Em 2020, houve aumento na taxa de congestionamento na ordem de 4,3 pontos percentuais, voltando ao patamar de 2015. O IAD, que reflete a capacidade das cortes em dar vazão ao volume de casos ingressados, alcançou 108,2% no ano de 2020, culminando em redução do estoque em 2.096 mil processos. No segmento da Justiça do Trabalho, apenas sete TRTs registraram índices abaixo de 100%. (CNJ, 2021).

Sobre a possibilidade de recursos de decisões, os índices de recorribilidade externa tendem a ser maiores entre o segundo grau e os tribunais superiores, do que entre o primeiro e o segundo grau. Chegam aos tribunais de segundo grau 7% das decisões de primeiro grau, e chegam aos tribunais superiores 26% das decisões de segundo grau. Mas os números variam significativamente entre os segmentos de justiça. A justiça trabalhista apresenta comportamento inverso, pois a recorribilidade externa (53,1%) supera a interna (25,2%). Na justiça federal, também ocorre maior recorribilidade externa (17,1%) do que interna (14,2%). No segmento trabalhista, a recorribilidade externa média (53,1%) é bem superior à recorribilidade externa dos segmentos estaduais (6,1%), do eleitoral (2,5%), dos tribunais superiores (7,9%), dos Tribunais Regionais Federais (17,1%) e dos Tribunais Militares Estaduais (18%) (CNJ, 2021). Essa situação não existiria se fosse aplicada a Lei de Arbitragem.

Fica evidente nos números descritos uma demanda reprimida muito grande de processos, o que faz com que a celeridade tão esperada nos processos não se obtenha. Dessa forma, necessita-se de forma urgente encontrar uma nova solução.

Deve-se, portanto, compreender a mediação extrajudicial e a arbitragem como mecanismos que podem auxiliar o Judiciário trabalhista na sua missão de solucionar conflitos trabalhistas. Ainda, reconhecer que a grandeza da Justiça do Trabalho não se mede pelo número de processos que julga, mas sim pela importância das causas solucionadas. Permanecer, assim, confiante na relevância do seu papel e entender que o incentivo às vias alternativas sempre deve ser pautado dentro da linha de um alto padrão ético e da boa-fé. A conscientização de tais atributos representará um ganho e não uma perda para todos que compõem a Justiça do Trabalho (TEIXEIRA, 2018).

Com a alteração da lei trabalhista, que inseriu figuras como o termo de quitação anual e a homologação de acordo extrajudicial (que poderão ser precedidos de uma mediação extrajudicial, sendo validados entre empregador e empregado frente ao sindicato ou ao próprio Poder Judiciário, que tratará, então, de questões indisponíveis), as formas autocompositivas terão maior efetividade. Além disso, a conciliação extrajudicial por meio da utilização da mediação terá novas facetas e novas utilidades, consoante a Resolução nº 125 do CNJ e o preceituado no Novo CPC (MOREIRA, Adriano, 2018).

Um dos motivos de se defender a arbitragem nas relações de trabalho é a morosidade da solução judicial de conflitos, mas o que de fato se verifica é a ineficiência do Estado sendo convertida como responsabilidade dos cidadãos e jurisdicionados. Constata-se que, para evitar a crítica e a pressão social pela ineficácia do Estado, criam-se meios de evitar a atuação do Poder Judiciário, como se a sociedade brasileira fosse constituída por cidadãos efetivamente emancipados, num país de primeiro mundo (SANTOS, Dione; BARROS, Renato, 2018).

Diante dos números apresentados, fica evidente que existe um problema a ser resolvido, para que ocorra uma forma de solução dos atritos que as partes dão início. O capítulo 3 deste livro abordará as possíveis maneiras práticas de caráter de aplicação imediata, tal qual as alterações legislativas, capazes de oferecer solução rápida aos conflitos, partindo de uma análise geral sobre a arbitragem.

Para demonstrar como a arbitragem pode contribuir para uma solução mais célere da contenda, necessário primeiro conhecer esse instituto de forma aprofundada, o que será constatado a seguir.

2.2 Arbitragem, seus elementos, sua análise no direito comparado e na Justiça do Trabalho no Brasil

Como o escopo principal deste livro é a aplicação da arbitragem nas relações de trabalho de caráter individual, o conhecimento do tema se faz necessário. Diante disso, o instituto da arbitragem tem origem no latim *lat arbitrare*, que em essência busca trazer à tona a vontade das partes na possibilidade de escolha do procedimento que pretendem utilizar para resolver o conflito apresentado. Nada mais é do que o respeito à autonomia da vontade, tal como o respeito à própria natureza do referido conteúdo, que é a privada.

Arbitragem, conforme o entendimento deste trabalho, é uma escolha livre das partes, para que decidam os procedimentos para o caso específico, a fim de encontrarem uma maneira de solução, em caso de descumprimento do que foi acertado, de maneira mais justa. Nada melhor, nesse momento, do que a preferência de um terceiro imparcial, especialista, que irá apresentar a solução mais justa, de forma privada.

A doutrina é rica no conceito da arbitragem, sendo o método privado de soluções de litígios consensualmente entre as partes, que delegam a um terceiro ou a um colegiado o poder de decidir a controvérsia (YOSHIDA, 2021).

Elucida sobre o tema que a arbitragem é mecanismo privado de solução de litígios, por meio do qual um terceiro, escolhido pelos litigantes, impõe sua decisão, que deverá ser cumprida pelas partes. Essa característica impositiva da solução arbitral (meio heterocompositivo de solução de controvérsias) a distancia da mediação e da conciliação, que são meios autocompositivos de solução de litígios, não existindo decisão a ser imposta às partes pelo mediador ou pelo conciliador, que sempre estarão limitados à mera sugestão, que não vincula as partes (CARMONA, 2009).

Nessa perspectiva de pensamento, por sua vez, representa forma de heterocomposição do conflito, pois o terceiro, expert e imparcial (árbitro), por convenção privada das partes envolvidas, decide o conflito, e não o Estado-juiz (SCHMIDT, 2021).

Validando os conceitos descritos, é uma forma adequada de solução de conflitos, instituída pela autonomia da vontade das partes mediante cláusula contratual, ou compromisso arbitral, na qual delegam a arbitro de livre escolha e confiança a resolução das controvérsias envolvendo direitos patrimoniais e disponíveis (DIAS, Bruno, 2017).

Saliente-se que o ponto original para este tópico, como fase inicial da arbitragem, é a tentativa da conciliação, em que indubitavelmente é a melhor forma de solução da altercação, haja vista que ambas as partes renunciam a alguns direitos até chegar à composição do litígio (PRETTI, 2018).

É a arbitragem, instituto privado e alternativo de solução de conflitos, referente aos direitos patrimoniais e disponíveis, tratados pelo árbitro, normalmente um especialista na matéria controvertida, que apresentará uma sentença arbitral (SCAVONE JUNIOR, 2020).

Do ponto de vista trabalhista, a arbitragem é meio ideal para a solução dos antagonismos que acontecem pelo ingresso de um terceiro imparcial (árbitro), previamente escolhido pelas partes, que irá solucionar o conflito de forma definitiva. A arbitragem é considerada um meio alternativo de solução do conflito, pois o árbitro não pertence ao Estado (SCHIAVI, 2019).

Diante de todos os problemas enfrentados no Poder Judiciário, como v.g. demora no julgamento, vale consignar que a OIT (2002, p. 18), no relatório intitulado *Justicia Laboral y medios alternativos de solución de conflictos colectivos e individuales del trabajo*, defende a promoção da modernização nos modelos de resolução dos conflitos, senão vejamos:

> Os países da região devem trabalhar de forma unívoca na modernização das formas de resolver as situações de conflito que ocorrem no campo das relações de trabalho, admitindo que esses eventos não devem ser considerados como eventos não relacionados ao mundo do trabalho, mas expressões de seus conteúdos. Isso pressupõe uma visão positiva do conflito e admitindo que o seu desencadeamento não deve ser motivo de rejeição, repressão ou dissimulação, mas de aplicação de um critério positivo de superação. (SAPPIA, 2002, p. 18).

Existem lições positivas encontradas no direito comparado com a finalidade de retirar o estigma que ainda paira sobre os reais benefícios alcançados pela utilização desse método alternativo para resolução de conflitos, com destaque propriamente para a funcionalidade e celeridade.

Acerca do direito comparado, na Espanha, a *Ley de Arbitraje* (Lei nº 36, de 5 de dezembro de 1998) reestruturou substancialmente o processo arbitral, anteriormente concebido pela legislação promulgada no ano de 1953. Especifica a lei espanhola, contudo, que determinadas matérias não poderão ser dirimidas no âmbito da arbitragem, dentre elas: a) as questões resolvidas por decisão judicial definitiva; b) os direitos indisponíveis; c) as demandas ressalvadas por lei em que o Ministério Público deva intervir na representação e defesa daqueles que não podem atuar por si mesmos, por carência de capacidade de exercício ou representação; d) as arbitragens laborais regidas por leis próprias.

Para as questões decorrentes do direito do trabalho, o sistema jurídico espanhol possui leis específicas sobre a arbitragem, dentre elas: o Real Decreto-Lei nº 17, de 4 de março de 1977; o Real Decreto-Lei nº 2.756, de 23 de novembro de 1979; a Lei nº 50, de 30 de dezembro de 1984; e o Real Decreto-Lei nº 530, de 8 de abril de 1985, assegurando seu cabimento em questões trabalhistas (FIGUEIRA JÚNIOR, 1999).

A Lei de Arbitragem espanhola eliminou a distinção entre cláusula compromissória e compromisso arbitral, instituindo o convênio arbitral, com idêntica finalidade e com os árbitros podendo decidir por equidade, salvo se as partes optarem expressamente pela arbitragem de direito (ALVIM, José Manoel Arruda, 2001).

Na Itália, o Decreto Legislativo nº 40, de 2 de fevereiro de 2006, regula o processo arbitral, admitindo, como anteriormente dito, a estipulação da cláusula compromissória e do compromisso arbitral. Os árbitros deverão decidir segundo as normas de direito, salvo se as partes os autorizarem a sentenciar de acordo com a equidade; a competência da corte arbitral não é excluída pela conexão entre a controvérsia submetida a seu julgamento e uma causa pendente em juízo; foi eliminada a necessidade de homologação da sentença arbitral pelo juiz togado; a execução do laudo arbitral deverá ser realizada pelo Poder Judiciário, mediante o seu depósito, em juízo, juntamente com o ato da convenção arbitral; e o árbitro não está autorizado a decretar medidas cautelares.

A Lei de Arbitragem italiana foi submetida ao exame da Corte Constitucional, tendo sido declarada, tão somente, ilegítima a imposição da arbitragem obrigatória.

Ocorre que na França, modelo adotado pela República brasileira, também é previsto o ajustamento de cláusula compromissória e compromisso arbitral. O procedimento arbitral é estabelecido pelos árbitros, que não precisam seguir as regras estabelecidas para os tribunais jurisdicionais, salvo se as partes tiverem decidido de outra forma na convenção de arbitragem; o litígio deve ser resolvido de acordo com as normas de direito e a decisão deve ser motivada; a sentença arbitral tem, desde a sua prolação, autoridade de coisa julgada, porém, não é suscetível de execução forçada senão em virtude de exequátur (ordem de execução), emanado por tribunal jurisdicional; e a sentença arbitral não é suscetível de recurso de cassação, podendo, entretanto, ser objeto de impugnação por vício na arbitragem, entre outros aspectos (ALVIM, José Manoel Arruda, 2001).

Na Alemanha, o sistema arbitral é regulado pelo Código de Processo Civil (arts. 1.025 a 1.066, ZPO – *Zivilprozessordnung*), o qual poderá ser definido pelas partes – seja na cláusula compromissória, seja no compromisso arbitral – ou, na omissão ou inexistência de acordo entre os particulares, ser livremente determinado pelos árbitros. Havendo necessidade de práticas coercitivas de determinados atos, a execução será requerida ao Estado-juiz, e lembra o estilo da arbitragem brasileira (art. 1.041, do ZPO).

Já o instituto jurídico da arbitragem nos Estados Unidos da América é fundamentalmente regulado pela Uniform Arbitration Act (UAA, ou Ato Uniforme de Arbitragem), promulgado em 12 de fevereiro de 1925, servindo como orientação e principal norte à legislação federal conhecida oficialmente como U.S. Arbitration Act (USAA, ou, notoriamente, Federal Arbitration Act (FAA21)). Posteriormente, foram incorporadas, em 31 de julho de 1970, no texto da referida legislação federal, as disposições da Convenção de Nova Iorque, promulgada em 1958 pela Organização das Nações Unidas (ONU), no tocante ao reconhecimento e à execução de sentença arbitral estrangeira. Em termos gerais, a referida legislação tem por finalidade validar os acordos de arbitragem e fornecer as salvaguardas necessárias à sua consecução, mormente quando for indispensável a assistência judicial. A Supreme Court estadunidense dá efetivo suporte ao uso desse sistema, tanto é que, no ano de 1996, no julgamento do *leading-case* Doctor's Associates versus Cassarotto, definiu que as leis limitadoras do cumprimento de cláusulas arbitrais são consideradas inválidas (FIGUEIRA JÚNIOR, 1999).

Ainda sobre os EUA, de forma segura, pode-se dizer que a arbitragem trabalhista aumenta o acesso à justiça e tem uma leve tendência a melhorar o resultado da solução dos litígios para os empregados. Nesse país, o tempo médio de resolução dos conflitos no ano de 2005 na American Arbitration Association (AAA) foi de pouco mais de um ano, menos da metade do tempo médio para a resolução das lides trabalhistas no Judiciário. Outro estudo aponta que casos envolvendo discriminação no ambiente de trabalho apresentaram índice de 14,9% de êxito no Judiciário, muito inferior ao índice de 63% obtido na arbitragem em casos similares (PADIS, 2013).

Apenas como paralelo, numa visão dos EUA:

> Arbitragem é um complemento de um sistema de negociação que foi moldado pela compulsão da lei. Além disso, tanto os tribunais nacionais quanto as legislaturas estaduais endossaram a arbitragem; na verdade, os tribunais tinham colocado seu poder coercitivo por meio de sentenças de arbitragem muito antes da Trilogia dos Trabalhadores do Aço tornarem a arbitragem a queridinha da política nacional de trabalho. (MELTZER, 1967).[5]

Nesse ponto, nos Estados Unidos, no ano de 2005, foi registrado como tempo médio de um ano para resolução de conflitos entre empregados e empregadores (AMARAL, Guilherme, 2018).

---

[5] Nossa tradução. No original: "Arbitration is an adjunct of a bargaining system that has been shaped by the compulsion of law. Furthermore, both the courts and national and state legislatures have endorsed arbitration; indeed, the courts had placed their coercive power behind arbitration awards long before and the Steelworkers Trilogy made arbitration the darling of national labor policy". (MELTZER, Bernard D. Ruminations about Ideology, Law, and Labor Arbitration. *The University of Chicago Law Review*, v. 34, n. 3, p. 545-561, Spring 1967. Disponível em: https://www.jstor.org/stable/1598847. Acesso em: 10 dez. 2021).

Nos últimos anos, a Suprema Corte dos Estados Unidos proferiu uma série de decisões de grande importância para o processo de arbitragem de disputas trabalhistas. Alguns têm se preocupado com problemas de arbitrabilidade ou autoridade arbitral; outros com a disponibilidade e exclusividade do processo arbitral visavis recursos judiciais alternativos para o descumprimento do contrato de trabalho; e ainda outros com o efeito de uma violação de obrigação por uma das partes do acordo de trabalho sobre as obrigações da outra parte. Propõe-se analisar essas decisões, para tentar categorizar os diferentes tipos de contestações à jurisdição ou autoridade arbitral que podem ser feitas, e avaliar, na medida do possível, a importância das decisões do tribunal para o processo de arbitragem. Em certo sentido, estaremos lidando com a extensão de que, nos termos da legislação federal em desenvolvimento, a revisão judicial do processo de arbitragem está disponível (SMITH; JONES, 1965).[6]

Na Grã-Bretanha, por exemplo, existe uma certa obrigatoriedade moral na utilização da arbitragem para solucionar conflitos entre sindicatos e empregadores, enquanto na Nova Zelândia a obrigatoriedade é legal (LORENTZ, 2002, p. 39-45).

No México, as liças trabalhistas, por previsão constitucional, são submetidas a uma junta de conciliação e arbitragem, a qual é composta por representantes dos empregados e empregadores e do governo. Caso a sentença arbitral proferida pela junta não seja cumprida, o contrato será considerado extinto e caberá à parte a obrigação de pagar uma indenização (DISSENHA, 2007, p. 190).

No Japão, a partir do dia primeiro de março de 2004, por meio da Lei nº 138/2003, há a possibilidade de arbitragem de dissídios individuais trabalhistas e, também, coletivos (YOSHIDA, 2021).

---

[6] Nossa tradução. No original: "Within the past few years, the United States Supreme Court VWT has handed down a number of decisions of great significance to the labor dispute arbitration process. Some have been concerned with problems of arbitrability or arbitral authority; others with the availability and exclusivity of the arbitration process visavis alternative legal remedies for breach of the labor agreement; and still others with the effect of a breach of obligation by one party to the labor agreement upon the obligations of the other party. We propose in this article to analyze these decisions, to attempt to categorize the different kinds of challenges to arbitral jurisdiction or authority which can be made, and to assess, in so far as this may be done, the import of the Court's decisions for the arbitration process. In a sense, we shall be dealing with the extent to which, under developing federal law, judicial review of the arbitration process is available". (SMITH, Russell A.; JONES, Dallas L. The Supreme Court and Labor Dispute Arbitration: The Emerging Federal Law. *Michigan Law Review*, v. 63, n. 5, p. 751-808, Mar. 1965. Disponível em: https://www.jstor.org/stable/1286507?origin=JSTOR-pdf. Acesso em: 9 dez. 2021).

Uma compreensão realista da arbitragem trabalhista é importante. Isso ajuda a definir uma agenda crível para o arranjo, porque faz lembrar que os sistemas de resolução de disputas podem desempenhar um papel limitado em afetar os relacionamentos que são moldados por poderosas forças econômicas e sociais. Em todas as relações de trabalho há uma tendência a exagerar na importância da adjudicação. Aqueles que elaboram as regras e administram o processo são os que têm a maior probabilidade de descrever seu trabalho e exagerar seu significado. Seus papéis são mais fáceis de estudar para juristas e cientistas políticos, do que os intrincados processos de organização sindical, negociação de contratos e resolução de queixas. Isso dá maior destaque ao papel dos tomadores de decisão e ajuda a criar um corpo de opinião parcialmente informada, concentrando-se em uma parte de um processo complexo. A arbitragem trabalhista tem sido particularmente vulnerável a esse problema. Grande parte dos escritos que descrevem e avaliam isso são de profissionais cujos egos estão entrelaçados com o sucesso do processo. Além disso, grupos de prestígio como a American Arbitration Association e a National Academy of Arbitration, por meio de suas publicações, conferências e relatórios, atuaram como defensores da arbitragem. A literatura deles sugeriu que existe uma linha clara entre arbitragem e adjudicação; também sugeriu que a arbitragem trabalhista teve mais sucesso em alcançar a paz industrial do que qualquer investigação cuidadosa sugere. Ao reivindicar o sucesso da arbitragem trabalhista, estes grupos tendem a negligenciar ou minimizar a importância crucial da organização sindical e do contexto da negociação coletiva. (GETMAN, 1979).[7]

---

[7] Nossa tradução. No original: "A realistic understanding of labor arbitration is nevertheless important. It helps to set a realistic agenda for reform because it reminds us that systems of dispute resolution can play only a limited role in affecting relationships that are shaped by powerful economic and social forces. Throughout labor relations there is a tendency to exaggerate the importance of adjudication. Those who devise the rules and administer the process are the ones who are most likely to describe their work in print and to exaggerate its significance. Their roles are easier to study for legal scholars and political scientists than are the intricate processes of union organization, contract negotiation, and grievance settlement. This gives greater salience to the role of decisionmakers and helps create a body of partially informed opinion focusing on one part of a complex process. Labor arbitration has been particularly vulnerable to this problem. Much of the writing describing and evaluating it has come from practitioners whose professional egos are intertwined with the success of the process. In addition, prestigious groups such as the American Arbitration Association and the National Academy of Arbitration, through their publications, conferences, and reports, have acted as advocates for arbitration. Their literature has suggested that a clear line exists between arbitration and adjudication; it has also suggested that labor arbitration has been more successful in achieving industrial peace than any careful investigation suggests. In claiming success for labor arbitration, these groups have tended to overlook or downplay the crucial significance of union organizing and the collective-bargaining context". (GETMAN, Julius G. Labor Arbitration and Dispute Resolution. *The Yale Law Journal*, v. 88,

A partir do estudo das regras de arbitragem nos países mencionados, cumpre salientar que a cláusula de ambiguidade ou contradição não poderá prevalecer, devendo existir uma atitude de boa-fé (BOISSÉSON, 1990, p. 70). Deverá ser feita a interpretação pró-validade da cláusula arbitral, que é o princípio auxiliar dos demais princípios, mas que não deve ser aplicado de forma isolada, pois deve-se atentar a intenção das partes, acerca da arbitragem (FOUCHARD; GAILLARD; GOLDMAN, 1996, p. 283). Ficam livres as partes para estabelecer a melhor solução do conflito, mas sempre com a regra da boa-fé (o que aqui no Brasil significa poder utilizar os fundamentos do CPC), e com a tutela estatal, para efetividade do termo ou pedido de nulidade dele. Sobre esse fato, no capítulo 3 defende-se a ideia de amplitude dos poderes do árbitro.

Acerca da necessidade de homologação do laudo arbitral doméstico, como era exigido, esta, por sua vez, destruía as vantagens clássicas da arbitragem: o custo do processo acabava acrescido das despesas ocorridas com a demanda perante o Poder Judiciário; a celeridade esperada para a solução do litígio ficava comprometida, pois, apesar da simplicidade aparente do procedimento homologatório então vigente, a sentença proferida pelo juiz togado – oficializando ou não o laudo – desafiava o recurso de apelação, que, por sua vez, poderia abrir as portas ao recurso especial e (ou) ao recurso extraordinário; por derradeiro, o sigilo, que estimula a solução arbitral de conflitos, ficava prejudicado, já que a publicidade do processo estatal não preservava o segredo que as partes desejam manter acerca de sua desavença e relativamente à decisão dada pelo árbitro à questão por ela dirimida (MARCO, 2005).

No Brasil, a arbitragem é disciplinada pela Lei nº 9.307/1996, cujo art. 1º dispõe que as pessoas capazes de contratar poderão valer-se da arbitragem para dirimir litígios relativos a direitos patrimoniais disponíveis (SARAIVA, 2019).

A OIT preconiza o sistema de negociação coletiva, por meio da Convenção nº 154, de 19 de junho de 1981, que foi ratificada pelo Brasil. O artigo 6º da referida norma prescreve que não violam as disposições do referido convênio os sistemas de relações de trabalho em que a negociação coletiva tenha lugar de acordo com os mecanismos ou as instituições de conciliação ou de arbitragem, ou de ambas de uma vez

---

n. 5, p. 916-949, Apr. 1979. Disponível em: https://www.jstor.org/stable/795823. Acesso em: 8 dez. 2021).

que as partes participem voluntariamente das negociações coletivas (MARTINS, Pedro, 1999).

Numa interpretação mais ampla e aprofundada, identifica-se que o CPC estimula os mecanismos extrajudiciais de solução dos litígios, inclusive por intermédio da arbitragem, conforme se extrai da redação do art. 3º – fato que poderá ser aplicado ao processo do trabalho:

> Art. 3º Não se excluirá da apreciação jurisdicional ameaça ou lesão a direito.
> §1º *É permitida a arbitragem*, na forma da Lei.
> §2º O Estado promoverá, sempre que possível, *a solução consensual dos conflitos*.
> §3º A conciliação, a mediação e *outros métodos de solução consensual de conflitos deverão ser estimulados* por juízes, advogados, defensores públicos e membros do Ministério Público, inclusive no curso do processo judicial. (BRASIL, 2015, grifos nossos).

Pode-se verificar que essa previsão é aplicável de forma subsidiária ao direito processual do trabalho, e incentivou a aplicação do instituto na conclusão dos atritos trabalhistas.

Diante da permissão da utilização da arbitragem, pode-se verificar que são benefícios da ferramenta: a celeridade, o custo baixo, a flexibilidade do procedimento e o sigilo. Aliado a eles, tem-se garantida a imparcialidade dos árbitros, visto que sujeitos às mesmas hipóteses legais de impedimento e suspeição do juiz.

O conhecimento e a utilização desse instrumento no contencioso trabalhista se dá com o objetivo de buscar uma maior celeridade, uma vez que a Justiça do Trabalho encontra-se bastante congestionada, tal qual os demais ramos do Judiciário.

Porém, a natureza compulsória da arbitragem não encontra eco no ordenamento, por colidir com o princípio da autonomia da vontade, que alicerça o instituto no direito brasileiro. Ademais, considerando os direitos fundamentais albergados pela Constituição Federal de 1988, a lei não pode impor ao cidadão o afastamento da jurisdição, que não pode ser deduzido, imaginado, intuído ou estendido (CARMONA, 2009).

Por conta disso, era preciso que o exercício da liberdade de contratar do indivíduo fosse assegurado de maneira plena, o que levou o Supremo Tribunal Federal (STF) a considerar que a possibilidade de arbitragem prevista pela Lei nº 9.307/1996 é constitucional desde que limitada às matérias atinentes a direitos patrimoniais disponíveis, como determina a mesma lei, em seu artigo 1º (TEPEDINO, 2009).

A opção das partes pelo uso da arbitragem afasta a possibilidade de intervenção do Estado, exceto se estiver evidente alguma nulidade, uma vez pautado o instrumento no princípio da legalidade.

Desta feita, o grande debate da arbitragem em conflitos trabalhistas individuais advém do fato de que boa parte das normas de direito do trabalho são de ordem pública e não podem ter sua incidência excluída de aplicação pela vontade das partes, dado seu caráter tutelar e norteador das relações laborais (GOTTSCHALK, 1995).

Importante atentar para o fato de que a atividade do árbitro não pode extrapolar os limites e as condições dentro dos quais a arbitragem é admitida, nem se encaixar nas demais hipóteses de controle previstas na Lei de Arbitragem e na Convenção de Nova Iorque, podendo ser controlada com base na hipótese de ofensa à ordem pública (MEJIAS, 2015, p. 276).

Sua natureza é a de uma cláusula geral, por isso é difícil dizer em que ela consiste e como atua. É uma noção proteiforme, impossível de definir (LOQUIN, 2014, p. 1). É uma cláusula geral, e por isso de conteúdo indeterminado, cabendo à doutrina e ao juiz integrá-la e densificá-la. Enuncia um princípio, o qual expressa valores (CARAMELO, 2013, p. 295).

Entre as normas de ordem pública há uma hierarquia, de forma piramidal: na base, a interna; depois, a internacional; acima, a transnacional (RACINE, 2014, p. 30).

A Conferência de Nova Delhi, de 2002, convocada pela International Law Association, fez constar, na Recomendação 1(d): "A international public policy of any State includes: (i) fundamental principles, pertaining to justice or morality, that the States wishes to protect even when it is not directly concerned". E, na Recomendação 1(e), deu como exemplos de princípios substantivos fundamentais a proibição do abuso de direito, as regras antitruste, a proibição de corrupção e os princípios de boa-fé (NDC, 2002).

Acerca da análise da arbitragem no âmbito internacional, os preceitos de ordem pública que o Brasil adota em suas relações têm um âmbito mais restrito que o de ordem pública interna, e alcançaria unicamente aqueles princípios imperativos do ordenamento jurídico que devem manter-se no tráfico jurídico com o estrangeiro (LACRUZ MANTECÓN, 2011, p. 295).

Existe a classificação entre ordem pública técnica e ordem pública fundamental. A primeira seria examinável com flexibilidade. No Brasil, tem-se previsão dessa hipótese na própria lei, conforme previsão do art. 39, parágrafo único, da Lei de Arbitragem, que exclui da ofensa à ordem pública a citação feita nos moldes da lei processual do país onde a arbitragem se realizou (VIDAL, 2012, p. 299).

Vale lembrar a advertência de J. Almoguera (2016), ilustre professor espanhol:

> [...] la acción de anulación no debe ser cauce de principios claramente oportunistas de la parte que ha pedido un arbitraje. Para evitar que esto ocurra hay que acudir principios aleza contractual del arbitraje, al principio general de la buena fe (y a los principios que derivan de el, entre los que destacala la prohibición de ir contra los actos propios).

Acerca da imparcialidade do juiz, o STJ tem decidido neste sentido:

> SEC 9.412/US (Abengoa x Ometto) – "A imparcialidade do juiz é princípio fundante do Judiciário brasileiros se este concluir que, num caso de sentença submetida a processo de homologação para produção de efeitos em território brasileiro, está rigorosa imparcialidade não está presente, a homologação deve ser negada por contrariedade à ordem pública, nos termos do art. 39 da Lei nº 9.307/96". (BRASIL, 2017).

Em relação às normas de ordem pública, saliente-se a necessidade de entender que, em caso de refrega entre diversas legislações, deverá ser aplicada aquela que melhor atenda a necessidade de todos os envolvidos, sem privilégios ou situações mais vantajosas a terceiros.

A rigor, o problema central está na extensão da nulidade parcial. É importante analisar a intenção prática das partes.

> A Segunda Corte dos EUA confirmou a decisão do tribunal de primeira instância, anulando sentença, tendo especificado os seguintes motivos: (1) o árbitro ignorou a revogação da política anterior da empresa; a revogação havia sido excluída da arbitragem pela cláusula de arbitragem restrita incorporada no acordo anterior e tinha, portanto, sido uma questão definida a critério da empresa; (2) o árbitro, que havia sido impedido pelo governo de adicionar acordo aos seus termos, havia ignorado o fato de que "contratos de trabalho geralmente declaram afirmativamente com quais condições as partes concordam, mais especificamente, estabelecem quais restrições as partes irão colocar na liberdade de ação da administração",

sendo que, no caso, consequentemente, erraram ao colocar sobre a empresa o ônus de obter o consentimento do sindicato para o abandono da política pré-existente. (MELTZER, 1967).[8]

É a solução que resulta também do art. 1.419, do Código Civil italiano: "A nulidade parcial de um contrato ou a nulidade de termos individuais torna todo o contrato nulo e nulo se verificar que as partes não teriam celebrado o contrato sem a parte do seu conteúdo que é afetada pela nulidade".

Não há qualquer óbice com previsão expressa no compromisso sobre a divisibilidade ou não das suas partes, o que se revela mesmo recomendável, para evitar as incertezas interpretativas que do silêncio podem resultar (VICENTE, 2017).

Acerca da nulidade, cabe o art. 292 do Código Civil português, que estabelece: "A nulidade ou anulação parcial não determina a invalidade de todo o negócio, salvo quando se mostre que este não teria sido concluído sem a parte viciada". A mesma situação encontra-se no Brasil, tendo em vista que a cláusula arbitral é considerada autônoma ao contrato.

Nesse sentido, a ementa do STJ que trata sobre a divisibilidade ou não da cláusula que estipula a solução explica:

> Nos termos do art. 184 do CC/02, a nulidade parcial do contrato não alcança a parte válida, desde que essa possa subsistir autonomamente. Haverá nulidade parcial sempre que o vício invalidante não atingir o núcleo do negócio jurídico. Ficando demonstrado que o negócio tem caráter unitário, que as partes só teriam celebrado se válido fosse em seu conjunto, sem possibilidade de divisão ou fracionamento, não se pode cogitar de redução, e a invalidade é total. O princípio da conservação do negócio jurídico não deve afetar sua causa ensejadora, interferindo na

---

[8] Nossa tradução. No original: "The trial court's decision vacating that award was affirmed by the Second Circuit on the following grounds: (1) The arbitrator had ignored the company's revocation of its past policy; that revocation had been excluded from arbitration by the narrow arbitration clause incorporated in the prior agreement and had, accordingly, been a matter for the company's discretion (2) The arbitrator, who had been barred by the governing agreement from adding to its terms, had ignored the fact that "labor contracts generally state affirmatively what conditions the parties agree to, more specifically, what restraints the parties will place on management's freedom of action" and had, consequently, erred in placing on the company the burden of securing the union's consent to the abandonment of the pre-existing policy". (MELTZER, Bernard D. Ruminations about Ideology, Law, and Labor Arbitration. *The University of Chicago Law Review*, v. 34, n. 3, p. 545-561, Spring 1967. Disponível em: https://www.jstor.org/stable/1598847. Acesso em: 10 dez. 2021).

vontade das partes quanto à própria existência da transação. (BRASIL, 2010).

Fica evidente que, no uso da arbitragem para solução de conflitos na área de trabalhista, ocorrerá a minimização do congestionamento do Judiciário, tendo em vista que é um poderoso instrumento para desafogá-lo. A experiência tem demonstrado que os resultados são plenamente satisfatórios, não só para as partes, como para o próprio estado, ainda mais quando estes atuam em harmonia entre estado, instituições arbitrais e árbitros (FLENIK, 2009).

Com isso, um novo modelo de resolução de cizânias trabalhistas passa a ser admissível, com plena participação dos empregados, que agora podem exercer com maior liberdade sua autonomia contratual, com a pactuação de comum acordo de cláusula compromissória arbitral, contribuindo, sobremaneira, para redução da cultura do litígio. Frisa-se que é plenamente aconselhável que o empregado, por cautela, tenha assessoria de um advogado quando da celebração dessa cláusula.

No tocante ao conteúdo de direito material (do trabalho) que poderá ser objeto de apreciação pelo juízo arbitral, considerando os princípios norteadores do direito do trabalho, pode ser admissível discussão acerca de direitos economicamente mensuráveis, com salvaguarda, consequentemente, das normativas de natureza de ordem pública, como normas de segurança e medicina do trabalho.

> Sem dúvida, poderia dar uma enorme contribuição no esvaziamento das causas individuais laborais, especialmente as de grande monta, de trabalhadores do conhecimento e da informação, que podem arcar com as despesas processuais/honorários arbitrais, com base nos seguintes fundamentos: a) Trata-se de uma forma alternativa de resolução ou pacificação de conflito, coletivo ou individual, que não deve ser afastada no Judiciário trabalhista, pelo contrário, consoante dispõe o Novo Código de Processo Civil, deve ser privilegiada, incentivada e disponibilizada às partes que querem se valer deste instituto e tenham condições de arcar com os respectivos custos/despesas do processo arbitral. b) Da mesma forma como entendem alguns doutrinadores [...] a hermenêutica é clara ao aduzir que onde a lei não discrimina ou restringe, não cabe ao intérprete fazê-lo, e não encontramos qualquer vedação legal à não utilização do instituto da arbitragem às lides individuais de trabalho. c) Entendemos que o instituto também não agride ou colide com princípios basilares do Direito Individual do Trabalho, como o da proteção e seu tríplice vertente, o da irrenunciabilidade, o da indisponibilidade, o

da igualdade etc., pois tais princípios se aplicam ao direito material individual, e não ao direito processual (ou instrumental) do trabalho, no qual devem prevalecer a imparcialidade e os poderes assistenciais do magistrado, aptos a fazer valer o princípio da paridade de armas. d) Dessa forma, a arbitragem é plenamente aplicável às lides individuais de trabalho, da mesma forma que as Comissões de Conciliação Prévia – CCPs (Lei nº 9.958/2000). Se algum vício sobrevier no curso das arbitragens, da mesma forma que ocorre em relação às CCPs, as partes podem recorrer ao Judiciário para requerer sua nulidade (SANTOS, Enoque; HAJEL FILHO, Ricardo, 2018).

Assim, o operador do direito tem a incumbência de analisar cada caso de forma concreta, tendo em vista que a vontade subjetiva das partes é aquela que realmente deve ser levada em conta, por certo que a arbitragem deverá ser feita de uma forma transparente a todos os envolvidos. Sem dúvida, existe uma forma legal de solução dos conflitos, que é a arbitragem na seara trabalhista, de caráter individual. Tamanha é a importância desse conteúdo que seguem temas relacionados a esse instituto.

2.3 Apresentação da justiça arbitral

Ressaltar-se-á, na sequência, aspectos históricos da arbitragem, necessários para fundamentação temática acerca das especificidades do instrumento, com destaque especial para a Lei nº 9.307/1996.

2.3.1 A evolução histórica da Lei nº 9.307/1996

A arbitragem é um instituto que existe há séculos, usada na antiguidade egípcia, grega e romana. Em relação ao Brasil, ela foi muito importante na fixação das fronteiras do país. Se fez presente no Tratado de Tordesilhas, nas Ordenações Filipinas de 1603 e na Constituição do Império de 1824, com aplicabilidade no desenlace de uma confrontação de ordem privada.

Com origem remota, a arbitragem, por ser tão antiga quanto a própria existência da humanidade, perpassa necessariamente pela análise da formação do Estado e de suas funções. Pela coexistência de vários tipos de Estados, essa formação decorreu de um processo milenar e homogêneo, subsistindo a dificuldade de delimitar-se uma linha entre jurisdição estatal e arbitragem, diante do entrelaçamento histórico desses institutos. Por sua vez, no Estado Moderno, caracterizado pela centralização do Estado e o monopólio da jurisdição, tem imperado pela cultura jurídica do século XIX, ou seja, a indicação da lei positiva como fonte de direito, todavia, historicamente, são encontradas várias passagens que remetam a aplicação da lei e do direito, assim como da equidade, aplicáveis ao mérito da controvérsia. Na maioria dos Estados modernos, a jurisdição estatal é exercida de forma permanente, por funcionários públicos com dedicação exclusiva, em estruturas preexistentes de litígio. De outra parte, a arbitragem moderna caracteriza-se pela escolha de pessoas, para a decisão de um caso específico, fora do procedimento judicial estatal. Apesar disso, tais categorias nem sempre podem ser encontradas com clareza na evolução histórica. Desde tempos imemoriais o soberano tomou para si a função de administrar a justiça ou ao menos o modo em que a solução de controvérsias deveria se desenrolar. Entrementes, em tais primórdios, nem sempre houve um grau de institucionalização da administração que permitisse ver com clareza a diferença entre jurisdição estatal e arbitragem privada, tampouco a inter-relação entre tais esferas, ou seja, o modo com que formas privadas de solução de controvérsias eram aceitas como o julgamento final de uma matéria, sem que se passasse pela jurisdição estatal (VALENÇA FILHO, 2000).

No que tange à prática da arbitragem no Brasil, ela é reconhecida pela doutrina desde o período da colonização portuguesa, momento em que se utilizava o conjunto legal denominado Ordenações Filipinas, sistema que se manteve em vigor mesmo após a independência, em 1822. Regulamentava a recorribilidade da sentença arbitral, bem como a necessidade de homologação de decisão arbitral pelo Judiciário (RIBEIRO, 2006).

Ainda no período imperial, a Constituição de 1824, em seu artigo 160, estabelecia que nas causas "cíveis e penais civilmente intentadas, poderiam as partes nomear Juízes Árbitros. Suas sentenças seriam executadas sem recurso, se assim convencionassem as mesmas partes" (FIGUEIRA JÚNIOR, 1999, p. 24).

Sobre o assunto, Humberto Theodoro Júnior ensina que, em 1850, com a edição do Código Comercial, ficou consolidado que o juízo arbitral era obrigatório para a solução de conflitos que envolvessem a locação mercantil, de relações entre sócios e sociedades comerciais, e de várias outras fontes. No mesmo ano foi editado o Regulamento nº 737, que disciplinava o processo relativo às causas comerciais, e nele também era prevista a utilização da arbitragem nos litígios comerciais (THEODORO JÚNIOR, 2016). Em 1867, o Decreto nº 3.900 foi essencial para inviabilizar o uso da arbitragem no país. Tratou do compromisso arbitral e em seu artigo 9º dispôs que a cláusula de compromisso, sem a nomeação de árbitros, ou relativa a questões eventuais, não valia senão como promessa, e ficava dependente para sua perfeição e execução de novo e especial acordo das partes, não só sobre os requisitos elencados no artigo 8º, mas também sobre as declarações exigidas no artigo 10 (BRASIL, 2018).

Em 1891, o sistema constitucional brasileiro não previa a utilização da arbitragem em questões privadas, apenas referia-se a questões de âmbito internacional, a fim de pacificar as relações com outros Estados.

Um caso emblemático dessa época foi a delimitação da fronteira do Brasil com a Guiana Inglesa, que ficou conhecido como "A Questão do Rio Pirara", em que o grande José Bonifácio de Andrada e Silva – à época secretário dos negócios exteriores do Império, foi o responsável por levar o desejo do governo brasileiro ao árbitro da questão, que era o monarca italiano (MENK, 2009).

Já o Código Civil de 1916 disciplinava o instituto nos artigos 1.037 a 1.048. Em 1939, o CPC, no Livro IX, tratou puramente do instituto da arbitragem. Enquanto isso, nos anos seguintes, as Constituições de 1946, 1967 e 1969 o ignoraram.

O CPC de 1973 abordou o juízo arbitral em seu Capítulo XIV. Entretanto, os dispositivos elencados representavam obstáculos à sua aplicação. Assim, a cláusula compromissória existia como uma promessa de resolução de controvérsias futuras e eventuais, por meio dos árbitros, mas praticamente não produzia efeitos (MARCO, 2005). Também teve previsibilidade no antigo Código Comercial Brasileiro de 1850 e no Código Civil de 1916, que determinava para a decisão arbitral posterior homologação judicial, o que no CPC de 1973 foi tratado de forma mais procedimental.

Salienta-se, pela análise da mudança de paradigmas nas ciências, citando como exemplos a física de Aristóteles, a astronomia copernicana, a dinâmica newtoniana, a química de Boyle, a teoria da relatividade de Einstein, que esses casos substituem o paradigma tradicional, e, a cada revolução, o ciclo se reinicia e o paradigma instaurado dá origem a um novo processo de ciência normal (KHUN, 1991).

Diante de uma sociedade em que o trabalho ainda ocupa um espaço e o tempo central na vida social e individual, de uma forma avassaladora, a precarização dificulta o processo de identificação e construção de si, tornando mais complexa a alienação, da mesma forma que o estranhamento do trabalho.

Com a Lei nº 9.307/1996, as partes passaram a poder estipular que, em uma eventual controvérsia, esta possa ser retirada da justiça comum e levada ao árbitro da justiça arbitral. A decisão proferida por esse árbitro não será submetida às regras da homologação do poder judicial prevista no CPC, revogado com o advento da Lei. No tocante à legislação estadual, o estado de Minas Gerais foi o primeiro a criar uma lei específica, a Lei nº 19.477, de 12 de janeiro de 2011 – publicada em 13 de janeiro de 2011 –, que trata da arbitragem em negócios firmados entre a iniciativa privada e o Poder Público.

A Lei nº 9.307/1996 destacou-se pelo fato de que há quase 25 anos a arbitragem era pouco tratada e desconhecida. Carecia-se de doutrinadores que se empenhassem no deslinde desse tema. Mas, após a vigência da legislação, o assunto passou a atrair a atenção e o respeito de quem percebia na evolução do procedimento arbitral um meio adequado para o desenlace de uma pugna.

O segundo ponto seria referente às sentenças arbitrais. Antes da promulgação da lei em comento, o árbitro deveria receber a homologação de sua sentença por um juiz togado. Sua decisão, que recebia o termo "laudo arbitral", só era válida para ter executoriedade se o Poder Judiciário a reconhecesse.

Nessa fase, eram desperdiçadas todas as vantagens alcançadas pela arbitragem, principalmente em relação à celeridade, que se perdia. O processo arbitral tornava-se moroso ao ter que acionar o Judiciário para homologação da decisão, precisando somar-se a todos os demais processos existentes na justiça pública. Inclusive, o custo-benefício da ferramenta deixaria de existir, já que passava a haver a necessidade de pagar os custos exigidos pelo processo judicial. Outra desvantagem era a quebra do sigilo, almejada pelas partes quando feita a opção pela arbitragem, e perdida quando redirecionada a demanda ao Poder Judiciário, pois o laudo arbitral automaticamente dava aos membros colaboradores da justiça estatal o conhecimento de tudo que fora tratado sigilosamente no procedimento arbitral.

Com a vigência da Lei nº 9.307/1996, as sentenças arbitrais têm eficácia de sentença judicial, ou seja, apenas a execução é realizada pelo Poder Judiciário, sendo todo o processo cognitivo feito pela própria câmara arbitral, e com a decisão tendo característica de título executivo judicial, o que é uma grande vantagem, sobretudo quanto à celeridade, uma vez que o árbitro obrigatoriamente deve decidir no prazo máximo de seis meses, conforme artigo 23 da Lei.

O controle estatal é feito apenas pela legalidade da arbitragem, não interferindo em qualquer questão de mérito da controvérsia, discutida pela justiça arbitral sem interferência do Poder Judiciário. O efeito da coisa julgada é dado pela "proibição de se voltar a discutir, ou decidir, o que consta do dispositivo da sentença de mérito irrecorrível em face das partes, qualquer que seja a ação futura" (CARMONA, 2009, p. 56).

Com o advento da nova lei, foi determinada que toda a decisão proferida pela arbitragem, agora sentença arbitral, não necessita de homologação pelo juiz togado, o que a equipara a uma sentença estatal, com a grande vantagem da imutabilidade e do desmembramento total de inúmeros recursos. Essa equiparação alcança a sentença arbitral deferida em estado estrangeiro, que somente será homologada pelo STF de acordo com o art. 35: "Para ser reconhecida ou executada no Brasil, a sentença arbitral estrangeira está sujeita, unicamente, à homologação do Supremo Tribunal Federal".

O compromisso do legislador com a eficácia da arbitragem tem relevância fundamental, pois necessário um tratamento específico para as sentenças arbitrais estrangeiras. As relações comerciais entre particulares e empresas do exterior necessitavam de uma apreciação cautelosa do ordenamento jurídico e com o advento da Lei nº 9.307/1996 ficou reforçada a segurança entre comércios de nações soberanas. A sentença estrangeira passou a ter efetividade na sua aplicação por meio da arbitragem no país, desde que homologada no STF como sentença estatal estrangeira, por meio de um procedimento específico de validação.

As relações entre estados soberanos exigiam posição do Brasil, quanto ao enquadramento da Lei de Arbitragem aos padrões internacionais do desenvolvimento, o que levou o país rumo a um cenário equivalente ao dos países desenvolvidos do século XX.

O marco de maior relevância ocorreu com a regulamentação da Lei nº 9.307/1996, que passou a ser vista, por algumas correntes doutrinárias, como inconstitucional, sendo excluída pelo STF, nessa oportunidade, toda e qualquer hipótese da referida Lei. Esse foi o resultado de um amplo debate entre os ministros da corte maior, que teve sete votos a quatro, passando a arbitragem, após este julgamento, a ser validada.

As disputas decorrentes de acordos coletivos de trabalho dividiam-se pelo tribunal em resoluções judiciais e resoluções privadas, porém a distinção pôde ser reformulada em processos judiciais e arbitrais, assumindo-se que o processo arbitral é o "privado". Classificar a arbitragem como um sistema "privado", no entanto, é problemático, para dizer o mínimo. Alguns argumentam que, na medida em que o suporte para arbitragem é sim importante componente da política nacional de trabalho, é plausível ver a arbitragem como um sistema de governança pública para o local de trabalho. Consequentemente, a diferença entre os países e a arbitragem não é tanto uma distinção público/privado, mas entre órgãos do Poder Público. Existem, é claro, contra-argumentos de grande significado prático e teórico para essa visão de arbitragem (KLARE, 1982).[9]

A arbitragem passou a ser tema recorrente, assumindo importante papel como meio adequado de solução de conflitos no ordenamento jurídico. Foi incluída nas grades curriculares das diversas instituições de ensino jurídico e teve sua relevância reconhecida pelos militantes do direito, que passaram a vislumbrar oportunidades para o cliente dentro do instrumento, na busca de uma melhor solução para o litígio.

A efetividade processual, que se busca com a arbitragem, com a devida e tempestiva tutela do direito material, é condição necessária para que a garantia constitucional do amplo acesso à justiça se mostre presente nos mecanismos de resolução de disputas pátrios (LUCON; BARIONI; MEDEIROS NETO, 2014).

2.3.2 Ética e natureza jurídica da arbitragem

Antes de adentrar na natureza jurídica da arbitragem, importante ressaltar uma grande discussão que existe acerca da aplicação da ética e da moral nas relações que envolvem a aplicação desse instrumento, especificamente sobre as partes e o árbitro. Por se tratar de

---

[9] Nossa tradução. No original: "The Court's contrast between judicial and private resolution of disputes arising out of collective bargaining agreements may be reformulated as a distinction between judicial and arbitral processes, it being assumed that the arbitral process is "private." Classifying arbitration as a "private" system, however, is problematical to say the least. Some argue that insofar as support for arbitration is so important a component of national labor policy, it is plausible to view arbitration as a public governance system for the workplace. Accordingly, the argument goes, the difference between the courts and arbitration is not so much a public/private distinction as one between agencies of public power. There are, of course, counter arguments of great practical and theoretical significance to this view of arbitration". (KLARE, Karl E. The Public/Private Distinction in Labor Law. *University of Pennsylvania Law Review*, v. 130, n. 6, p. 1.358-1.422, Jun. 1982. Disponível em: https://www.jstor.org/stable/3311975. Acesso em: 9 dez. 2021).

matéria relativamente nova (Lei nº 9.307/1996) no Brasil, a modificação é significativa, como apresentação de nova forma de dissolução de uma luta entre as partes.

> Na maior parte do estudo apresentado, os termos "público" e "privado" serão usados da mesma forma como aparecem nos casos e na literatura doutrinal. No entanto, esses termos têm várias distinções, se relacionando e possuindo significados sobrepostos. Aqui a preocupação principal será com a formulação das ocasiões para distinguir entre a vida "política" e "socioeconômica" (KLARE, 1982).[10]

Acerca da escolha do árbitro, as partes poderão, desde que seja em comum acordo, estabelecer o procedimento, assim como quem serão os árbitros. Podem ainda selecionar um órgão arbitral, que terá o seu procedimento específico (ROQUE, Sebastião, 1997, p. 63).

Nessa sequência de pensamento, a escolha do árbitro é um ato de vontade das partes, não precisando ser justificada (CRETELLA NETO, 2010).

Para que seja dado início ao contexto do tema, a palavra ética vem do vocábulo grego éthos, sendo entendida de maneira diversa no transcorrer dos séculos. Assim, seu significado dependia da formação daquele que a estudava e do contexto em que seria inserida. Significava morada, isto é, morada do ser. Contudo, para outros significava caráter, que seria uma espécie de segunda natureza (MOORE, 1975).

Do ponto de vista histórico, o termo ética era reservado apenas aos filósofos, sendo praticamente desconhecido no meio social. Com o passar do tempo, o termo e seu conceito ganharam força e prática dentro das organizações e instituições modernas. Quando se examina com atenção o movimento do pensamento e da ação, que dá à ética um valor essencial, não se pode deixar de considerar de que se trata, por um lado, de um sinal de mal-estar profundo que afeta a sociedade ocidental e, de outro, uma tentativa de tratar desse mal, quer procurando

---

[10] Nossa tradução. No original: "For the most part the terms "public" and "private" will be used in this article simply as they appear in the cases and doctrinal literature. However, these terms have several distinct if related and overlapping meanings, and this Article will be primarily concerned with the formulation that focuses on distinguishing between the "political" and "socio-economic" domains of life". (KLARE, Karl E. The Public/Private Distinction in Labor Law. *University of Pennsylvania Law Review*, v. 130, n. 6, p. 1.358-1.422, Jun. 1982. Disponível em: https://www.jstor.org/stable/3311975. Acesso em: 9 dez. 2021).

transformar o sintoma em sinal de cura, quer buscando descobrir suas raízes e seus significados (ENRIQUEZ, 1997, p. 7).

Dentro da arbitragem, existe a necessidade de o árbitro ser imparcial em relação às partes, buscando a solução do conflito de forma equânime. Mas não apenas isso, a ética como "ciência do comportamento moral dos homens, em sociedade" deve ser observada, sendo que a perda dos valores morais afeta de forma direta a dignidade humana, que tem sua integridade abalada (NALINI, 2014, p. 30).

Segundo Cortella (2009, p. 102), a ética seria "[...] o que marca a fronteira da nossa convivência. [...] é aquela perspectiva para olharmos os nossos princípios e os nossos valores para existirmos juntos [...] é o conjunto de seus princípios e valores que orientam a minha conduta".

A filosofia existe há 25 séculos, e, por todo esse período, a ética, como um dos seus principais ramos, esteve sempre presente e continua viva (CHAUÍ, 1998, p. 25).

O ser humano não pode abandonar a ética, haja vista que esse princípio faz parte da conduta e convivência humana e social. A moral é um dos aspectos comportamentais que faz parte do ser humano, que tem a opção de adotar esta ou aquela moral, mas jamais viver sem ela. O fundamento moral não está ligado somente à experiência, mais se apoia em princípios racionais aprioristicos (ARANHA, Maria Lúcia; MARTINS, Maria Helena, 2009, p. 354).

Dentro de uma análise histórica, costuma-se reunir alguns pensadores sob a denominação de pré-socráticos. Este termo se deve ao fato de terem vivido em épocas anteriores a Sócrates (470?-399 a.C.), quando formularam problemas fundamentais que seriam debatidos pelos grandes mestres da filosofia ateniense durante o ciclo posterior, momento no qual surgiram os autores da *República* e da *Ética a Nicômaco*, Platão e Aristóteles (SANTOS Elaine; MARQUES, Heitor, 2017, p. 40-41). Nesse sentido, a aplicação prática da arbitragem é indissociável de uma atitude moral e ética (SANTOS, Elaine; MARQUES, Heitor, 2017, p. 10-11).

É importante salientar que, com o desenvolvimento social, o surgimento da classe burguesa e os princípios da modificação eclesiástica, Sócrates formulou seu mandamento fundamental, qual seja: age de maneira que possas querer que o motivo que te levou a agir se torne lei universal (NALINI, 2014, p. 54). Considerando que atualmente a informação é divulgada de forma muito mais célere, o trabalho do árbitro deve ser íntegro, para que sua ética profissional seja reconhecida.

A ética, hoje, é compreendida como parte da filosofia, sendo a teoria que estuda o comportamento moral e relaciona a moral como uma prática, entendida como "exercício das condutas" (CORTELLA, 2009, p. 103). Dessa forma, a boa-fé por parte dos profissionais envolvidos numa relação de arbitragem é algo imprescindível para que seja realizada a justiça.

Do ponto de vista sociológico, os valores éticos não nascem com as pessoas, não pertencem ao que se possa chamar de "natureza humana". O ser humano não nasce humano, mas se torna um ao ser acolhido no meio social, no convívio afetivo com outras pessoas (SAVIANI, 2003, p. 85). Esses valores são adquiridos no decorrer das relações humanas e transmitidos para as próximas gerações. Desse modo, busca-se para todos os envolvidos numa relação arbitral tais princípios sociológicos.

Porém, a pessoa absorve a ética quando está frente a determinada situação, em que busca e questiona os padrões morais absorvidos durante o desenvolvimento. É nesse momento que o indivíduo encontra argumentos que podem ir contra os padrões que ele mesmo acredita ou a favor desses padrões, testando a possibilidade de segui-los ou não (VELÁSQUEZ, 1998, p. 51). Nesse ponto está a base para o julgamento do árbitro, que deverá se atentar às relações justas nos processos.

Dentro do aspecto do exercício profissional, para que seja satisfatório, é necessária não apenas uma boa formação e competência teórico-técnica, mas também uma boa formação pessoal que promova o desenvolvimento da capacidade de respeitar e ajudar a construir o ser humano, a dignidade humana, a cidadania e o bem-estar daqueles com quem se estabelecem as relações profissionais e que dependem do agir do outro, ou seja, significa compromisso ético (CONTRERAS, 2002).

Em suma, a ética profissional consiste em um conjunto de normas de conduta que devem ser sugeridas e executadas durante o exercício profissional (ALENCASTRO, 1997, p. 89).

Nas corporações, inclusive na arbitragem, a ética profissional implica assumir responsabilidades sociais perante aqueles com quem se trabalha e que dependem do conhecimento e da prática profissional. Começa com a reflexão e deve ser iniciada antes da prática profissional. Pode-se realizar uma analogia em que o árbitro é elemento-chave para que os princípios de igualdade de oportunidades, tolerância, justiça, liberdade e confiança na comunidade escolar inclusiva passem da reflexão à ação (CONTRERAS, 2002). Ressalta-se a necessidade de se adentrar nos aspectos empresariais, pois a arbitragem nada mais é do que uma atividade empresarial.

A ética nas organizações pode ser definida como o estudo da forma pela qual normas morais e pessoais se aplicam às atividades e aos objetivos de uma empresa comercial (NASH, 1993, p. 6). Isso se deve à intenção de incorporar à vida das organizações harmonia entre o lucro e a sua atuação diante de seus públicos. Essa responsabilidade social das empresas representa, portanto, mais do que uma postura mercadológica, é um selo de qualidade que direciona o consumo de produtos e serviços, um conjunto de valores éticos e de transparência que envolve, entre outros, o bom relacionamento entre comunidade, trabalhadores, fornecedores, clientes e governo (ALENCASTRO, 1997, p. 91).

Por derradeiro, em relação à ética do árbitro, tem-se que o conhecimento de que os dilemas existem e serão ultrapassados quanto mais "sólidos forem os princípios que tivermos e a preservação da integridade que desejarmos" (CORTELLA, 2009, p. 108).

Por fim, um alerta: para o sucesso da arbitragem trabalhista, é extremamente importante que as instituições arbitrais controlem a independência e a imparcialidade dos árbitros, com olhar especialmente atento contra possíveis favorecimentos ao empregador. Com o tempo, surgirá uma fornada de árbitros especializados, que poderão ser desde juízes aposentados até jovens arbitralistas amantes do direito do trabalho. A arbitragem depende do consentimento informado de ambas as partes. E o empregado não concordará com a arbitragem se o foro não for neutro. Ultrapassada a questão da legalidade da arbitragem trabalhista, cumpre garantir a sua legitimidade (MUNIZ, 2018).

> Consequentemente, mesmo se alguém aceitasse uma visão demoníaca dos árbitros como um grupo governado pelo amor ao dinheiro, não se manteria a pressão, pois a aceitabilidade futura corromperia o processo de decisão. Ao contrário, a "mão invisível", tão cara a alguns economistas, aparece no contexto da arbitragem para vincular os fins privados dos árbitros ao interesse público pela justiça. Esse tipo de harmonia entre fins privados e públicos é importante para a adequação de qualquer arranjo adjudicativo e torna-se de importância crítica à medida que aumenta o número de árbitros que se dedicam substancialmente em tempo integral à arbitragem (MELTZER, 1967).[11]

---

[11] Nossa tradução. No original: "Consequently, even if one accepted a devil's view of arbitrators as a group ruled by love of money, it would not follow that the pressure for future acceptability would corrupt the decisional process. On the contrary, the "invisible hand," so dear to some of my economist friends, appears in the context of arbitration to link the private ends of arbitrators with the public interest in justice. That kind of harmony

Conclui-se então que a ética não é um empecilho para se alcançar o sucesso, mas sim uma aliada, sendo cada vez mais essencial à sobrevivência e estabilidade da empresa no mercado, inclusive nas arbitragens. Logo, acredita-se de forma contida que a existência da ética e da confiança nas relações interpessoais melhora o desempenho no julgamento das lides.

Adentrando a natureza jurídica, a arbitragem voluntária em Portugal é regulamentada pela Lei n º 31/1986, de 29 de agosto (LAV), e a arbitragem institucionalizada pelo Decreto-Lei nº 425/1986 de 27 de dezembro, sendo ambas do ano de 1986. Por lá, a criação da legislação arbitral não só visava substituir o tão criticado Decreto-Lei nº 234/1984, mas também desvincular toda a desnecessária intervenção dos tribunais judiciais, reconhecendo nas partes o poder de forjar soluções dentro dos limites fixados pela lei (BARROCAS, 2001).

Ainda sobre a natureza jurídica da arbitragem, insta salientar que a doutrina se divide em basicamente quatro teorias: a privatista/contratual, a publicista/jurisdicional, a mista e a mais nova, a autônoma.

Num primeiro plano, a teoria privatista, ou contratual, considera a arbitragem tão somente um negócio jurídico, uma vez que ao árbitro seria conferida a função de solucionar o conflito, porém, sem o poder de executar e impor a sentença às partes, que é exclusivo do Estado. Ou seja, a decisão do árbitro seria, em essência, a extensão do acordo celebrado entre as partes (CAHALI, 2012, p. 84).

Como já afirmado no capítulo 1, acerca da jurisdição, parte da doutrina contratualista defende que a arbitragem tem natureza jurídica fundada no contrato, pelo simples fato de só existir por exigência da convenção de arbitragem. Esta se dá por meio de dois mecanismos: cláusula compromissória, que poderá ser cheia ou vazia, e compromisso arbitral, que será necessário quando a cláusula compromissória for considerada vazia ou se ela nem existir. Outros defendem que a arbitragem tem natureza mista, surge no contrato e depois se desenvolve como jurisdição.

---

between private and public purposes is important for the suitability of any adjudicative arrangement and becomes of critical importance as the number of arbitrators devoting substantially full time to arbitration increases". (MELTZER, Bernard D. Ruminations about Ideology, Law, and Labor Arbitration. *The University of Chicago Law Review*, v. 34, n. 3, p. 545-561, Spring 1967. Disponível em: https://www.jstor.org/stable/1598847. Acesso em: 10 dez. 2021).

Numa segunda vertente, a teoria publicista defende que a arbitragem é "verdadeira atividade jurisdicional, e, tem-se como definição, é a lei ter outorgado poderes, ao árbitro, para dirimir os conflitos de interesse das partes" (BERALDO, 2014, p. 5). Sobre esse mesmo contexto, os árbitros são considerados verdadeiros juízes, de fato e de direito, de modo que a arbitragem é uma "jurisdição de caráter privado" (JOBIM, 2008, p. 30). Diante dessa corrente, o árbitro exerce verdadeira jurisdição, pois aplica o direito ao caso concreto e coloca fim ao conflito que existia entre as partes, considerando a arbitragem um "instrumento de pacificação social" (NERY JUNIOR; NERY, 2013, p. 1.758).

Ainda sobre os publicistas, defendem que a arbitragem é totalmente jurisdição, e, considerando o nítido caráter de atuação jurisdicional que esta possui, ao lado do Estado, ambos buscando o mesmo objetivo, qual seja, a satisfação da justiça, essa teoria parece ser a mais adequada. Relembrando que no procedimento arbitral alcança-se o direito de participação aliado aos princípios do contraditório e da ampla defesa, passando a se ter um processo.

Um outro ponto de vista é a teoria mista, pois se insere na ideia de que a arbitragem possui característica contratual em um momento inicial, ou seja, no exercício da autonomia da vontade privada das partes para a escolha e o pacto convencional desta, tendo, mais adiante, com a sentença arbitral, conteúdo jurisdicional, daí também público (GAIO JUNIOR, 2012, p. 19). A arbitragem tem natureza jurídica mista, sui generis, contratual em seu fundamento, e jurisdicional na forma da solução de litígios e nas consequências que provoca no mundo de direito (CRETELLA NETO, 2004, p. 15).

Frisa-se a corrente mista, pois simultaneamente contém elementos de natureza contratual e configura o exercício de caráter jurisdicional (SOARES, 2001, p. 121-134). Nessa mesma linha, a Lei nº 9.307/1996 institui terminantemente a jurisdicionalização da arbitragem no Brasil, à medida que lhe atribui a natureza jurisdicional contratual (FIGUEIRA JÚNIOR, 1999, p. 42).

Sobre a natureza jurídica da arbitragem, entende-se como mista, em que existe a preponderância do aspecto contratual, suportado pelo jurisdicional (MARCO, 2005, p. 22).

Por fim, surge uma nova corrente, denominada autônoma, a qual enxerga a arbitragem como um sistema de solução de conflitos totalmente desvinculado de qualquer sistema jurídico existente. Referida corrente tem mais relevância nas arbitragens internacionais, pois escapa dos tentáculos da legislação inerente de cada país (CAHALI, 2020, p. 84).

Posto que a arbitragem seja um sistema autônomo, com estrutura própria e mecanismos que se comunicam a fim de atender às expectativas auferidas pelas partes, tal afirmação alinha-se com outra ideia: a da teoria geral do processo, que regula todos os princípios processuais decorrentes da Constituição Federal, ao submeter todos os processos existentes em nosso ordenamento processual.

Assim, ainda que a arbitragem seja um processo, ou um microssistema, como é o caso dos juizados especiais ou até de algum ramo que se manifeste por meio da teoria geral do processo, há que se falar em jurisdição, e esta deverá ser entendida como a plena manifestação de um poder emanado do Estado com força de solução da controvérsia levantada pelas partes. Ou seja, trata-se de um terceiro chamado a resolver a contenda, impondo uma decisão de caráter definitivo, com amparo e respeito ao princípio do contraditório.

A única via que não é alcançada pela jurisdição da arbitragem é a execução das decisões proferidas, pelo simples fato de a Lei nº 9.307/1996 não tratar da fase executória, reportando essa competência ao juiz togado, àquele capaz de impor, quando necessárias, medidas coercitivas, por exemplo, a expropriação de bens. Por esse fato, neste trabalho, será feita a proposta de criação de varas especializadas apenas para atender as demandas que envolvam a arbitragem, igualmente a possibilidade de conceder ao árbitro poderes para tal, conforme está no capítulo 3.

A fim de apontar o entendimento do presente livro sobre a natureza jurídica, acompanha-se a lição de que a arbitragem tem em sua essência a natureza mista, pois transfere ao árbitro poderes que até então eram exclusivos do Poder Judiciário, por meio de um acordo entre as partes, em respeito ao princípio da autonomia, o que é a base de todo o trabalho ora apresentado.

> Pode-se argumentar que é assim que deveria ser, uma vez que a negociação coletiva e a arbitragem são processos privados essencialmente adaptados às necessidades das partes. No entanto, esse ponto de vista sugere que há um demarcação nítida entre o direito do trabalho público e privado, e que as obrigações que têm sua origem no primeiro não devem ser incorridas no processo arbitral. Apoiadores dessa dicotomia também enfatizam a disponibilidade de sanções de direito público recentemente concebidas, como tendentes a ajudar os trabalhadores de

grupos minoritários, o que deve tornar a dependência sobre os árbitros desnecessária. Afirma-se aqui que não existe distinção nítida, e, mesmo se houvesse, a obrigação de representação justa para grupos minoritários, desenvolvida no direito público, deve ser inscrita e forçada em acordos privados por árbitros (GOULD, 1969).[12]

Dentro dos princípios da arbitragem, existem os mais significativos, que são a autonomia da vontade, que depende da manifestação das partes (SCHMIDT, 2021), e a competência-competência (*kompetenz-kompetenz*), em que o árbitro é o juiz primeiro da sua própria competência. Nesse sentido, o STJ decidiu que cabe ao juízo arbitral a medida da competência mínima, veiculada ao princípio da *kompetenz* (BRASIL, 2018a). Com igualdade, segue o princípio do contraditório, que é o corolário do devido processo legal, fato descrito no enunciado 5 da I Jornada Prevenção e Solução Extrajudicial de Litígios do Centro de Estudos Judiciários do Conselho da Justiça Federal (CEJ/CJF). O magistrado poderá, a qualquer momento antes do prazo da contestação, suspender o processo até a resolução da questão, sem caracterizar preclusão das matérias de defesa (SCHMIDT, 2021).

É importante destacar nesse ponto, sobre os princípios da arbitragem, que existe a igualdade entre as partes, que devem ser tratadas de forma isonômica, especialmente na produção das provas. A imparcialidade do árbitro é uma alvorada que deverá estar em todo o procedimento arbitral. Entrementes, o orto acerca do livre convencimento motivado nada mais é do que a liberdade do árbitro em analisar as provas apresentadas.

Por fim, há o princípio da não revisão do mérito da sentença arbitral, em que a priori o Poder Judiciário não poderá rever as decisões arbitrais, exceto em casos restritos da ação anulatória (LAMAS, 2018).

---

[12] Nossa tradução. No original: "One may argue that this is as it should be, since collective bargaining and arbitration are private processes essentially tailored to the needs of the parties. However, this viewpoint suggests that there is a sharp demarcation between public and private labor law, and that the obligations which have their origin in the former are not to be incorporated into the arbitral process. Supporters of this dichotomy also emphasize the availability of recently devised public law sanctions intended to help minority group workers, which should make reliance upon arbitrators unnecessary. This Article maintains there is no such sharp distinction, and even if there were, the obligation of fair representation for minority groups, developed in public law, should be en-forced in private agreements by arbitrators". (GOULD, William B. Labor Arbitration of Grievances Involving Racial Discrimination. *University of Pennsylvania Law Review*, v. 118, n. 1, p. 40-68, Nov. 1969. Disponível em: https://www.jstor.org/stable/3311125. Acesso em: 9 dez. 2021).

Verificado os aspectos da ética das partes e do árbitro, tanto quanto a natureza jurídica do presente instituto, tem-se a base para criação e aplicação dessa regra aos interessados, desta forma, serão abordados os pressupostos da arbitragem.

2.3.3 Pressupostos da arbitragem

É importante ressaltar que a arbitragem é meio ideal a dissolução de um prélio, sendo mais simples e objetivo, e os julgadores, além de imparciais, são técnicos especializados na área científica sobre a qual recai o objeto litigioso. Esses atributos conferem às partes um julgamento seguro e rápido, sobretudo se confrontado com os atropelos verificados na jurisdição pública, que se forma por um exército de juízes com acúmulo de serviço, sem possibilidade de operacionalizar o direito dentro de um prazo razoável. Por esse fato, espera-se sobremaneira que a arbitragem seja aplicada de forma irrestrita, com a segurança necessária, às questões trabalhistas de caráter individual.

Com a disseminação da cultura das soluções adequadas de conflito (arbitragem e mediação) e com as vantagens da arbitragem (confidencialidade, eficiência e especialidade dos árbitros), cada vez mais perceptíveis pelos usuários da engarrafada justiça estatal, aumentam o número de procedimentos arbitrais nas câmaras nacionais e, por conseguinte, o número de sentenças arbitrais (FERREIRA, Daniel, 2019).

Conforme anteriormente exposto, a arbitragem é meio de adequação para o problema existente entre as partes, sob a jurisdição de um instituto paraestatal, por meio da heterocomposição.

Pode-se verificar na arbitragem a rapidez na prestação da tutela jurisdicional privada perseguida, devido à irrecorribilidade das decisões arbitrais e inexistência de homologação da sentença nacional pelo órgão do Poder Judiciário (CACHAPUZ, 2000).

Um tribunal arbitral deverá sempre ter como objetivo proferir sentença arbitral correta, válida e executável (BLACKABY, 2015).

A arbitragem se caracteriza por impor uma decisão às partes, ou seja, é um dos meios heterocompositivos existentes no ordenamento jurídico, diferenciando-se dos meios alternativos dito autocompositivos, como a negociação, a mediação e a conciliação, soando correta sua referência como método adequado para a solução de litígios (CARMONA, 2016).

O cabimento da arbitragem exige que os litigantes sejam pessoas capazes (tanto naturais quanto jurídicas) e que as causas versem sobre direito disponível.

Sobre esse ponto, direito patrimonial disponível é todo aquele direito que, advindo do capital ou do trabalho, ou da conjugação de ambos, bem como ainda dos proventos de qualquer natureza, como os acréscimos patrimoniais não oriundos do capital ou do trabalho ou da conjugação de ambos, pode ser livremente negociado pela parte, visto que não sofre qualquer impedimento de alienação, quer por força de lei, quer por força de ato de vontade (LACERDA, 1998).

Também possuem direito de utilizar a arbitragem entes despersonalizados, pelo simples fato de possuírem capacidade de serem partes em um processo jurisdicional, desde que não sobrevenha nenhuma das hipóteses de impedimento descritas no ordenamento legal.

O Estado poderá utilizar da arbitragem diante de negócios jurídicos que vier a praticar, passando a assumir, ao fazer essa opção, o mesmo status que a outra parte da relação litigiosa que vier a dispor do julgamento do árbitro. Ademais, só haverá essa possibilidade quando os atos negociados pelo Estado versarem sobre direitos privados.

Quando o Estado atua fora de sua condição de entidade pública, praticando atos de natureza privada – em que poderia ser substituído por um particular na relação jurídica negocial –, não se pode pretender aplicáveis as normas próprias dos contratos administrativos, ancoradas no direito público (CARMONA, 2009). Assim, caso o Estado atue na esfera privada, poderá firmar compromisso arbitral para solução de seus litígios.

Essa possibilidade também poderá ser conferida às autarquias, que deverão seguir a mesma regra, ou seja, cabimento apenas quando a prestação de serviço ou o ato negocial versar sobre questões privadas. Também as empresas públicas e as sociedades de economia mista poderão utilizar dos mecanismos da arbitragem para resolver sua liça, no entanto não haverá a possibilidade de sigilo.

A título de conhecimento, nos contratos de adesão, como são em muitos casos os contratos de trabalho, a cláusula de arbitragem neles contida poderá ter eficácia no juízo arbitral. Realizando um paralelo com o Código de Defesa do Consumidor (CDC), todavia, o referido código não impede de haver um compromisso arbitral em matéria de direito do consumidor, quando o conflito existente for anterior ao juízo, assim como seja expresso com o escopo de não deixar qualquer tipo de dúvida para os contratantes.

Também é possível converter a formação da coisa julgada por meio de transação posterior que estabeleça o julgamento por arbitragem, com o intuito de solucionar o litígio que não logrou êxito quando submetido a processo judicial anterior.

Há de se ressaltar, por fim, o cabimento da arbitragem em causas empresariais, tanto de grandes empresas, como também daquelas que optam pela arbitragem, a fim de encontrarem maior rapidez na entrega da tutela jurisdicional.

Para que certas causas vinculadas ao direito do trabalho possam procurar a Lei de Arbitragem, estas deverão tratar de direitos disponíveis, em conformidade com o artigo 1º da Lei nº 9.307/1996, ou de direito que admita transação.

No início da vigência da legislação em comento, ocorrências suscitaram divergências em órgãos de proteção do trabalho, pois tornou-se prática comum a homologação de acordos que assumiam a função das antigas delegacias, passando qualquer pagamento realizado pelo empregador ao empregado a ser visto pelo Ministério Público do Trabalho (MPT, 2017) como tentativa de simulação. Por esse motivo, o órgão protetivo estatal passou a realizar diversas ações civis com o objetivo de desvincular a arbitragem dos moldes da jurisdição trabalhista.

Entrementes, existe o reconhecimento, pelo constituinte de 1988, de um extenso e patente rol de direitos disponíveis, não havendo que se falar em impedimento para solução pela via arbitral de conflitos de interesses, que muitas vezes assumem exclusivamente caráter econômico.

Nada obstante, a previsão constitucional da arbitragem coletiva no âmbito trabalhista não significa a sua exclusão para dirimir conflitos oriundos das relações individuais, pois não cabe ao intérprete da lei dar a ela entendimento diverso do legislador. Em continuidade, se não há impedimento na lei de arbitragem ou mesmo na Constituição, a arbitragem trabalhista individual é legal e possível (RABELO, 2020).

Não há razão, pois, para que os operadores laborais fiquem descrentes quanto à utilização do meio adequado para o acesso à justiça, podendo existir a conciliação da valia das partes insatisfeitas, por meio das regras atuais, visto que em nenhum momento nossa jurisprudência laboral rejeitou a arbitragem como fórmula conciliatória dos conflitos (CARMONA, 2009).

Não pretendeu o legislador constituinte, nos referidos preceitos, definir os destinos da arbitragem dos conflitos individuais do trabalho, tampouco proibir-se a via arbitral para solucionar conflitos individuais de trabalho (YOSHIDA, 2021).

Acerca das comparações de sistemas jurídicos, estas têm por finalidade oferecer informação de maneira precisa e rigorosa sobre as instituições estrangeiras e procurar, nas experiências dos outros países, os meios técnicos de suprir as lacunas e as imperfeições do direito nacional.

São fontes da arbitragem internacional: as leis, os tratados internacionais, os usos e costumes, a jurisprudência arbitral, a doutrina, os princípios gerais de direito e a *lex mercatoria*. Sendo tais fontes institutos recorrentes e comuns a outros ramos do direito, dar-se-á ênfase à *lex mercatoria*, que é a fonte diferencial aplicada na arbitragem internacional.

Lex mercatoria é uma teoria fundada na constatação de que os contratantes pretendem unificar o regime jurídico da venda internacional e as operações complementares mediante contratos (DINIZ, 2017, p. 126).

No Brasil, considera-se comércio exterior quando uma das partes do contrato de compra e venda mercantil é empresário estabelecido no Brasil e a outra não. Desse modo, quando a venda é realizada por empresário estabelecido no Brasil, e o comprador está no exterior, essa relação é denominada exportação; ao contrário, se o comprador é brasileiro e o vendedor estrangeiro, ocorre importação (COELHO, 2012).

Por essa razão, os próprios comerciantes passaram a utilizar, ao longo dos séculos, certos usos e costumes para solucionar eventuais conflitos de interesses, o que serviu de referência a outros comerciantes no fechamento de seus acordos comerciais. Esse importante regramento disciplinador das relações negociais foi denominado *lex mercatoria* (COELHO, 2012).

As regras da *lex mercatoria* podem ser divididas da seguinte maneira: 1. transnacionalidade; 2. origem comum e fidelidade aos costumes mercantis; 3. eram aplicadas pelos próprios mercadores, por meio de suas corporações ou das cortes que se constituíam nos grandes mercados ou feiras; 4. seu procedimento era rápido e informal; e 5. enfatizavam a liberdade contratual e a decisão dos casos *ex aequo et bono* (AMARAL, Antonio, 2004).

O uso dessa regulamentação mercantil foi se modificando ao longo dos séculos, devido às mudanças nas legislações nacionais dos países. Na Idade Moderna, as leis nacionais continentais mercantilistas efetivaram o direito comercial com a emergência dos códigos, mas marcaram o fim da velha *lex mercatoria* (AMARAL, Antonio, 2004).

Assim, na Idade Moderna, tendo em vista o fortalecimento das nações, o Estado invocou para si o monopólio legislativo, considerando como incompatíveis a produção legiferante estatal e as normas emanadas dos usos e costumes comerciais. As legislações nacionais se fortaleceram nesse período, ficando cada vez mais patenteada a imperatividade do direito comercial – que se firma, inclusive, como disciplina jurídica autônoma. Era advogada a tese de que a *lex mercatoria* era incompatível com o direito soberano de cada Estado de produzir suas leis, ou seja, que um direito calcado em práticas, usos e costumes mercantilistas, de cunho supranacional, viria a mitigar a força normativa das leis nacionais (AZEVEDO, 2006).

O processo de normatização do comércio internacional experimenta nos dias de hoje movimento espiral contínuo, que varia da autorregulação do comércio pelo próprio mercado à regulação do comércio pelo Estado. Naturalmente, o movimento de regulação do comércio pelo Estado, com a finalidade de se adequar às exigências do mercado, termina por criar ambiente mais favorável para o crescimento do comércio e para a atuação do mercado. Este, por sua vez, em virtude de sua liberdade de autorregulação, permanece na busca pelo aperfeiçoamento de suas práticas, recebendo do Estado regulamentação adaptativa, e assim sucessivamente (VIDIGAL, 2010).

Desse modo, embora a doutrina ainda não seja consolidada acerca da nova *lex mercatoria*, essa nova regulamentação pode ser compreendida como as regras costumeiras desenvolvidas em negócios internacionais aplicáveis em cada área determinada do comércio internacional, aprovadas e observadas regularmente (AMARAL, Antonio, 2004). O Poder Judiciário brasileiro não tem por hábito a utilização da *lex mercatoria* como norma aplicável à solução das lides.

Os tribunais nacionais não a aceitam como corpo de lei alternativo a ser aplicado ao litígio. Acatando-a, estaria o Estado abdicando de parte de sua soberania em favor de mãos invisíveis de uma comunidade de mercados em constantes mudanças (MAGALHÃES; TAVOLARO, 2004, p. 62). Nesse ponto, o que respeita é o princípio da autonomia, tal como a natureza jurídica privada das relações de trabalho, o que determina que as partes decidam seus conflitos e não um terceiro oriundo e imposto pelo Estado.

Nesse sentido, a arbitragem pode ser compreendida como uma das estratégias de autovalidação dos contratos de comércio internacional, situados no que seria o programa setorial da *lex mercatoria*, ou seja, nos usos práticos e imemoriais do comércio internacional (LEITE, Carlos, 2018, p. 83).

Nos Estados Unidos, após o caso específico "Sherk versus Alberto Culver", a Corte Suprema consolidou os aspectos necessários para a consideração de um contrato internacional, sendo eles: a nacionalidade das partes e o centro de seus interesses, o lugar das negociações, da assinatura e o da celebração (*closing*) e, por último, o objeto do contrato (BAPTISTA, 2010).

A escolha da lei deve ser negociada de boa-fé entre as partes, que poderão escolher como lei aplicável ao seu contrato: a lei do local em que se executará, a lei do local de sua celebração ou qualquer outra lei que julguem ser a ideal para regular a relação, inclusive lei de Estados neutros (ou seja, de nenhuma das partes envolvidas na negociação), ou, ainda, um direito verdadeiramente internacional (como a *lex mercatoria*, os princípios *Unidroit* etc.). A eleição do sistema legal é de suma importância, influenciando em muito o andamento de qualquer possível futura contenda; dessa forma, as partes devem tomar bastante cuidado ao decidir essa questão (ESTRELLA; TIMM; RIBEIRO, 2009).

Contudo, não obstante a inexistência de um regramento específico para os contratos internacionais, o Poder Judiciário brasileiro, nas controvérsias que lhe são submetidas, não permite às partes escolher livremente a lei material a ser aplicada, sujeitando-as à regra geral do art. 9º da LINDB, supramencionado (PORTELA, 2016).

A busca por uma solução extrajudicial, como no caso da utilização da arbitragem internacional, muitas vezes se dá em razão do fato de serem elevadas as custas judiciais, da morosidade da justiça, da falta de conhecimento específico na matéria em julgamento e da falta de previsibilidade, além do exagerado sistema recursal (FERREIRA Carolina, 2011).

> Além de fornecer um mecanismo de resolução de disputas aparentemente consistente com as premissas do pluralismo industrial, nos Estados Unidos a arbitragem voluntária tem atrativos pragmáticos. A experiência do tempo de guerra com a arbitragem resultou no uso generalizado de disposições de arbitragem em acordos de negociação coletiva. A arbitragem, portanto, tornou-se um mecanismo confiável de resolução

de disputas. Ao mesmo tempo, os árbitros surgiram como um grupo profissional distinto que defendeu com sucesso. (STONE, 1981).[13]

Um ponto que salta aos olhos é que, em contrapartida ao processo judicial, o procedimento arbitral é simples, menos ritualizado e pouco formalista, além de ser mais célere e sigiloso, pois não é exigida a publicidade conferida aos processos judiciais, conhecida como arbitragem expedita, podendo as partes criarem os procedimentos que deverão ser tomados em caso de antagonismo, inclusive trabalhista.

As características da celeridade e informalidade, já citadas, aliadas à possibilidade de escolha da lei aplicável, tornam a arbitragem um método atraente e seguro para aqueles que lidam com o comércio internacional.

Com efeito, por ser a arbitragem um método atraente para a solução de conflitos no âmbito internacional, diversos países do mundo perceberam a necessidade de harmonizar o direito comercial internacional.

No entanto, antes de analisar a arbitragem estrangeira e internacional, é preciso reconhecer que a Lei nº 9.307/1996 não faz distinção entre as arbitragens. Apenas o Capítulo VI (arts. 34 a 40) é dedicado à homologação das sentenças arbitrais proferidas no estrangeiro, para fins de execução pela justiça brasileira. O parágrafo único do art. 34 considera estrangeiro o laudo arbitral produzido fora do território nacional; logo, o local onde foi proferida a decisão caracteriza-lhe a nacionalidade. Mas essa distinção não pode ser confundida com a distinção entre arbitragem internacional e arbitragem interna, não assimilada por esse diploma (VALENÇA FILHO, 2000).

Já a arbitragem internacional soluciona controvérsias, seja porque as partes possuam domicílio em diferentes países, seja porque o objeto do contrato se situe em outra ordem jurídica, seja, ainda, porque o pagamento deva transitar de um país para outro. Em outras palavras, a relação

---

[13] Nossa tradução. No original: "In addition to providing a dispute-resolution mechanism apparently consistent with the premises of industrial pluralism, voluntary arbitration had pragmatic attractions. The wartime experience with arbitration had resulted in widespread use of arbitration provisions in collective bargaining agreements. Arbitration therefore had become a credible dispute-resolution mechanism. At the same time, arbitrators emerged as a distinct professional group who successfully advocated". (STONE, Katherine van Wezel. The Post-War Paradigm in American Labor Law. *The Yale Law Journal*, v. 90, n. 7, p. 1.509-1.580, Jun. 1981. Disponível em: https://www.jstor.org/stable/796079. Acesso em: 9 nov. 2021).

jurídica controvertida envolve mais de uma ordem jurídica nacional, embora possa ser regida por uma lei nacional (MAGALHÃES, 1997).

Um outro ponto de vista determina que a solução unitária adotada pela lei brasileira produziu o efeito benéfico de estender à arbitragem interna a liberalidade, que geralmente se confere à arbitragem internacional. A disciplina da arbitragem no Brasil, no que tange à arbitragem interna, beneficiou-se da incontornável liberalidade reinante no âmbito internacional. Se o legislador partisse, do ponto zero em que se achava o Brasil, para uma lei destinada exclusivamente à arbitragem interna, provavelmente os naturais preconceitos então reinantes produziriam normas restritivas que contaminariam os preceitos dedicados à arbitragem internacional (LOBO, 2003).

Conhecem os italianos – da mesma forma que os holandeses – a arbitragem irritual (daí a ressalva do texto da lei de 1994, que regulou apenas a arbitragem ritual, que pode ser administrada, ou *ad hoc*). A arbitragem irritual (também denominada arbitragem não ritual, arbitragem imprópria ou arbitragem livre) consiste na eliminação da controvérsia por meio de uma transação, cujo conteúdo é preenchido por um terceiro. Em outras palavras, e simplificando a questão ao extremo: as partes praticamente dão ao terceiro (o árbitro) poderes para que, em nome das partes, redija um acordo que as obrigará, assumindo a decisão qualquer que seja, que expressa assim as características de um verdadeiro negócio jurídico. Essa modalidade de arbitragem, não disciplinada em lei (mas acolhida na jurisprudência), encontrou larga aplicação na Itália, pois as normas do CPC (sobre a forma e o conteúdo da convenção arbitral, do processo arbitral e do laudo) são afastadas, dando lugar a um mecanismo de solução de controvérsias muito mais livre e informal. No Brasil, essa forma de arbitragem não é utilizada, sendo claro que existe mera aproximação entre a arbitragem irritual e o nosso arbitramento, no qual ocorre mera fixação por terceiro de um dos elementos faltantes em determinado contrato (CARMONA, 1998).

É importante apontar que, na concepção italiana, a arbitragem é internacional quando, na data da subscrição da cláusula compromissória ou do compromisso, pelo menos uma das partes resida ou tenha a própria sede efetiva no exterior, ou deva ainda ser executada no exterior uma parte relevante das prestações nascentes da relação à qual a controvérsia se refere. É válida a cláusula compromissória em condições gerais de contrato, bem como em modelos ou formulário, desde que as partes tenham tido consciência da cláusula ou deviam tê-la conhecido, utilizando a diligência ordinária. A exceção se aplica somente para arbitragem internacional, e o dispositivo tem incidência somente quando o contrato e consequentemente a cláusula sejam regulados quanto à forma, pelo direito italiano. Fossem estes, por sua vez, regulados pelo direito estrangeiro, que não comporte esse peculiar requisito formal (que se configura único no panorama legislativo comparado), o requisito não seria aplicável, como vem sendo pela Corte di Cassazione (SACERDOTI, 1999).

Do ponto de vista da doutrina espanhola, o pré-requisito essencial para a jurisdição arbitral é que as partes concordem que as disputas que surjam entre elas ou que já tenham surgido devem ser resolvidas por meio de arbitragem. É a autonomia da vontade expressa na convenção de arbitragem que retira o litígio da jurisdição internacional dos Estados e entrega o seu processamento e a sua resolução a particulares – os árbitros – que resolverão a questão como vinculativa para as partes. A existência de uma convenção de arbitragem válida torna incompetentes os tribunais que normalmente seriam investidos de jurisdição internacional. As sentenças arbitrais são normalmente executadas voluntariamente, mas quando a parte vencida não cumpre a sentença, os árbitros não têm coerção para exigir o cumprimento forçado. É então necessário que o interessado solicite o reconhecimento e a execução da sentença perante os juízes do Estado onde os bens do requerido existem (TAQUELA, 2003, p. 212).

Inegável que a arbitragem é a forma adequada para a solução mais rápida da altercação, tendo em vista os pressupostos descritos. Logo, não basta que o Estado receba a demanda e garanta o direito de ação processual. Em outras palavras, o direito de agir dirigindo-se ao órgão jurisdicional deve, sobretudo, responsabilizar-se por uma decisão justa e adequada, sob pena de inobservância às garantias previstas constitucionalmente (BACELLAR, 2016).

Esses novos ditames foram amplamente acolhidos pelo Novo CPC, o qual entrou em vigor em 18 de março de 2016, onde a participação ativa do magistrado e das partes no processo é bastante motivada. Assim, supera-se a concepção individualista, com o objetivo de contornar obstáculos formalísticos que impedem a realização da prestação jurisdicional efetiva, estimulando, por conseguinte, o uso da arbitragem, mediação e conciliação, com o resgate da cultura do consenso (MEDEIROS NETO, 2019).

Por derradeiro, os pressupostos da arbitragem, especialmente na seara trabalhista, de caráter individual, devem ser analisados de forma pontual e com transparência, tendo em vista que se trata de direitos inerentes a uma relação de emprego/trabalho. Dessa forma, mesmo com a rescisão contratual, defende-se a tese de que não há mais a aplicação do princípio da irrenunciabilidade, mas o respeito aos direitos que foram pactuados, e estes deverão ser obedecidos, conforme o contrato de trabalho, de acordo com a forma de arbitragem escolhida pelas partes.

2.3.4 Formas de instituição da arbitragem

A Lei nº 9.307/1996 se aplica a litígios relativos a direitos patrimoniais disponíveis, podendo as partes escolher livremente as regras de direito aplicáveis ao procedimento arbitral, respeitados a ordem pública e os bons costumes.

Na arbitragem, o prélio deverá se compor de acordo com as bases das regras do direito objetivo, devendo o árbitro se submeter de forma crucial à observância da legislação. Dessa maneira, o árbitro poderá aplicar o direito analisando todos os fatos que lhe são apresentados, mas, após, deverá aplicar as normas de direito substancial regidas para a relação jurídica que lhe foi submetida.

É interessante notar que não se exige que o árbitro de direito seja um especialista na área jurídica. O grau de bacharel em direito, ou o registro no quadro de inscritos da Ordem dos Advogados do Brasil (OAB), ou em qualquer outra área, não são requisitos para que alguém seja árbitro, mesmo quando se tratar de arbitragem de direito. O sistema, muito provavelmente, foi criado com base na regra contida no art. 3º da LINDB, que faz presumir *iuris et de iure* que todos conhecem a lei.

Via de regra, são dois tipos de arbitragem: de direito e por equidade. Importante ressaltar que este livro tem como escopo a arbitragem de direito.

Antes de tudo, há que se dizer que no Brasil a escolha entre as duas espécies é livre às partes, cabendo-lhes, se quiserem, instituir a arbitragem por equidade, nos termos do artigo 11, inciso II, da Lei de Arbitragem. Esse não é o sistema adotado em todos os ordenamentos, mas parece o melhor, já que a regra geral deve ser a composição dos conflitos com base nos ditames oriundos do direito objetivo. A arbitragem por equidade deverá ser utilizada em caráter excepcional, atendendo ao desejo pactuado das partes, quando manifestarem expressamente sua vontade na convenção, o que não será abordado neste trabalho.

A segunda espécie de arbitragem, por equidade, para efeito de conhecimento – tendo em vista que o escopo é a arbitragem de direito – caracteriza-se pela permissão conferida ao árbitro de fazer uso dos costumes, princípios e outros, sendo totalmente livre para não optar pela legalidade estrita. Seu objetivo central é dar à causa a solução que, a seu juízo, é a mais justa, promovendo a justiça no caso perceptível. Assim, o árbitro de equidade irá definir se seu julgamento será baseado no direito objetivo, ou não, dependendo do seu entendimento quanto à melhor solução aplicável ao litígio que lhe foi apresentado. Essa atitude não irá alterar a natureza jurisdicional da arbitragem, pois o árbitro atuará em conformidade com a equidade. Sabe-se que essa postura é uma permissão expressamente legal para que se possa buscar a solução que lhe apraz sem a vinculação legal, e, ainda que sua decisão não seja a adequada, é seu o direito de dizer o direito em sua substancialidade na hipótese que lhe fora submetida.

Para encerrar o tema acerca da arbitragem por equidade, esta terá sobre a de direito a imensa vantagem da especialização do árbitro. Basta pensar, por exemplo, numa arbitragem por equidade envolvendo o problema que diga respeito a uma questão de engenharia, ou química. Caso se levasse tal lide ao Judiciário, o juiz fatalmente convocaria um perito no assunto para assessorá-lo, e dificilmente sua sentença teria, quanto aos fatos, orientação diversa daquela apontada pelo perito em seu laudo. Nesse caso, com a arbitragem se poderá entregar a solução da controvérsia diretamente nas mãos do especialista, retirando-se da composição do conflito o juiz, que funcionaria aqui, em verdade, como um mero intermediário entre as partes e o expert (o qual seria escolhido dentre as pessoas de confiança do magistrado, ao contrário do que ocorre na arbitragem, em que o árbitro é pessoa da confiança das partes), praticamente se limitando o julgador a homologar a solução dada à causa pelo perito.

Conclui-se, dessa forma, que na seara da arbitragem as partes possuem liberdades expressas de escolher quais normas desejam que sejam aplicadas em um eventual litígio, desde que tal escolha não viole os bons costumes ou a ordem pública (art. 2º, §2º, da Lei de Arbitragem). Ademais, poderão convencionar quais os tipos de controvérsias que o árbitro poderá decidir em comunhão aos princípios gerais do direito, também o uso dos costumes ou de outras legislações, como as regras do direito comercial da Argentina, inclusive valendo-se de normativos estrangeiros (art. 2º, §2º, da Lei nº 9.307/1996).

Nessa área do conhecimento jurídico, diverge a doutrina acerca da possibilidade, ou não, de elegerem as partes a lei que será aplicável às relações obrigacionais. A Lei de Introdução ao Código Civil (LICC) de 1916 consagrava a autonomia da vontade, permitindo tal escolha (art. 13). Já a vigente LINDB optou por orientação antagônica, impondo a observância da lei do lugar de constituição da relação obrigacional. A Lei de Arbitragem, porém, veio novamente consagrar no direito brasileiro a autonomia da vontade, partindo certamente da premissa de que "arbitragem é liberdade". Assim sendo, parece possível às partes elegerem a lei aplicável à relação obrigacional e à composição dos conflitos dela decorrentes, devendo tal lei ser obedecida pelo árbitro (se, obviamente, tratar-se de arbitragem de direito).

Atualmente, a possibilidade de escolha da lei aplicável se revela importantíssima, principalmente em razão da integração econômica (e, em certa medida, também jurídica) entre os diversos países. Basta pensar num contrato celebrado entre uma empresa brasileira e outra sueca, a que se faça aderir uma convenção de arbitragem. Poderão tais empresas, de acordo com a sua utilidade, optar pela adoção da lei de qualquer desses dois países (ou, até mesmo, de um terceiro país) para reger suas relações.

Poderão as partes, finalmente, optar pela aplicação, na solução da controvérsia, dos princípios gerais do direito, dos usos e costumes e das regras do comércio internacional. Com exceção destas últimas, aplicáveis quase que exclusivamente às causas de índole empresarial, as outras duas podem incidir sobre qualquer matéria, pouco importando se a causa é de natureza comercial ou civil. Tal fato deverá estar expresso no contrato, por meio da cláusula compromissória, que tem sua natureza autônoma em relação ao contrato, conforme descrito a seguir.

2.3.5 Cláusula compromissória

As partes podem convencionar, por meio de um contrato escrito, que, na eminência de um eventual litígio, este será resolvido por meio da arbitragem, estipulada por cláusula compromissória, em que ambos estejam de acordo com a via arbitral, visto que a pretensão será baseada na autonomia da vontade que os pactuantes possuem, de natureza autônoma ao contrato com sua eficácia plena, em virtude da escolha das partes, tanto sobre o objeto como o procedimento para a solvência da refrega.

Existem dois tipos de cláusulas compromissórias: cláusula aberta e cláusula fechada. A primeira pode-se dizer que assume característica patológica e não há estipulação, por exemplo, de árbitro responsável pela relação processual ocorrida na esfera arbitral.

Estará contida a expressa exclusão da justiça estatal, o que levará as partes a recorrerem ao artigo 7º da Lei de Arbitragem, que prevê o intermédio do Poder Judiciário na escolha do árbitro. No tocante à segunda, será prevista a escolha do árbitro ou da câmara de arbitragem responsável pela solução do litígio, que definirá de forma técnica a delimitação do escopo da matéria a ser tratada pela arbitragem.

Observação que se faz necessária é que a cláusula compromissória é autônoma ao contrato, ao que se dá o nome de contrato dentro do contrato. Saliente-se que a referida cláusula é um negócio jurídico e que a convenção da arbitragem não é acessória; sua previsão no contrato acarreta a criação de duas relações jurídicas distintas (SCHMIDT, 2021). Nessa mesma linha de pensamento segue o entendimento da Suprema Corte dos Estados Unidos, em que prestigia a autonomia da cláusula compromissória, nos termos da Seção 2 da Lei de Arbitragem Federal Americana (Act-FAA). Adiante, no capítulo 3, adentraremos novamente nesse tema, com uma tese nova, em que a cláusula poderá trazer os procedimentos para aplicação da arbitragem, com o nome de contrato-procedimento (*Vertrags-verfahren*).

Dessa forma, a cláusula compromissória – que é o pacto por meio do qual os contratantes avençam, por escrito, submeter à arbitragem a solução de eventual litígio que possa decorrer de uma determinada relação jurídica – passou a ser apta a afastar a competência do juiz estatal (CARMONA, 2009).

A fim de elucidar o tema, se fazem necessários alguns apontamentos. A criação da Lei nº 9.307/1996 fortaleceu a cláusula compromissória, e esta se faz necessária, pois transformou o laudo arbitral em sentença arbitral, com a mesma eficácia de sentença judicial, e facilitou a homologação de laudos arbitrais estrangeiros, com o intuito de consolidar o instituto como uma viável solução de conflitos, alternativa ao Poder Judiciário (MARCO, 2005).

Diante dos fatos descritos, estabeleceu-se que as partes capazes vão firmar, nos contratos, cláusula compromissória, submetendo o litígio à arbitragem. Nesse sentido, se na referida cláusula as partes já obtiverem um acordo quanto às regras de um órgão arbitral institucional ou uma entidade especializada, o procedimento arbitral dar-se-á com base nesse regramento. Porém, caso não ocorra seu preestabelecimento, a parte que almejar valer-se da arbitragem deverá convocar a outra para que convencionem os termos do compromisso arbitral (AMARAL, Antonio, 2004).

Num aspecto prático, o compromisso arbitral deverá necessariamente informar: a qualificação das partes e dos árbitros (ou da instituição à qual foi delegada a indicação dos árbitros); a matéria que será objeto da arbitragem; o local em que será proferida a sentença arbitral (a legislação não mais se refere a laudo arbitral). Além disso, poderá o compromisso arbitral estipular o prazo para que seja proferida a decisão (caso contrário, será de seis meses), além de prever a autorização para que o árbitro (ou tribunal arbitral) julgue por equidade, com base no direito positivado brasileiro ou de outro país, nos princípios gerais do direito, nos usos e costumes ou práticas internacionais de comércio, ou ainda com base em regras corporativas aplicáveis à arbitragem (AMARAL, Antonio, 2004).

Com o advento da legislação arbitral, Lei nº 9.307/1996, a ideia de que a cláusula se trata de um pré-contrato avençado pelas partes deixou de se sustentar, visto que, no artigo 5º, da referida Lei, o juízo arbitral poderá ser a via extrajudicial para dissolução da cizânia, por ser instituído sem a obrigatoriedade de um compromisso arbitral.

Além disso, as partes possuem autonomia de pactuarem cláusulas mesmo após a instituição de um litígio, com a efetiva comunicabilidade entre elas.

Estabeleceu a lei que a cláusula pode estar ou não inserida no corpo de um contrato, de tal sorte que a avença será contemporânea ao contrato ou posterior a ele: nesta última hipótese, a cláusula será convencionada pela troca de cartas, telegramas, telex ou mesmo fac-símiles que se reportem a um negócio jurídico, prevendo a solução de eventuais e futuras controvérsias por arbitragem. Não se descarta a possibilidade de validar-se a cláusula estipulada por troca de mensagens eletrônicas (CARMONA, 2009).

Para que aconteça a efetivação do processo arbitral, é necessário nomear um órgão institucional, prevalecer o convencimento da existência de certa cláusula e restar demonstrado que esta partiu do consenso estipulado entre as partes, agora em desacordo. Serão dados ao órgão plenos poderes para apontar um árbitro com a função de desempatar qualquer conflito. Esse acordo deverá submeter-se também às normas já previstas na cláusula compromissória e já observadas pelas partes e pelos árbitros.

A cláusula compromissória é encontrada tanto nos contratos de adesão quanto em contratos de qualquer natureza, como na seara das corretoras de seguro.

Pode-se ressaltar por fim que é comum a existência da cláusula compromissória nos contratos societários. Exemplo disso é a previsão legal que a Lei nº 10.303 de 2001 trouxe ao modificar a Lei das Sociedades Anônimas (Lei nº 6.404/1976), que estabeleceu a arbitragem como caminho para solucionar divergências entre os acionistas e a companhia.

Esse ajuste entre os sócios fundadores se dará em plena constituição estatutária, obrigando todos os acionistas a descartarem a via judicial em favorecimento da via arbitral, exceto se houver declaração de vontade no sentido de não derrogar a competência da autoridade judiciária.

> Sobre o postulado do acesso à justiça a condição de [...] cláusula de reserva, preordenada a autuar, subsidiariamente, em situações específicas; [...] oferta residual, uma garantia subsidiária, disponibilizada para as controvérsias não compostas ou mesmo incompossíveis pelos outros meios, auto e heterocompositivos [...]. Com isso, o judiciário poderá então dedicar-se aos processos efetivamente singulares e complexos. (MANCUSO, 2012).

Notadamente, no caso da cláusula compromissória, as partes, por meio de um acordo contratual em uma eventual lide, devem buscar a tutela jurisdicional pela via da arbitragem e de forma imperativa instaurá-la.

O Poder Judiciário, a priori, não participa do litígio arbitral, exceto se houver alguma violação das hipóteses apontadas pela legislação, como em caso de descumprimento da sentença ou do acordo arbitral, em varas especializadas para esse fim, o que traz segurança para os envolvidos.

Esse é o primeiro ponto de relevante importância no que tange ao reconhecimento da independência jurisdicional da arbitragem, pois a ideia da eficácia de uma cláusula compromissória só pode ser percebida se as partes respeitarem de forma obrigatória a imposição de exercê-la, uma vez tendo sido a via escolhida anteriormente.

Busca-se a atuação efetiva do princípio basilar do direito, a autonomia das partes em decidir qual a melhor situação, nos moldes do artigo 444 da CLT, numa situação tátil, fato que se extrai do direito privado, cabendo ao estado sua fiscalização, mas respeitando a vontade das partes, inclusive.

Antes de adentrar aos pontos jurídicos e legislativos, a ideia inicial neste livro é superar a crença, um tanto retrógrada, de que apenas o magistrado – como representante do poder estatal – detém competência para o desenlace da arrelia, porquanto é o momento de valoração, aceitação e que se busca valorar, aceitar, integralizar e promover técnicas extrajudiciais para composição de litígios, com o intuito de atender a demanda na mesma proporção da complexidade dos casos apresentados e, assim, contribuir com "momento da universalização e integração" (ANDRIGHI, 1996, p. 27).

Nessa ordem de ideias, a necessidade de romper com a visão arcaica que confere ao Poder Judiciário o monopólio da solução dos conflitos concretiza, em alguma medida, a pacificação social, por meio da admissão de outros meios de resolução de conflitos, a exemplo da arbitragem, a qual é tida pela doutrina e pela prática jurídica como meio confiável, célere e altamente eficaz (ANDRIGHI, 1996, p. 11).

Nesse momento, vale a pena trazer as ideias de Nancy Andrighi (1996, p. 23), de como a arbitragem pode ser utilizada como uma forma de solução dos conflitos, nos seguintes termos:

> [...] ousamos afirmar que os reais motivos que induzem as partes a optar pela arbitragem são: a ausência de formas excessivamente solenes; a possibilidade de julgar segundos os princípios da equidade, *ex aequo et bono*, ou de escolher, com absoluta liberdade, a lei a ser aplicada ao caso concreto; garantia da neutralidade dos árbitros na solução dos litígios envolvendo partes de nacionalidades diferentes, bem como da especialização e experiência dos árbitros.

Argumentos como os descritos objetivam assegurar, pela cláusula compromissória, a segurança pela escolha da arbitragem. Da mesma maneira que o procedimento devido em caso de liça, nada obsta sua alteração no curso do contrato, a critério das partes.

2.3.6 Compromisso arbitral e suas vantagens

O compromisso arbitral surge da ideia futura de existência de possíveis litígios, ou seja, as partes, em comum acordo, decidirão levar o eventual litígio para a seara do juízo arbitral. Do ponto de vista trabalhista, trata-se da alteração contratual (artigo 468 da CLT), que poderá ser realizada de comum acordo entre as partes, desde que não exista prejuízo entre os envolvidos, especialmente o empregado/ trabalhador.

Para que um litígio seja submetido ao juízo arbitral, é necessária uma convenção de arbitragem, ou seja, uma ligação jurídica composta pela cláusula compromissória e o compromisso arbitral. Francisco José Cahali (2012, p. 111) compreende que "a convenção de arbitragem é referenciada na legislação arbitral como gênero, da qual são espécies a cláusula compromissória e o compromisso arbitral".

O compromisso é um instrumento de natureza processual, pois há uma desobediência, e as partes redirecionam a competência do Poder Judiciário para a justiça arbitral (princípio da competência-competência). Assim, esse compromisso é estipulado à luz de uma controvérsia já instaurada, cujas partes elegem a câmara arbitral, e passam a seguir seu procedimento, ficando automaticamente instaurada a arbitragem. São rígidos os requisitos do compromisso arbitral previstos no art. 10 da Lei, e eventual violação aos seus elementos obrigatórios poderá implicar sua nulidade.

Sobre essas novas maneiras e decifração de uma batalha, Elaine Christina Gomes Condado (2008, p. 84-85), pondera que o Estado que propicia a adoção de métodos alternativos como forma de resolução de conflitos promove uma maior efetividade na prestação da tutela jurisdicional ao diminuir os obstáculos enfrentados pelos cidadãos, ampliando, substancialmente, o acesso à justiça.

Diante dos pontuais termos descritos e alinhada com essa perspectiva, o que se tem é que a arbitragem promove a autonomia do indivíduo com concretização da democracia, pois amplia o acesso à justiça suprindo as exigências da sociedade atual, como meio ágil e eficaz na solução dos conflitos, distanciando-se da pouca efetividade da tutela prestada pelo Estado (CONDADO, 2008, p. 87-88).

Da mesma maneira, optando pelo procedimento arbitral, as partes se veem beneficiadas de inúmeras vantagens em relação à jurisdição estatal, tais como: rapidez com que é proferida a decisão final de mérito; maior especialidade dos julgadores; previsibilidade; possibilidade de sigilo das informações; procedimento mais flexível e menos formal (FIORAVANTE, 2021).

A celeridade é a primeira, considerando que as partes em litígio escolhem árbitros com ampla liberdade. A sentença arbitral será proferida no prazo estipulado pelas partes, e, nada tendo sido convencionado, o prazo máximo para encerramento do procedimento é de seis meses, contado da instituição da arbitragem ou da substituição do árbitro (BRASIL, 2008, p. 1.534).

Os litigantes, se assim convencionarem, receberão a sentença ao fim da audiência. Segundo o art. 21, §4º (BRASIL, 2008, p. 1.533), o árbitro antes do início do processo tentará a conciliação das partes em conflito, aplicando-se, no que couber, o art. 28 da Lei nº 9.307/1996.

Convém nesse momento destacar a opinião de Ramos (2002, p. 8), ao esclarecer que "a Lei nº 9.307/96 pode ser desde já declarada constitucional, porquanto não viola os princípios da inafastabilidade do Poder Judiciário para a apreciação dos conflitos, do duplo grau de jurisdição e do juiz natural".

Desse modo, enquanto uma ação é ajuizada no Poder Judiciário, podendo levar anos para ser sentenciada, com a arbitragem a cizânia é dirimida num prazo máximo de seis meses, o que já é uma das vantagens mais determinantes para a sua utilização.

Acerca do sigilo, diferentemente do processo judicial, que é público, a arbitragem é um procedimento privado. Somente às partes em litígio interessa se o processo se tornará público ou não. A característica principal é o sigilo, sendo esta a regra universal para todos os litígios referentes a direitos patrimoniais disponíveis.

Nos processos são preservadas as informações, reservadas de maneira exclusiva às partes em litígio. Nas câmaras de arbitragem a publicidade é expressamente proibida, e tanto o árbitro quanto as partes que descumprirem tal preceito serão punidas.

Nessa mesma linha de pensamento, Ramos (2002, p. 5) acrescenta que, "se por um lado exige-se da justiça pública a publicidade dos seus atos (art. 5º, LX, da Constituição Federal), na justiça privada faz-se presente o caráter sigiloso, confidencial do deslinde do conflito de interesses".

Um dos aspectos mais importantes da arbitragem é a especialidade do árbitro, que faz com que as partes tenham liberdade para escolher o responsável pelo julgamento de sua lide e com isso podem optar por um perito no assunto controverso. Segundo o art. 13, §1º, "as partes nomearão um ou mais árbitros, sempre em número ímpar, podendo nomear, também, os respectivos suplentes" (BRASIL, 2008, p. 1.532). Ainda, merece ênfase o §6º do mesmo dispositivo legal, ao estabelecer que "no desempenho de sua função, o árbitro deverá proceder com imparcialidade, independência, competência, diligência e discrição" (BRASIL, 2008, p. 1.533). Em complemento a essa ideia, Pamplona Filho (1998, p. 5) enfatiza que:

> Quando se suscita esse elemento, não se está querendo dizer que os magistrados "oficiais" não sejam confiáveis, mas sim que, pelo fato do árbitro ser escolhido pelas partes, este já traz consigo uma legitimidade que não é imposta pelo Estado, mas sim pela autonomia da vontade dos litigantes.

Diante disso, a especialidade do árbitro é um dos pontos mais atrativos para a utilização da arbitragem.

Do ponto de vista da economia, as partes em litígio não precisam comparecer à audiência na presença de um advogado. Porém, o art. 21, §3º, faculta essa possibilidade, ao dispor que "as partes poderão postular por intermédio de advogado, respeitada, sempre, a faculdade de designar quem as represente ou assista no procedimento arbitral" (BRASIL, 2008, p. 1.533).

As partes decidem se as custas e taxas serão divididas ou não. No entanto, esse ponto acaba ficando em segundo plano, dependendo da finalidade pela qual se buscou a arbitragem.

Uma das situações mais importantes é a cláusula compromissória – que é a convenção pela qual as partes, previamente em um contrato, comprometem-se a submeter à arbitragem os litígios oriundos de tal acordo, cujo conceito está expresso no art. 4º da Lei (BRASIL, 2009, p. 1.532). Segundo o §1º do mesmo dispositivo legal, ela deve ser estipulada por escrito, podendo estar inserta no próprio contrato ou em documento separado.

Desse modo, o art. 6º, parágrafo único, estabelece que:

> Não comparecendo a parte convocada ou, comparecendo, recusar-se a firmar o compromisso arbitral, poderá a outra parte propor a demanda de que trata o art. 7º. Desta Lei, perante o órgão do Poder Judiciário a que, originariamente, tocaria o julgamento da causa. (BRASIL, 2008, p. 1.532).

O conteúdo desse compromisso está previsto na lei onde constam elementos obrigatórios (art. 10) e facultativos (art. 11), que devem ser cuidadosamente observados (BRASIL, 2008, p. 1.532). Como bem sintetiza Eneá Almeida (2006, p. 2), "a grande celeuma é com relação especialmente a cláusula compromissória que retiraria a competência da Justiça Trabalhista de reavaliar a questão após exarada sentença arbitral, a não ser com relação a vícios, segundo a Lei de Arbitragem". Dentre os temas que reforçam a ideia, está o art. 31, que pontifica: "a sentença arbitral produz entre as partes e seus sucessores, os mesmos efeitos da sentença proferida pelos órgãos do Poder Judiciário e, sendo condenatória, constitui título executivo" (BRASIL, 2008, p. 1.534). E o art. 32 do mesmo disposto assevera que:

> É nula a sentença arbitral se: I – for nulo o compromisso; II – emanou de quem não podia ser árbitro; III – não contiver os requisitos do art. 26 desta Lei; IV – for proferida fora dos limites da convenção de arbitragem; V – não decidir todo o litígio submetido à arbitragem; VI – comprovado que foi proferida por prevaricação, concussão ou corrupção passiva; VII – proferida fora do prazo, respeitado o disposto no art. 12, inciso III, desta Lei; e VIII – forem desrespeitados os princípios de que trata o art. 21, §2º, desta Lei. (BRASIL, 2008, p. 1.534).

Quanto a esse aspecto, o art. 33 ainda acrescenta que "a parte interessada poderá pleitear ao órgão do Poder Judiciário competente a decretação da nulidade da sentença arbitral, nos casos previstos nesta Lei" (BRASIL, 2008, p. 1.534).

Outra característica ainda atinente às vantagens do uso da arbitragem é que as partes poderão convencionar com liberdade quanto ao modo pelo qual será solucionado o conflito, que será de direito ou equidade. Nesse sentido, dispõe o art. 2º da referida Lei que: "a arbitragem poderá ser de direito ou de equidade, a critério das partes" (BRASIL, 2008, p. 1.531).

Ainda em seu §1º, a Lei estabelece que "poderão as partes escolher, livremente, as regras de direito que serão aplicadas na arbitragem desde que não haja violação aos bons costumes e à ordem pública". E, ainda: "poderão, também, as partes convencionar que a arbitragem se realize com base nos princípios gerais de direito, nos usos e costumes e nas regras internacionais de comércio" (BRASIL, 2008, p. 1.531).

Nesse aspecto, esclarecedora é a lição de Ramos (2002, p. 6):

> Quanto aos fundamentos da decisão a arbitragem pode ser "de direito" ou "de equidade". Ocorre a primeira quando as partes optam por uma fundamentação jurídica da decisão, [...] deve-se, contudo, observar que o Judiciário trabalhista é, por essência, uma Justiça especializada, o que de fato vem corroborar a assertiva acima. A segunda, arbitragem "de equidade", ocorre quando as partes pactuam a desobrigação do

árbitro julgar com base em fundamentos jurídicos, e sim alicerçado em seu livre convencimento, porquanto maior a sua liberdade de decidir.

Os interessados consensualmente passam a renunciar ao direito de levar a controvérsia para a esfera da justiça estatal, em favorecimento de um contrato escrito.

Nesse caso, é preciso a existência de um documento formulado pelas partes onde possa ser demonstrado o compromisso assumido, com a fé pública reconhecida no cartório e a participação de testemunhas.

Outros procedimentos para a efetivação do compromisso arbitral são previstos nos artigos 10 e 11 da Lei em comento. Dentre eles, a presença dos requisitos obrigatórios, tais como nome, profissão e domicílio das partes e dos árbitros, objeto da arbitragem e lugar onde a sentença arbitral será proferida. Na base legal estão previstos os requisitos que farão parte da construção do compromisso arbitral:

> Art. 10. Constará, obrigatoriamente, do compromisso arbitral:
> I. o nome, profissão, estado civil e domicílio das partes;
> II. o nome, profissão e domicílio do árbitro, ou dos árbitros, ou, se for o caso, a identificação da entidade à qual as partes delegaram a indicação de árbitros;
> III. a matéria que será proferida a sentença arbitral;
> IV. o lugar em que será proferida a sentença arbitral.
> Art. 11. Poderá, ainda, o compromisso arbitral conter:
> I. o local, ou locais, onde se desenvolverá a arbitragem;
> II. a autorização para que o árbitro ou os árbitros julguem por equidade, se assim for convencionado pelas partes;
> III. o prazo para apresentação da sentença arbitral;
> IV. a indicação da Lei nacional ou das regras corporativas aplicáveis à arbitragem, quando assim convencionarem as partes;
> V. a declaração da responsabilidade pelo pagamento dos honorários e das despesas com a arbitragem; e
> VI. a fixação de honorários do árbitro, ou dos árbitros.

No inciso II do art. 10, anteriormente descrito, vê-se que a escolha do árbitro poderá ser delegada quando as partes em comunhão optarem por deixá-la para ser estipulada por alguma entidade, que não necessariamente seja um órgão ligado à justiça arbitral com tal característica. Podem, pois, as partes convencionar que a OAB, o Conselho Regional de Economia ou a diretoria da Faculdade de Engenharia da USP indique os árbitros, por exemplo (CARMONA, 2009).

Nesse ínterim, é necessário que antecipadamente seja feita uma consulta para identificar se a entidade escolhida poderá aceitar o papel de indicar um árbitro. Caso a entidade sinalize pela negativa em apontar o árbitro, Carlos Alberto Carmona aponta que as partes encontrarão a solução prevista no artigo 16, §2º da Lei nº 9.307/1996, oportunizando-as recorrerem ao Poder Judiciário que, na forma prevista no art. 7º, evitará o indesejável perecimento do compromisso (CARMONA, 2009).

A legislação da arbitragem delimita regras obrigatórias sob pena de nulidade de todo procedimento arbitral. No entanto, há elementos facultativos referentes ao compromisso arbitral. Destaca-se, de forma exemplificativa, que a sede da arbitragem "[...] não precisa ser fixada necessariamente no compromisso arbitral" (CARMONA, 2009).

Cabe ressaltar que, no instituto da arbitragem, o princípio da salvação da convenção arbitral é designado como responsável a adequar os meios aptos, de modo a não tornar um compromisso arbitral inutilizado. Ou seja, "[...] a recusa do árbitro ou o seu impedimento ulterior não inutilizarão o procedimento: em tal hipótese, as partes deverão nomear outro árbitro" (CARMONA, 2009).

No tocante às despesas arbitrais, a responsabilidade será de ambas as partes.

A arbitragem poderá ser chamada de ad hoc, avulsa ou ainda não institucional, sendo esta última quando não há órgãos institucionais, e seus regulamentos são confeccionados pelas próprias partes. Tais regulamentos serão providenciados pelas partes com intuito de sanar qualquer tipo de divergências que ocorram no contrato.

Não havendo acordo para a escolha do árbitro, o procedimento se dará via arbitragem institucional. Nessa hipótese, haverá escolha daquele árbitro cuja função é desempatar, efetivada pelos árbitros representantes, que apontarão o terceiro árbitro.

É correto afirmar que a arbitragem no Brasil é um meio alternativo de solvência do embate, cabendo às partes a escolha desse procedimento.

A crescente adesão à arbitragem pode ser justificada pelo fato de a atividade refletir o caráter da Lei de Arbitragem, que equilibra a liberdade entre os envolvidos, com flexibilidade e igualdade (PRETTI, 2019).

Cabe destacar que a arbitragem fica obrigatória quando pactuada em contrato, vinculando as partes, que poderão, apesar disso, acionar o Poder Judiciário em caso de vício, mesmo que essa cláusula seja incluída posteriormente ao contrato.

2.3.7 A arbitragem como meio adequado e alternativa de acesso à justiça célere

Importante destacar o presente tema, tendo em vista que ficará evidente que o uso da arbitragem trará muitos benefícios às partes e à sociedade. O Brasil possui um sistema processual responsável por tornar efetivas as conquistas previstas na Constituição, aplicando inclusive os tratados internacionais que ratificou e promulgou, mas ainda fica muito aquém dos anseios da sociedade em dar-lhe uma efetiva justiça.

No capítulo 1, discorreu-se sobre a justiça, mas se faz necessário adentrar nesse tema, tendo em vista que a arbitragem busca o mesmo objetivo, em que a entrega aos cidadãos da justiça clamada aos órgãos judiciais é um dos princípios basilares da democracia. No entanto, o acúmulo de demandas em todos os ramos do ordenamento jurídico faz com que se esteja indo no sentido contrário da realização desse conceito de justiça.

A justiça é a disposição da alma que leva as pessoas dela dotadas a fazerem o que é justo, agir justamente e desejar o que é justo. Nesse aspecto, ela se apresenta como uma virtude moral, que diz respeito à observância da lei e ao respeito àquilo que é legítimo e válido para o bem de toda comunidade, sendo concebida como justiça total (ARISTÓTELES, 1992).

Assim, o respeito pelo ordenamento jurídico se dá sob a ótica de duas vertentes: o direito e o dever pelo cumprimento de toda legislação do país soberano. Todo aquele que cumpre o seu papel e respeita efetivamente as normas constituídas pela nação da qual faz parte também tem resguardado o seu direito de acionar o Estado-juiz a fim de ver solucionado todo tipo de controvérsia que possa surgir.

O Poder Judiciário, quando provocado, não poderá se afastar do caso concreto, se ele possuir os requisitos necessários para a formação da relação processual, tampouco agir com inércia e inoperância frente a tal litígio.

Por força da Primeira Convenção Interamericana Sobre Direitos Humanos, ocorrida em São José da Costa Rica, o Brasil acatou as seguintes determinações:

> Toda pessoa tem direito de ser ouvida, com as devidas garantias e dentro de um prazo razoável, por um juiz ou tribunal competente, independente e imparcial, estabelecido anteriormente por lei, na apuração de qualquer

acusação penal contra ela, ou para que se determinem seus direitos ou obrigações de natureza civil, trabalhista, fiscal ou de qualquer natureza.

Como já narrado anteriormente, mas se faz necessário ratificar o tema, em nosso ordenamento jurídico constitucional a previsão do acesso à justiça é fundamentada no artigo 5º, inciso XXXV, da Constituição Federal. Assim, quando um particular busca a defesa de um direito violado, seja uma lesão ou ameaça, espera que a justiça estatal dite o direito, a fim de solucionar aquela situação de forma pacificadora e justa, fomentando o convívio social de ambas as partes. Essa é a única atitude esperada, ou seja, a realização da justiça em cada caso, mediante a implantação do restabelecimento do clima harmonioso, que deve ser entregue por um Estado capaz de oferecer uma melhor perspectiva de vida e paz social.

Mas, atualmente, é ilusório afirmar que o Estado-juiz tem cumprido e efetivado o exercício da jurisdição em sua plenitude. Sabe-se que existem inúmeros obstáculos que são encontrados quando se busca a tutela jurisdicional, principalmente pelos menos favorecidos.

A começar, o grande empecilho dessa jurisdição é a dificuldade em ser atendido, com sentença transitada em julgado, no tempo hábil necessário. O sistema processual brasileiro é muito lento, e a demora da tutela jurisdicional estatal é sentida. Por isso, há a urgente necessidade de adoção da arbitragem como meio adequado para a solução de controvérsias, entendida como modalidade heterocompositiva cabível para certos tipos de embates. Neste livro, defende-se a sua aplicação na seara laboral.

> Embora os árbitros possam errar e tropeçar quando os problemas enviados são estranhos à sua especialidade, é tarde demais para rejeitar esse processo como meio de resolver reclamações de discriminação. A arbitragem alcançou respeitabilidade legal por meio do endosso da Suprema Corte de um padrão que obriga uma parte da resistência a proceder com a arbitragem em praticamente todas as instâncias que a outra parte deseja. Além disso, o [National Labor Relations Board] NLRB se recusou a anular sentenças de arbitragem e lidar com acusações trabalhistas injustas se o processo "tiver sido justo e regular, todas as partes [concordaram] em se comprometer, e a decisão do [árbitro] não é claramente repugnante aos propósitos e políticas, da Lei [Nacional de Relações Trabalhistas]". (GOULD, 1969).[14]

---

[14] Nossa tradução. No original: "Although arbitrators may blunder and stumble when the issues presented are foreign to their expertise, nevertheless it is too late to reject this process

Pela lentidão que se apresenta, pode-se culpar o excesso de recursos. Se comparado com a via recursal dos EUA, lá existe apenas o *interlocutorial appeal*, enquanto aqui existem diversos, cite-se os embargos infringentes e a possibilidade de embargos declaratórios.

Soma-se a isso o prazo impróprio que o juiz togado possui, consequência da enorme quantidade de processos compostos de um excesso injustificável de formalismo. O CPC preferiu pensar em causas milionárias, divórcios e acordos de todos os tipos. Isso demonstra que nosso sistema processual está hiperdimensionado e abrange todo tipo de demanda, sendo via para todo tipo de solução de problemas.

Haverá demora caso os processos sejam levados para a justiça comum, sendo urgente considerar a arbitragem como meio adequado e bastante eficaz, suficiente para livrar o Judiciário de toda sua morosidade.

Aqui não se tenta demonstrar que os juízes estatais não possuem competência para ditar o direito, mas apenas que eles estão sobrecarregados e acabam se projetando de forma inoperante nessa estrutura, acumulando a todo momento uma quantidade absurda de processos.

A arbitragem, por possuir construção procedimental própria e específica para aquela situação tangível, se torna ainda mais célere que o procedimento do CPC, que é totalmente garantidor. Na arbitragem, tais regulamentos procedimentais são abertos e passíveis de se ajustar ao caso real. A própria instrução processual é muito flexível, podendo resolver questões simples em poucas discussões ou, se houver maior complexidade, tomar de imediato depoimentos e ouvir testemunhas, atendendo a vontade dos litigantes que preferiram por ela.

É nesse sentido que o sistema processual brasileiro deve inclinar-se pela liberdade instrumental que as partes possuem ao acordarem pela cláusula compromissória ou pelo compromisso arbitral, especialmente considerando a morosidade da entrega da tutela jurisdicional.

---

as a means of resolving discrimination claims. Arbitration has achieved legal respectability through the Supreme Court's endorsement of a standard which compels a resisting party to proceed to arbitration in practically every instance that the other party desires it. Furthermore, the [National Labor Relations Board] NLRB has refused to set aside arbitration awards dealing with unfair labor charges if the proceedings "have been fair and regular, all parties [have] agreed to be bound, and the decision of the [arbitrator] is not clearly repugnant to the purposes and policies, of the [National Labor Relations] Act". (GOULD, William B. Labor Arbitration of Grievances Involving Racial Discrimination. *University of Pennsylvania Law Review*, v. 118, n. 1, p. 40-68, Nov. 1969. Disponível em: https://www.jstor.org/stable/3311125. Acesso em: 9 dez. 2021).

Toda essa vagarosidade da justiça estatal não existe na justiça arbitral. O instituto representa inovação jurídica, distanciando-se das estruturas arcaicas encontradas nos tribunais, e sem os demasiados recursos que atrasam a celeridade do processo.

O segundo empecilho ao acesso à justiça alcançada pela jurisdição estatal é a falta de confidencialidade. Um dos princípios gerais do processo, a publicidade, traz a ideia de que ninguém pode fazer nada senão à vista do público, pois o juiz togado não pode esconder seus atos, exceto nos casos previstos em lei. Assim, qualquer pessoa poderá ter acesso ao teor da demanda tida como não sigilosa que desaguar no Judiciário. O que não ocorre com o juízo arbitral, que tem o dever de respeitar o sigilo de todos os atos entre as partes, não revelando informações do objeto da demanda.

Não havendo interesse público, uma empresa não poderia pleitear para si o segredo de justiça, conforme dispõe o art. 188 e 189 do CPC:

> Art. 188. Os atos e os termos processuais independem de forma determinada, salvo quando a Lei expressamente a exigir, considerando-se válidos os que, realizados de outro modo, lhe preencham a finalidade essencial.
> Art. 189. Os atos processuais são públicos, todavia tramitam em segredo de justiça os processos:
> I – em que o exija o interesse público ou social;
> II – que versem sobre casamento, separação de corpos, divórcio, separação, união estável, filiação, alimentos e guarda de crianças e adolescentes;
> III – em que constem dados protegidos pelo direito constitucional à intimidade;
> IV – que versem sobre arbitragem, inclusive sobre cumprimento de carta arbitral, desde que a confidencialidade estipulada na arbitragem seja comprovada perante o juízo.
> §1º O direito de consultar os autos de processo que tramite em segredo de justiça e de pedir certidões de seus atos é restrito às partes e aos seus procuradores.
> §2º O terceiro que demonstrar interesse jurídico pode requerer ao juiz certidão do dispositivo da sentença, bem como de inventário e de partilha resultantes de divórcio ou separação.

Enquanto isso, a imagem ou o nome de uma empresa estão ligados a diversos fatores que a consagram no exercício pleno de sua atividade, e, no caso de demandas que envolvam transferências de informações de tecnologias, relacionamento pessoal dos sócios, pormenores ligados à administração da empresa ou patentes, por exemplo, a divulgação desses dados pode prejudicar sua posição no mercado comercial, inclusive trazendo para sua administração possíveis fiscalizações. Na arbitragem, as empresas têm sua confidencialidade preservada.

É importante ressaltar que a Lei de Arbitragem não prevê que o sigilo seja válido para todas as situações, como no caso de versarem sobre conhecimento ilícito. Portanto, a legislação não pode ser tomada como regra para todos os tipos de casos, devendo levar em consideração que a Lei estabeleceu o sigilo do árbitro com as partes apenas na relação pré-definida, sendo um sigilo contratual.

Outro fator negativo na apresentação do conflito à justiça estatal é a pouca especialização do juiz togado quanto ao tema proposto, necessitando de auxílio de colaboradores especializados (peritos), já que um terceiro é considerado empecilho ao acesso à justiça. É preciso considerar a impossibilidade de o juiz dirimir todas as questões que são levadas até sua jurisdição. Na arbitragem, essa falta de especialização não existe, pois o árbitro, que comanda o processo arbitral, é conhecedor daquela técnica indispensável, ante a sua especialização, e poderá fomentar um melhor debate acerca do assunto.

Com tal característica, o acesso à justiça será efetivado com a boa relação custo-benefício. Há equívoco por parte do particular que leva sua demanda ao Poder Judiciário, ao considerar que custo se refere apenas à baixa despesa processual inicial. Mas isso, soma-se o índice de insatisfação da parte, que precisa fundamentar uma boa defesa técnica, exigindo de si uma produção de provas muito mais enriquecida para que no final o resultado seja satisfatório.

Nomeadamente, acerca da arbitragem, por pressuposto, não ocorre o duplo grau de jurisdição – o que acelera e dá agilidade ao processo –, florescendo a coisa julgada assim que concluída a função jurisdicional privada (MARTINS, Pedro, 2008). Tal ponto é de grande valia, haja vista que a celeridade na solução do enlace é muito maior do que na justiça estatal. Todavia, cabe abordar as situações em que poderá ocorrer o questionamento da sentença arbitral.

Para que exista segurança para as partes, neste livro defende-se a ideia de que o Poder Judiciário não está excluído, de forma alguma, de rever uma decisão arbitral contrária a uma lei. Muito pelo contrário, além de fornecer às partes segurança do procedimento, deverá punir severamente quem utilizar o instituto de forma que não respeite a boa-fé.

Por esse motivo, nesse ponto, será abordada a nulidade da sentença arbitral.

Focaliza-se que o art. 33 da Lei de Arbitragem determina que, para impugnar a sentença arbitral com a propositura de ação anulatória, de modo que o Poder Judiciário declare a nulidade da sentença arbitral em decorrência de uma das hipóteses previstas no art. 32, a ação deverá ser proposta no prazo de 90 dias, a contar da notificação da parte acerca da sentença arbitral ou da decisão sobre o eventual requerimento de esclarecimento.

Não pode o Poder Judiciário apreciar o mérito ou a justiça da sentença arbitral, mas tão somente decretar sua nulidade quando a parte prejudicada ajuizar a ação anulatória, cujo objetivo será a "averiguação do cumprimento pelos árbitros dos direitos e garantias processuais das partes" (FICHTNER, 2014). Sendo assim, o Judiciário fica limitado a apontar se a decisão arbitral deverá ter validade ou não.

Acerca do cabimento da ação anulatória sobre a sentença arbitral parcial, esta não será revisitada por ocasião da sentença final, razão pela qual não fazia sentido a parte esperar até o julgamento final da arbitragem para poder impugnar aquela questão já decidida pelos árbitros. Sendo assim, o entendimento doutrinário era de que a sentença parcial deveria ser tratada, para todos os efeitos, como "verdadeira sentença, e não como ato provisório e ratificável na sentença final" (CARMONA, 2009).

Destarte, a Lei de Arbitragem modificada (ou nova Lei de Arbitragem) passou a prever expressamente o cabimento da ação anulatória perante o Poder Judiciário para declarar a nulidade não só da sentença arbitral final, mas também da sentença arbitral parcial, afastando dúvidas quanto à possibilidade de sua anulação, bem como "eliminando antigas discussões a respeito do início da contagem do prazo. Em ambos os casos, reiterando o que já foi abordado, o prazo decadencial de noventa dias terá início com o recebimento da notificação referente ao decisum prolatado pelos árbitros" (HOLANDA; SALLA, 2015).

Ainda, existem vozes que defendem que as partes podem, perfeitamente, pactuar que a sentença arbitral estará sujeita a recurso semelhante ao de apelação do processo civil estatal – de modo a permitir uma revisão ampla da sentença em grau recursal. Também, poderá ser criado um sistema recursal próprio e diverso do que há na jurisdição estatal (WLADECK, 2014, p. 85). Não há sentença que possa ser eficaz se o procedimento tiver sido conduzido com desconsideração ao devido processo legal (MARTINS, Sérgio, 1997). A bem da verdade, é uma situação muito delicada, pois, para que possa existir um "recurso" de sentença arbitral, a lei deverá ser alterada.

É preciso deixar claro que o Poder Judiciário não é instância revisora da jurisdição arbitral. Não se pode rediscutir o mérito da lide, já decidido pela sentença arbitral, junto ao juiz togado, sob pena de se violar todo o sistema da Lei de Arbitragem, especialmente os seus arts. 1º e 3º (BERALDO, 2014).

Antes de adentrar propriamente no tema da impugnação judicial da sentença arbitral, é preciso lembrar que existe grande polêmica, doutrinária e jurisprudencial, quanto à natureza jurídica das hipóteses previstas no art. 32 da Lei de Arbitragem. Existe enorme discrepância na análise do enquadramento dessas situações como sendo de nulidade absoluta, nulidade relativa, ineficácia ou inexistência do ato. A expressão nulidade foi utilizada sem a devida precisão pela Lei de Arbitragem. Somente os casos dos incisos I, II, VI, VII e VIII do art. 32 seriam de nulidade absoluta da sentença. Nas situações dos incisos III, IV e V do referido comando, a solução deve ser a anulabilidade da sentença arbitral (NAGAO, 2013).

Diante desses fatos, o controle da sentença arbitral por meio da ação anulatória trata de matéria que muito se assemelha ao controle da sentença judicial, questão intimamente relacionada à teoria das nulidades processuais, e não à teoria das nulidades dos negócios jurídicos, como se nota pela própria matéria que pode ser alegada a título de fundamento da ação anulatória (CAMARGO, 2016, p. 315).

Importante, nesse ínterim, analisar a nulidade absoluta ou tão somente nulidade, que envolve ordem pública, o que justifica a intervenção do Ministério Público e o conhecimento de ofício da nulidade (art. 168 do Código Civil Brasileiro).

Os casos de nulidade absoluta, a mais grave das invalidades, estão tratados nos sete incisos do art. 166 da codificação material privada brasileira, a saber: a) negócio jurídico celebrado por absolutamente incapaz, sem a devida representação; b) quando for ilícito, impossível ou indeterminável o seu objeto; c) quando o motivo determinante do negócio ou ato jurídico, comum a ambas as partes, for ilícito; d) quando o negócio não revestir a forma prescrita em lei; e) se for preterida alguma solenidade que a lei considere essencial para a sua validade; f) tiver o negócio ou ato por objetivo fraudar lei imperativa; e g) se a lei taxativamente o declarar nulo (nulidade textual ou expressa), ou proibir-lhe a prática, sem cominar sanção (nulidade virtual ou implícita).

Por outro lado, a nulidade relativa ou anulabilidade é reconhecida como de menor gravidade, estando relacionada à ordem privada. Por isso, não cabe conhecimento de ofício ou intervenção do Ministério Público, podendo apenas ser pleiteada por aquele que tenha interesse patrimonial no seu reconhecimento (art. 177 do Código Civil Brasileiro). Três são as hipóteses de anulabilidade previstas no art. 171 da mesma norma: a) quando a lei previr a anulabilidade; b) se houver ato ou negócio celebrado por relativamente incapaz, sem a devida assistência; c) se estiver presente um dos vícios ou defeitos do negócio jurídico, caso do erro, do dolo, da coação moral, do estado de perigo, da lesão e da fraude contra credores.

Outra diferença que merece ser destacada entre a nulidade absoluta e a relativa, no campo do direito material, é que a última admite convalidação livre, sendo possível a cura pelo tempo (convalescimento temporal), bem como a confirmação pelas partes, de forma expressa ou tácita (TARTUCE, Flávio, 2017).

Os vícios legais (art. 32 da Lei nº 9.307/1996) são de ordem material e processual; conforme o caso, relativos à sentença (como instrumento jurídico), ao procedimento e até mesmo anterior a este (no caso da convenção). Existem, pois, elementos internos e externos à arbitragem que podem ensejar o rompimento do laudo (CAHALI, 2020).

A ação declaratória de inexistência seria cabível nos casos de ausência dos elementos mínimos de um ato ou negócio jurídico, como partes, objeto, vontade e forma. Não se olvide que, no âmbito do direito civil, a teoria da inexistência não foi adotada expressamente pela legislação brasileira, nem pelo Código Civil de 1916, nem pelo Código Civil de 2002.

Sobre o inciso I do art. 32 da Lei de Arbitragem, considerada a convenção arbitral um negócio jurídico, estaria então sujeita às hipóteses de nulidade absoluta previstas no art. 166 do Código Civil (CAHALI, 2020).

Nesse contexto, também será nula a sentença arbitral se a parte que celebrou a cláusula arbitral ou o compromisso for absolutamente incapaz, na forma do art. 166, inc. I, do Código Civil Brasileiro. Cite-se, também, a situação em que a convenção de arbitragem foi obtida mediante simulação, na forma do art. 167 do Código Civil Brasileiro de 2002. Vale lembrar que a simulação está presente quando as partes celebram um negócio jurídico que não exprime a verdade dos fatos, havendo uma diferença entre a aparência e a essência.

Mencione-se ainda a denominada cláusula arbitral patológica (defeituosa), que apresenta redação omissa, lacônica ou contraditória, colocando em risco a própria efetivação da arbitragem. Inexistindo clara ilegalidade na redação da cláusula ou dúvidas sobre o afastamento da jurisdição estatal, a interpretação deve buscar, na medida do possível, o salvamento da cláusula compromissória, que nada mais é o princípio da salvação da convenção arbitral, com a solução do litígio pelo juízo arbitral (CAHALI, 2020).

No tocante à nulidade relativa da sentença, é possível anular a convenção arbitral por erro (arts. 138 a 145 do Código Civil Brasileiro), dolo (arts. 146 a 150), coação (arts. 151 a 155), estado de perigo (art. 156) e lesão (art. 157). Apesar da difícil visualização prática, também seria possível reconhecer a sua invalidade por fraude contra credores (arts. 158 a 165 do Código Civil Brasileiro de 2002). A respeito da simulação, como a Lei prevê expressamente a nulidade no art. 167 da codificação material, há o enquadramento no art. 166, inc. VII, primeira parte, do Código Civil Brasileiro (SCAVONE JUNIOR, 2018).

> No entanto, a sentença arbitral não deve ser desconsiderada completamente. Os tribunais devem avaliar as sentenças da arbitragem e os acordos em relação às questões de violações e alívio. Sem criar qualquer tipo de presunção contra o autor no tribunal, o Judiciário deve considerar laudos arbitrais como prova. Um dos problemas com uma doutrina rígida é que indivíduos ou grupos não podem ter o conselho e a assistência de sindicatos amigos ou grupos de direitos civis. Isso deve ser levado em consideração na avaliação de uma sentença arbitral. Dewey, por exemplo, considerou corretamente o fato de que o reclamante era sem advogado no processo de arbitragem. Além disso, uma sentença pode dar ao reclamante menos do que ele tem direito sob o título VII. A legislação para eliminar a discriminação racial era necessária, porque, como uma proposição em geral, poder e sofisticação são combinados contra o discriminado. (GOULD, 1969).[15]

---

[15] Nossa tradução. No original: "Nevertheless, the arbitration award ought not to be disregarded altogether. Courts should evaluate both arbitration awards and settlements in assessing questions of violations and relief. Without creating any kind of presumption against the plaintiff in court, the judiciary should consider arbitration awards as evidence. One of the problems with a rigid election doctrine is that individuals or groups may not have the advice and assistance of friendly unions or civil rights groups. This should be a consideration in the evaluation of an arbitral award. Dewey, for example, properly considered the fact that the grievant was without counsel in the arbitration proceeding". Moreover, an award

A ordem pública agrupa diversas realidades, muitas vezes com raízes históricas diferentes e "que têm confluído à mercê de uma contaminação linguística reforçada pela aproximação recente entre os diversos ordenamentos". De início, há a ideia de ordem pública interna, de origem francesa, "que agrupa as regras injuntivas do ordenamento; ela conflui com parte dos bons costumes alemães, na área em que, na sequência dos estudos básicos de Simitis, se verificou que, ao lado de regras deontológicas e de conduta, eles abrangiam os princípios cogentes do sistema jurídico". Nesta, o autor diferencia: a) a ordem pública lata, "que abrange todas as denominadas leis de polícia, ou seja, normas de tipo público, que escapam à livre disposição das partes", e b) a ordem pública estrita, "relativa às normas mais sensíveis, que os tribunais não podem deixar de aplicar; vai um tanto ao encontro da categoria alemã das *Eingriffsnormen*". Como segunda categoria, a ordem pública processual agruparia as regras de processo, "cuja observância é inalienável; estão em jogo o princípio da arbitrabilidade, o da independência dos árbitros, o da audição, o do contraditório, o da proibição de fraude processual e outros". Há também a ordem pública internacional, de origem canônica: "reanimada, perante os fundamentos do direito internacional privado, ela exprime um conjunto de princípios nacionais que vedam a aceitação interna das decisões estrangeiras, por contrariedade" (MENEZES CORDEIRO, 2015, p. 444). O texto desse autor cita a ordem pública europeia como última modalidade. Obviamente, não serve para a realidade brasileira.

Na ação de anulação, deve-se conhecer de ofício da ofensa à ordem pública (VILAR, 2011, p. 1668).

No curso do processo, o litigante notará que demandar da justiça estatal lhe tomou despesas indiretas, desde a perda de tempo, com atrasos nas audiências, intermináveis entregas de documentos para o andamento do processo, perpassando por toda a burocracia encontrada no sistema processual. Seria o oposto do que ocorre na adoção pela arbitragem, sistema muito menos custoso, mais célere e mais técnico.

---

may give the grievant less than that to which he is entitled under title VII. Legislation to eliminate racial discrimination was necessary, because, as a general proposition, power and sophistication are arrayed against the discriminate". (GOULD, William B. Labor Arbitration of Grievances Involving Racial Discrimination. *University of Pennsylvania Law Review*, v. 118, n. 1, p. 40-68, Nov. 1969. Disponível em: https://www.jstor.org/stable/3311125. Acesso em: 9 dez. 2021).

A arbitragem não é vantajosa em termos absolutos: o será em termos de custo-benefício. É até possível que haja processos judiciais mais caros do que arbitragens, bem como arbitragens a custos absolutamente baixos (CARMONA, 2009).

Por fim, o acesso à justiça por meio da arbitragem, positivada, no ordenamento jurídico por meio da Lei nº 9.307/1996, tem demonstrado ser uns dos meios mais adequados efetivar a celeridade, a técnica, a confidencialidade e principalmente um melhor custo-benefício nas situações de contendas.

Pelas razões já apresentadas, defende-se que a arbitragem é o melhor meio para solução de controvérsias entre sócios e partes que venham a pactuar cláusulas responsáveis por direcionar eventuais conflitos para a jurisdição arbitral, em adoção a nova ordem processual desenvolvida para tratar de assuntos de direitos patrimoniais disponíveis.

O direito não transforma a sociedade, porém a sociedade pode transformar o direito, ou seja, adequar-se à lei moderna. O sistema judiciário brasileiro, atualmente, passa por uma crise social, e a arbitragem configura-se como alternativa à jurisdição.

A seguir, destacam-se alguns julgados que podem demonstrar a efetiva aplicação do sistema arbitral. As decisões deixam claro que a escolha pelos meios extrajudiciais não caracteriza vedação ao acesso ao Poder Judiciário, e podem contribuir sensivelmente pela prática da justiça, atingida de maneira célere e efetiva.

PROCESSO CIVIL. CONVENÇÃO DE ARBITRAGEM. CLÁUSULA COMPROMISSÓRIA. EXTINÇÃO DO PROCESSO SEM RESOLUÇÃO DE MÉRITO. ART. 267, VII, DO CPC. 267 VII CPCI – A CONVENÇÃO DE ARBITRAGEM CONFIGURA CAUSA DE EXTINÇÃO DO PROCESSO SEM RESOLUÇÃO DO MÉRITO, NOS TERMOS DO ART. 267, VII, DO CÓDIGO DE PROCESSO CIVIL, AFASTANDO, POIS, OBRIGATORIAMENTE, A SOLUÇÃO JUDICIAL DO CONFLITO. 267 VII CÓDIGO DE PROCESSO CIVIL II – NEGOU-SE PROVIMENTO AO RECURSO. (DISTRITO FEDERAL, 2012).

ARBITRAGEM – AÇÃO DE CUMPRIMENTO DE OBRIGAÇÃO DE FAZER – EXECUÇÃO ESPECÍFICA DE CLÁUSULA ARBITRAL – ART. T DA LEI Nº 9.307/96 – RESISTÊNCIA DA OUTRA PARTE CONTRATANTE À INSTITUIÇÃO DA ARBITRAGEM, PREVISTA NO CONTRATO COMO MODO ALTERNATIVO DE SOLUÇÃO DOS LITÍGIOS DECORRENTES DA RELAÇÃO CONTRATUAL

– INEXISTÊNCIA DE CONEXÃO COM AÇÃO ANULATÓRIA DOS CONTRATOS FIRMADOS ENTRE AS PARTES – PEDIDOS E CAUSAS DE PEDIR DIVERSOS – QUESTÃO DA VALIDADE DO NEGÓCIO SUBJACENTE QUE NÃO SE REVELA PREJUDICIAL À EXECUÇÃO DA CLÁUSULA COMPROMISSÓRIA – AUTONOMIA DA CLÁUSULA COMPROMISSÓRIA ESTABELECIDA NO ART. 80 DA LEI Nº 9.306/97 – JUÍZO A QUO COMPETENTE PARA APRECIAÇÃO DA MATÉRIA – PROCEDIMENTO JUDICIAL DO ART. 7o DEVIDAMENTE OBSERVADO – PARTE RÉ CITADA PARA A AUDIÊNCIA, COM OFERECIMENTO DE OPOSIÇÃO À INSTALAÇÃO DA ARBITRAGEM – EVENTUAIS VÍCIOS DE NULIDADE SANADOS COM O OFERECIMENTO DA RESPOSTA EM AUDIÊNCIA – INEXISTÊNCIA DE PREJUÍZO A ENSEJAR A ALEGADA NULIDADE DO PROCESSO JUDICIAL – IMPROCEDÊNCIA DA RESISTÊNCIA À INSTITUIÇÃO DA ARBITRAGEM, INCLUSIVE JÁ ULTIMADA – SENTENÇA CONFIRMADA. 9.307809.30670. Recurso desprovido. (SÃO PAULO, 2011). PROCESSO CIVIL. JUÍZO ARBITRAL. CLÁUSULA COMPROMISSÓRIA. EXTINÇÃO DO PROCESSO. ART. 267, VII, DO CPC. SOCIEDADE DE ECONOMIA MISTA. DIREITOS DISPONÍVEIS. 1. Cláusula compromissória é o ato por meio do qual as partes contratantes formalizam seu desejo de submeter à arbitragem eventuais divergências ou litígios passíveis de ocorrer ao longo da execução da avença. Efetuado o ajuste, que só pode ocorrer em hipóteses envolvendo direitos disponíveis, ficam os contratantes vinculados à solução extrajudicial da pendência. 2. A eleição da cláusula compromissória é causa de extinção do processo sem julgamento do mérito, nos termos do art. 267, inciso VII, do Código de Processo Civil. 3. São válidos e eficazes os contratos firmados pelas sociedades de economia mista exploradoras de atividade econômica de produção ou comercialização de bens ou de prestação de serviços (CF, art. 173, §1º) que estipulem cláusula compromissória submetendo à arbitragem eventuais litígios decorrentes do ajuste. 4. Recurso especial provido. (BRASIL, 2007).

CONSTITUCIONAL, CIVIL E PROCESSO CIVIL – MANDADO DE SEGURANÇA – AGRAVO – PRINCÍPIO DA LEALDADE PROCESSUAL – DECISÃO DE RELATOR CONCESSIVA DE LIMINAR – RECURSO CABÍVEL – EXECUÇÃO – INTERLOCUTÓRIAS – CARTA DE SENTENÇA – CONTRATO DE INTERCONEXÃO – CONVENÇÃO DE ARBITRAGEM – LIMITES – ACESSO AO PODER JUDICIÁRIO – MEDIDAS URGENTES – PROTEÇÃO À ORDEM ECONÔMICA – SERVIÇO DE TELEFONIA – INTERVENÇÃO DO MINISTÉRIO PÚBLICO – 1. Malfere o princípio da lealdade processual a conduta da parte que apresenta agravo, devidamente recebido com efeito suspensivo, e, contra a mesma decisão, oferece, ato contínuo, mandado de segurança, alegando a impertinência daquele. 2. Constitui atribuição do relator decidir pedidos liminares – Aí incluídos os de antecipação de tutela – E zelar pelo cumprimento das decisões interlocutórias, não se confundindo a possibilidade de delegar atribuições a juízo inferior com a obrigação de ser expedida carta de sentença. Inteligência do artigo 68, incisos II, III e XIX, do regimento interno do TJDFT. 3. Lícito ao relator suspender o cumprimento de decisão liminar por ele mesmo proferida, até o pronunciamento do colegiado sobre o mérito do agravo interposto, o que autoriza, em caráter excepcional, o conhecimento desse recurso. Compatibilização do artigo 219, do regimento interno do TJDFT, ao disposto pelo artigo 558, do Código de Processo Civil. 4. Tutela antecipatória dos efeitos da sentença de mérito é providência de natureza mandamental, efetivada mediante execução latu sensu, com o objetivo de entregar ao requerente, total ou parcialmente, a própria pretensão deduzida ou os seus efeitos. Dispensável, por isso, a extração de carta de sentença para executar-se o decisório objeto da antecipação, ainda porque não fez o legislador qualquer referência aos artigos 575, 589 e 590 do Código de Processo Civil. 5. Ausente do sistema arbitral a figura das providências cautelares e antecipatórias de tutela, pertinente a análise, pelo Poder Judiciário, de pedido fundado em lesão ou ameaça de lesão. E perde relevo o debate sobre a indisponibilidade desse direito quando, no contrato de interconexão celebrado entre as partes, encontram-se cláusulas admitindo o referido acesso para apreciar medidas urgentes e as que versem sobre a Lei de proteção à ordem econômica. 6. Cuidando-se a causa de desrespeito à ordem pública sob o aspecto econômico, pois capaz, em tese, de implicar desorganização do sistema de telefonia do país, imperativo que se dê ciência do feito ao ministério público, para implemento das medidas de sua alçada. Inteligência do artigo 21, inciso V, da Lei nº 8.884/94. Agravo regimental não provido. Maioria. Vencido parcialmente o segundo vogal. (DISTRITO FEDERAL, 2002).

Conforme os argumentos descritos, a arbitragem é o meio adequado para a decifração da arrelia, tendo em vista, em especial, sua celeridade, confidencialidade e especialidade do árbitro, entre outras questões.

Do ponto de vista trabalhista, não há dúvidas de que figura, com a Lei nº 9.307/1996, uma forma adequada de solução de conflitos entre empregados e empregadores. Devem ocorrer apenas alguns ajustes para sua aplicação, os quais serão abordadas no capítulo 3, mas que são totalmente possíveis, em nome do bem maior, ou seja, para a melhoria na solução de conflitos da sociedade.

2.3.8 Análise dos procedimentos das arbitragens nas maiores câmaras arbitrais do Brasil

Neste tópico, propõe-se um comparativo entre as maiores câmaras arbitrais do Brasil, quanto a seus procedimentos e suas formas de resolução dos embates, tendo como fonte a Leaders League (2021). Dessa fonte foram extraídas as informações que constam nas tabelas, como apêndice, que seguem ao final deste livro, com o paralelo realizado das referidas câmaras. Como consequência deste trabalho, há o aprendizado e o conhecimento para que possa ser adotado pelas partes, de forma específica, desenvolvendo um procedimento próprio, arbitral, para cada caso apresentado.

A importância do tema é demonstrar a experiência da arbitragem, de forma empírica, assim como conhecer os valores envolvidos nelas. Nesse sentido, a aplicação da arbitragem nas cinco principais câmaras do Brasil movimentou, desde 2005 até 2010, o valor de R$4,9 bilhões, sendo considerado o método de solução dos litígios mais acertado para médias e grandes empresas: "Cerca de R$2,4 bilhões foram envolvidos em casos solucionados por meio da arbitragem no Brasil no ano passado. No ano anterior, o número ficou em R$867 milhões, segundo levantamento do Comitê Brasileiro de Arbitragem (CBAr). A arbitragem se tornou modalidade de resolução de controvérsias adequada para médias e grandes empresas", diz Adriana Braghetta, presidente do CBAr. Desde 2005, quando o levantamento começou a ser feito, as câmaras registraram o valor de R$4,9 bilhões em 286 procedimentos (CUNHA; KIANEK; COELHO, 2010).

Vale ressaltar, também, que o Brasil possui algumas câmaras especializadas na aplicação dos métodos alternativos de solução de conflitos, como é o caso da mediação e da arbitragem. A exemplo, pode ser citado o Centro de Arbitragem e Mediação (CAM), criado em 1979 por um grupo de advogados e professores da Faculdade de Direito da Universidade de São Paulo, com apoio da Câmara de Comércio Brasil-Canadá (CCBC, 2021).

A CCBC trata-se de organização independente e sem fins lucrativos, sustentada pelo setor privado, visando expandir as relações de comércio e os investimentos entre empresas privadas situadas no Brasil e no Canadá, como o intercâmbio cultural e tecnológico entre os dois países, sendo a instituição que contribuiu significativamente para a criação do CAM (CCBC, 2021).

Mais um exemplo que pode ser mencionado é a Câmara de Conciliação, Mediação e Arbitragem Ciesp/Fiesp, instituída em 1995, pelo Centro de Indústrias do Estado de São Paulo (Ciesp) e pela Federação das Indústrias do Estado de São Paulo (Fiesp), tendo por propósito administrar conciliações, mediações e arbitragens de natureza patrimonial, que versem sobre direitos passíveis de autocomposição, bem como prestar assessoria no desenvolvimento dos procedimentos (CIESP, 2021).

Outro órgão que busca a resolução de conflitos por meio de arbitragem, mediação, conciliação, negociação, Dispute Boards, entre outros é o Centro de Arbitragem e Mediação AMCHAM, vinculado à Câmara Americana de Comércio para o Brasil – São Paulo, criado no ano de 2000, com sede na cidade de São Paulo, o qual está autorizado a se filiar ou concluir acordos de colaboração com outras entidades brasileiras ou situadas no exterior.

Vale ressaltar, também, a existência do Conselho Nacional das Instituições de Mediação e Arbitragem (Conima), que se trata de órgão que possui representatividade nacional, da mesma maneira como meta primordial a de congregar e representar as entidades que optem pelo uso da mediação e arbitragem, visando assegurar excelência na atuação, bem como garantir o desenvolvimento e a credibilidade dos métodos extrajudiciais de solução de controvérsias, sempre com respaldo nas normas técnicas e na ética (CONIMA, 2021).

Sendo assim, é possível certificar-se da existência de diversas câmaras e instituições brasileiras, que têm por objetivo fomentar e contribuir para melhoria na utilização dos métodos alternativos de resolução de demandas, podendo, ainda, ser apontadas, a título de conhecimento, algumas como: Câmara FGV de Conciliação e Arbitragem, Câmara de Mediação e Arbitragem das Eurocâmaras (CAE), Câmara de Arbitragem, Conciliação e Mediação CIERGS/FIERGS-CAMERS, Arbitrac Câmara de Mediação e Arbitragem, entre diversas outras (MEDEIROS NETO, 2019).

Nessa linha, em que pese às arbitragens convencionais terem ganhado destaque como meio eficaz de solução de conflitos fora do âmbito judicial, por muitos, ainda são vistas como procedimento restrito e inviável, em razão, essencialmente, dos custos envolvidos e até mesmo da duração do procedimento, em muitos casos se estendendo mais que o esperado. Isso porque, apesar da expectativa de soluções mais ágeis, o prazo de duração de uma arbitragem convencional, a depender do grau de complexidade, necessita de produção de provas, podendo tornar o procedimento vantajoso se comparado à jurisdição estatal. Assim, visando à ampliação do alcance da arbitragem e à celeridade do procedimento, uma das maiores e mais respeitadas câmaras de arbitragem do país, o CAM-CCBC, editou e aprovou, em 1º de fevereiro de 2021, o regulamento de uma nova modalidade de arbitragem (já em vigor): a arbitragem expedita (FIGUEIREDO; DANTAS, 2021).

Pelo estudo dos regulamentos de cada câmara, ficou evidente a busca pelas câmaras da arbitragem expedita (mais célere), de forma a resolver a discórdia, conforme as tabelas comparativas que constam como apêndice, com as características de cada câmara citada. Com certeza, o que fica claro no escopo das câmaras é demonstrar um julgamento que esteja de acordo com as expectativas das partes do ponto de vista de prazo para a solução da lide.

Fazendo a análise das câmaras, conforme os apêndices (A, B e C), que estão ao final deste livro, salta aos olhos o comparativo dos regulamentos das câmaras arbitrais com maior atuação no Brasil, com diversas omissões a pontos que poderiam trazer ao processo maior celeridade. Dentre os mais importantes, cite-se a omissão da medida de urgência em CAM-CCBC "expedita", CIESP/FIESP "expedita" e Câmara FGV. Da mesma maneira, não contêm o prazo para a prolação da sentença, que na média é de 60 dias, e na Corte Internacional de Arbitragem (CCI) dura 6 meses até a decisão.

Nesse contexto, o que prejudica sobremaneira o procedimento é que não existe um prazo para a instrução do processo, com exceção da CAM-CCBC "expedita", cujo extenso prazo é de 10 meses apenas para instrução.

Mais um detalhe, que confirma a tese, é a utilização da arbitragem na área trabalhista pela CAM-AMCHAM e pelo Centro Brasileiro de Mediação e Arbitragem (CBMA). Isso demonstra que existe um grande campo de trabalho nessa área, tendo em vista que, uma vez respeitados os pressupostos legais, os termos estão sendo aceitos pelos tribunais trabalhistas, mesmo que de forma cautelosa, mas desde que fique evidente que o árbitro ou a arbitragem respeitem a legislação vigente.

Voltando aos apêndices (A, B e C) do presente livro, estes trazem o comparativo das câmaras que têm uma atuação muito forte na prática e demonstra que o objetivo de celeridade é o escopo de todas essas câmaras.

Conclui-se que, às câmaras acima descritas, de forma clara, fica evidente que o principal objetivo é a resolução da desarmonia de forma célere. Igualmente, tentam se adequar ao problema apresentado, especificando a melhor forma para que a solução seja obtida.

O aprendizado que fica, com este trabalho prático, de pesquisa com as câmaras, ora apresentado, é que cada procedimento deverá ser adotado/criado pelas partes no momento da celebração ou no curso do contrato de trabalho, para que se possa adequar a melhor maneira de decifração da discórdia, em virtude do caso específico. Guardadas as devidas proporções e assegurando os direitos que foram pactuados, não se pode utilizar um mesmo sistema procedimental para cargos totalmente díspares numa empresa, a exemplo de altos executivos.

Cada contenda detém de sua especificidade, e cada situação irá depender e muito de apurações específicas e metas atingidas para que se possa criar um procedimento condizente com o que se espera pelos envolvidos.

A aplicação da Lei de Arbitragem, mas com procedimentos específicos para cada fato existente, que respeitem num primeiro plano a justiça, a celeridade e as normas que foram determinadas pelas partes, será uma evolução para a solução de conflitos de uma forma mais equânime. Esse ponto será abordado no capítulo 3, especialmente quando defender a tese da aplicação da arbitragem nas rescisões contratuais, pela ausência do princípio da irrenunciabilidade pós-contrato, da mesma maneira que a alteração do artigo 507-A da CLT, para que o referido artigo seja aplicado nas relações de emprego, independentemente do salário. Ainda, defenderá a ampliação dos poderes do árbitro para a efetiva aplicação da arbitragem e, por fim, a criação de varas judiciais específicas para anular ou executar acordos ou sentenças arbitrais viciadas.

Antes, serão abordadas as vantagens da arbitragem na seara trabalhista.

2.3.9 As vantagens a arbitragem e a sua utilização nas relações de trabalho

Saliente-se que, na área trabalhista, a aplicação da arbitragem poderá trazer situações favoráveis aos envolvidos. Analisando a Lei nº 9.307/1996, pode-se destacar algumas delas.

Ultrapassada a fase de averiguação se houve o efetivo exercício da autonomia privada, e tendo-se constatado que as cláusulas pactuadas no contrato de trabalho não são eivadas de vício de consentimento, se admitido como legal esse tipo de restrição de direitos, cabe analisar um dos meios extrajudiciais de lides, maior inovação trazida pela mudança trabalhista, a arbitragem como meio de solução extrajudicial de conflitos no direito individual do trabalho (SANTOS, Dione; BARROS, Renato, 2018).

A fim de demonstrar a importância dessa discussão, os dados da pesquisa realizada para o Comitê Brasileiro de Arbitragem (CBAr), em relatório elaborado por André de Albuquerque Cavalcanti Abbud (2011, p. 11), aponta, em primeiro lugar, com 37%, que a principal vantagem da utilização da arbitragem é a celeridade (tempo) para obtenção de uma solução definitiva; em segundo, com 27%, o caráter técnico e a qualidade das decisões; e, por fim, em terceiro lugar, com 10%, a possibilidade de indicar ou participar da escolha do árbitro.

Para não deixar dúvidas, o procedimento arbitral é detentor de máxima confiabilidade, com respaldo legal, propriamente na Lei nº 9.307/1996, a qual dispõe sobre as limitações para atuação dos árbitros, além das garantias processuais das partes, com a previsão, ainda, de hipótese de ação anulatória das sentenças arbitrais, o que permite o controle, em alguma medida, pelo Poder Judiciário, fortalecendo ainda mais o instituto, sua aplicação e confiabilidade (GABBAY; ALVES; LEMES, 2009, p. 69).

Recorta-se uma pesquisa promovida pela Fundação Getúlio Vargas, que concluiu que o alto grau de confiabilidade do procedimento arbitral considera: a) o número expressivo quanto ao cumprimento voluntário das sentenças arbitrais; e b) o número considerado mínimo de invalidação da sentença arbitral. Nessa pesquisa, das 678 decisões relativas à aplicação da Lei nº 9.307/1996 (desconsiderando 112 decisões do Tribunal de Justiça de Goiás), houve invalidação de sentenças arbitrais em apenas 14 casos (GABBAY; ALVES; LEMES, 2009, p. 65-69).

Pelo exposto, sabe-se que a arbitragem surgiu no ordenamento jurídico brasileiro com a Lei nº 9.307/1996, com o fito de assegurar às partes garantias processuais mínimas, por exemplo, as participações ativas com a escolha do árbitro imparcial, bem como o respeito aos princípios constitucionais (ANDRIGHI, 1996, p. 23).

Somente por esse motivo, caberia aos operadores do direito utilizar mais desse instituto, conferindo maior credibilidade à arbitragem, principalmente por apresentar uma superioridade tanto na qualidade nas sentenças arbitrais quanto na formação especializada dos árbitros, o que reduz, consideravelmente, o número de erros nas decisões arbitrais (PUGLIESE; SALAMA, 2008, p. 8-9).

Especialmente nesse momento tão delicado que o mundo vive, pós-pandemia, de mudança, é necessário olhar objetivamente para o instituto e valorizar as vantagens para as partes, podendo até mesmo ser encarado como instrumento de desenvolvimento social, com real diminuição de litigância. Nessa linha, Dallegrave Neto (2018, p. 176), assinala assertivamente que:

> [...] a arbitragem, enquanto técnica de solução de litígios, pode se revelar mais vantajosa às partes quando comparada com os novos percalços introduzidos na Justiça do Trabalho pela malsinada Reforma Trabalhista. Para tanto, importa que os operadores do Direito superem seus preconceitos e desconfianças, descortinando uma possibilidade célere, segura e adequada aos novos tempos pós-modernos.

No mesmo sentido, Guilherme Amaral (2018) complementa que a arbitragem na seara trabalhista contribuiria "para uma melhor distribuição de justiça. Celeridade, especialidade, busca de verdade real e desideologização da justiça são apenas alguns de tantos benefícios que o uso da arbitragem pode trazer".

Para que não exista perda do foco do estudo, evidente que os direitos trabalhistas possuem caráter de ordem pública; contudo, pelo crescente aumento dos instrumentos de negociação coletiva, houve uma considerável diminuição do princípio da irrenunciabilidade, diante da flexibilidade prevista no texto constitucional quanto à possibilidade de redução de jornada e de salário prevista no art. 7º. Isso faz com que se possa sustentar que não há indisponibilidade absoluta de direitos nesses casos (DISSENHA, 2017, p. 154-155).

Ratificando o que já foi debatido anteriormente, mas para dar maior ênfase aos argumentos aqui expostos, levanta-se a hipótese de que o argumento da indisponibilidade dos direitos trabalhistas não subsiste, haja vista que alguns direitos são suscetíveis de apreciação econômica e, por apresentarem conteúdo econômico e não representarem um padrão civilizatório mínimo, é plenamente admissível a transação desses direitos (ROQUE, André, 2014).

Sobre as vantagens da arbitragem no direito do trabalho, existe a pacificação efetiva do conflito, tendo em vista que, por ser uma escolha de forma livre entre as partes, consequentemente existe a intenção de honrar aquilo que foi acordado. Uniformemente a esse pensamento, existe a visão moderna e evolução pessoal, que nada mais são do que reflexo do amadurecimento da sociedade. Existe ainda a possibilidade de redução de conflituosidade, tendo em vista que as partes poderão escolher o procedimento a ser adotado. Por fim e, não menos importante, ocorrendo a aplicação do instituto da arbitragem, é propensa a manutenção ou recuperação do relacionamento entre as partes, o que muitas vezes não acontece no processo judicial convencional (FLENIK, 2009).

Tânia Almeida, ao ponderar sobre a aceitação da arbitragem na esfera trabalhista, afirma que:

> A arbitragem na seara trabalhista é algo novo e que provocará ainda muita discussão. A visão de ser transposta para que possa haver aplicação da arbitragem nos dissídios individuais, uma vez que as comissões são permitidas não há razão justificadora para negar que o direito arbitra poderia auxiliar e muito a justiça trabalhista, principalmente agora, após a Emenda Constitucional nº 45, que ampliou significativamente a competência da justiça trabalhista. (ALMEIDA, 1996, p. 4).

Pamplona Filho acrescenta que:

> [...] talvez já seja a hora de assumir, sem hipocrisias, que os direitos trabalhistas talvez não sejam tão irrenunciáveis assim, mas a própria possibilidade da conciliação judicial por valores menores do que o efetivamente devido já demonstra a real disponibilidade na prática (e com a chancela judicial). (PAMPLONA FILHO, 1998, p. 13).

Para Serpa (1999, p. 1), "[...] a última decisão do TST sobre o tema inclusive, permite a utilização da arbitragem para homologação de rescisão.

Sobre a arbitragem expedita, saliente-se que será utilizada, neste trabalho, a que consta na International Centre for Dispute Resolution Case Filing Services (ICDRCFS, 2021), em que a arbitragem expedita faculta às partes um procedimento simplificado e célere, concebido para reduzir a duração e o custo da arbitragem. Quando as partes optarem pela aplicação da arbitragem expedita, a despeito do valor em disputa, podem considerar a seguinte cláusula:

> Qualquer disputa decorrente ou relacionada a este contrato ou ao seu descumprimento será resolvida por arbitragem administrada pelo Centro Internacional de Resolução de Disputas, em conformidade com o Regulamento de Arbitragem Internacional Expedita.

As características da arbitragem internacional expedita puramente são: as partes podem optar pela aplicação da arbitragem expedita em casos de qualquer magnitude; os requisitos para instauração são mais objetivos; o procedimento é célere para a indicação de árbitro, com participação das partes; os árbitros são nomeados a partir de uma lista com nomes de profissionais experientes e com disponibilidade para atuação imediata; é realizada conferência telefônica preparatória com o árbitro, as partes e seus procuradores; existe a presunção de que casos com valor inferior a $ 100,000 serão decididos apenas com base em documentos; há definição de um cronograma célere e, caso designada audiência, limite de dias para sua duração; a sentença deve ser proferida em 30 dias corridos a contar do término da audiência ou da data estabelecida para a apresentação de alegações finais ou últimas provas pelas partes (ICDRCFS, 2021).

Nota-se que muitas melhorias extraordinárias já foram registradas e podem ser atribuídas à utilização da arbitragem como solução rápida da pugna, sendo necessário apenas desenvolver estratégias que possibilitem a sua maior aplicação.

> Para entender a arbitragem trabalhista, deve-se perceber sua complexa relação com outros aspectos da negociação coletiva. Por meio dela, as partes continuam e refinam suas negociações. Seus acordos assumem um significado mais preciso, e as questões não tratadas durante as negociações formais são resolvidas de forma que possam reconhecer seus interesses e suas prioridades. Esse processo é aprimorado pelo sistema de seleção privada de árbitros. Os aspectos privados do processo tornam os árbitros menos capazes do que os juízes de facilitar o acordo pré-litígio, mas isso é relativamente sem importância porque o acordo é alcançado pelas etapas inferiores do sistema de reclamações (GETMAN, 1979).[16]

---

[16] Nossa tradução. No original: "To understand labor arbitration, one must understand its complex relationship with other aspects of collective bargaining. Through labor arbitration the parties continue and refine their bargaining. Their agreement takes on a more precise meaning, and issues not dealt with during formal negotiations are resolved in a way likely to recognize their interests and priorities. This process is enhanced by the system of private selection of arbitrators. The private aspects of the process make arbitrators less able than judges to facilitate prelitigation settlement, but this is relatively unimportant because settlement is achieved through the lower steps of the grievance system". (GETMAN, Julius G. Labor Arbitration and Dispute Resolution. *The Yale Law Journal*, v. 88, n. 5, p. 916-949, Apr. 1979. Disponível em: https://www.jstor.org/stable/795823. Acesso em: 8 dez. 2021).

Um aspecto importante para aplicação da arbitragem na área trabalhista é justamente a adaptação às realidades regionais, e ter muitas opções no momento de proferir um julgamento faz com que este se torne mais justo e real (FLENIK, 2009).

No que toca especialmente à área trabalhista, merece realce o atributo da rapidez. Enquanto uma causa trabalhista demora de cinco a sete anos para ter o desfecho na Justiça do Trabalho, pela via da arbitragem poderá ser solucionada de três a cinco meses. Pelo menos isso é o que demonstra a prática (MAGANO, 2005).

Resta agora conscientizar a população, bem como magistrados e advogados, na tentativa de se obter uma maior utilização da arbitragem, para que com isso se consiga pelo menos diminuir a crise que assola o Judiciário, inclusive o trabalhista, oportunizando aos cidadãos um desenlace mais célere da cizânia apresentada e um maior acesso à justiça, nos moldes que serão abordados no capítulo 3, que segue.

CAPÍTULO 3

APLICAÇÃO DA ARBITRAGEM COM A LEGISLAÇÃO ATUAL NAS RESCISÕES DO CONTRATO, SUA POSTERIOR ALTERAÇÃO, RELAÇÃO DA CLÁUSULA CONTRATO-PROCEDIMENTO (*VERTRAGS-VERFAHREN*) E A EXECUÇÃO DO ACORDO OU SENTENÇA ARBITRAL EM VARAS ESPECIALIZADAS

Com o intuito de oferecer uma condição prática à arbitragem na seara trabalhista (tanto para relação de emprego, como para de trabalho), abordar-se-ão situações em que essa ferramenta poderá ser aplicada em conformidade com a legislação atual, sem qualquer tipo de mudança, porém, aprofundando o instituto e adequando-se às necessidades dos envolvidos. No que concerne às relações obreiras, defende-se a alteração da lei, para amplitude da arbitragem.

Importante iniciar destacando que o discurso jurídico molda as crenças sobre as experiências e capacidades da espécie humana, as concepções de justiça, liberdade e realização, e as visões do futuro. As crenças ensinam como as pessoas aprendem e tratam a si mesmas e aos outros, como passa-se a ter valores e como pode-se construir as instituições governantes. Nesses aspectos, o discurso jurídico se assemelha a todas as outras formas de interação simbólica sistematizada. A peculiaridade do discurso jurídico é que ele tende a restringir a imaginação política e a induzir a crença de que os arranjos e as instituições sociais em evolução são justos e racionais, ou pelo menos inevitáveis e, portanto, legítimos. O modus operandi do direito como ideologia legitimadora é fazer o historicamente contingente parecer necessário. A função do discurso jurídico na cultura é negar o acesso a novos modos de conceber a autogovernança democrática, da capacidade e experiência de liberdade. O discurso jurídico inibe a percepção que se tem sobre o poder de alterar e abolir os padrões existentes de dominação e negação do potencial humano. (KLARE, 1982).[17]

Ao prefaciar uma de suas mais conhecidas obras, o professor Alain Supiot destacou que a razão humana não é jamais um dado imediato da consciência, sendo antes um produto de instituições que permitem que cada homem assegure sentido à sua existência, encontre um lugar na sociedade e lá possa expressar seu próprio talento. O papel das instituições e dos institutos de direito do trabalho, que cuidam da relação empregado/empregador nos países capitalistas, é inegável (ALVARENGA; BOUCINHAS FILHO, 2013). No presente livro, o foco é justamente este, citado pelo ilustre autor, tendo em vista que o que se busca é uma forma de solução de eventuais confrontações entre as partes, de forma célere, assegurados os direitos dos envolvidos.

No Brasil, no momento histórico atual, a despeito da crise econômica ter feito sentir os seus efeitos mais tardiamente, acabou sendo acompanhada por uma crise política, que culminou com o impeachment, em agosto de 2016. Na sequência, a posse do vice-presidente, Michel Temer, com uma plataforma de governo totalmente voltada para o mercado, conseguiu recuperar os indicadores econômicos do país (DIAS, Jefferson; SERVA, Fernanda, 2019).

---

[17] Nossa tradução. No original: "Legal discourse shapes our beliefs about the experiences and capacities of the human species, our conceptions of justice, freedom and fulfillment, and our visions of the future. It informs our beliefs about how people learn about and treat themselves and others, how we come to hold values, and how we might construct the institutions through which we govern ourselves. In these respects, legal discourse resembles all other forms of systematized symbolic interaction. The peculiarity of legal discourse is that it tends to constrain the political imagination and to induce belief that our evolving social arrangements and institutions are just and rational, or at least inevitable, and therefore legitimate. The modus operandi of law as legitimating ideology is to make the historically contingent appear necessary. The function of legal discourse in our culture is to deny us access to new modes of conceiving of democratic self-governance, of our capacity for and the experience of freedom. Legal discourse inhibits the perception that we have it in our power to alter and abolish existing patterns of domination and denial of human potential". (KLARE, Karl E. The Public/Private Distinction in Labor Law. *University of Pennsylvania Law Review*, v. 130, n. 6, p. 1.358-1.422, Jun. 1982. Disponível em: https://www.jstor.org/stable/3311975. Acesso em: 9 dez. 2021).

Diante do momento econômico atual, propõe-se dizer algo sobre três questões persistentes e interdependentes: primeiro, o sistema de arbitragem é especialmente vulnerável a pressões que são incompatíveis com um mecanismo de solução de controvérsias justo e imparcial? Em segundo lugar, qual é o papel apropriado dos tribunais em ações que contestam uma sentença como totalmente incompatível com o acordo aplicável? Terceiro, qual é o papel adequado do árbitro com relação a questões estatutárias ou políticas que estão emaranhadas com questões relativas à interpretação do acordo coletivo de trabalho? (MELTZER, 1967).[18]

Analisando os textos legais, vê-se que o legislador achou pertinente permitir que empregados individuais qualificados gozassem de maior autonomia negocial e adotassem a via arbitral como forma de solução de litígios. Ressalte-se que este também parece ter sido o racional da tentativa de mutação da Lei de Arbitragem de 2015, no que concerne à arbitragem trabalhista, que, ao incluir a possibilidade de adoção por determinados trabalhadores, circunscreveu qual grupo teria esse direito (GEMIGNANI, Daniel; GEMIGNANI, Tereza, 2018, p. 11).

É importante destacar a possibilidade que as partes de um dissídio individual de trabalho têm de escolher a arbitragem (POMBO, 2018).

Não resta dúvida de que arbitragem, como nova possibilidade para os dissídios individuais do trabalho, poderá ser bem aproveitada pelas partes, sobretudo pela celeridade, pelo rigor técnico e pela confidencialidade que o instituto propicia (GARCIA, Phelippe, 2018).

Após os argumentos descritos, cumpre ressaltar que a sociedade necessita de uma nova forma de resolução das lides. Nesse ínterim, a arbitragem vem ao encontro dos anseios daqueles que dependem de uma forma eficaz de solução dos conflitos apresentados.

A seguir, serão demonstradas: a aplicação da Lei nº 9.307/1996, imediatamente nas hipóteses de rescisão do contrato de trabalho; a alteração da lei, como forma complementar, a fim de ampliar a aplicação

---

[18] Nossa tradução. No original: "I propose to say something about three persistent and interdependent questions: First, is the arbitration system especially vulnerable to pressures that are incompatible with a fair and even-handed dispute-settling mechanism? Second, what is the appropriate role of the courts in actions challenging an award as wholly incompatible with the governing agreement? Third, what is the proper role of the arbitrator with respect to statutory or policy issues that are enmeshed with issues concerning the interpretation of the collective bargaining agreement?" (MELTZER, Bernard D. Ruminations about Ideology, Law, and Labor Arbitration. *The University of Chicago Law Review*, v. 34, n. 3, p. 545-561, Spring 1967. Disponível em: https://www.jstor.org/stable/1598847. Acesso em: 10 dez. 2021).

desse instituto para as partes, da mesma maneira que conceder ao árbitro maiores poderes, especialmente nas tutelas de urgência; e, por derradeiro, a criação de novas varas no Judiciário, a fim de acolher eventuais nulidades ou execuções de títulos executivos criados pelas câmaras ou árbitros, com a proposta de uma nova legislação.

3.1 Aplicação prática da arbitragem com a legislação atual, nas hipóteses de rescisão do contrato de trabalho e mudança legislativa a fim de ampliar o instituto

Neste ponto, serão abordados dois aspectos que poderão ser aplicados na comunidade acerca da arbitragem nas relações de trabalho/emprego. O primeiro é a possibilidade de utilização da arbitragem em todos os contratos de trabalho, independentemente do valor do salário, após a rescisão do pacto laboral, pois nesse momento não há mais a aplicação do princípio da irrenunciabilidade.

Num segundo entendimento, defende-se a mudança do artigo 507-A da CLT, para que possa ampliar o instituto da arbitragem para as relações de trabalho/emprego e não apenas para o hipersuficiente, como ocorre atualmente.

Será dado início, estritamente, à análise da Lei nº 9.307/1996. Em seu artigo 1º, dispõe que as partes capazes poderão valer da arbitragem para dirimir liças relativas aos direitos patrimoniais disponíveis.

Acerca do referido tema, como forma de comparação de regras, o artigo 852 do Código Civil de 2002 prevê ser vedado o compromisso (arbitral) para a solução de questões de estado, de direito pessoal de família e de outras que não tenham caráter estritamente patrimonial. Nesse contexto, consoante o artigo 11 do Código Civil de 2002, com exceção dos casos previstos em lei, os *direitos da personalidade* são intransmissíveis e irrenunciáveis, não podendo o seu exercício sofrer limitação voluntária (MEDINA, 2016). Consequentemente, esse instituto é cabível para as demais situações, conforme a Lei nº 9.307/1996, inclusive a trabalhista.

É importante ressaltar e colocar em prática que o microssistema trabalhista não pode ser entendido de forma isolada e tampouco autônoma, pois o "Direito do Trabalho deve voltar-se para os institutos de

Direito Civil que sejam compatíveis com seus objetivos e na proposta de concretização de valores constitucionais" (VIEIRA, 2012, p. 32-33). Utilizando essa mesma ideia, do mesmo autor, o artigo 840 do Código Civil de 2002 dispõe ser lícito aos interessados prevenirem ou terminarem o litígio mediante concessões mútuas. Apenas quanto a *direitos patrimoniais de caráter privado* é que se permite a transação (art. 841 do Código Civil de 2002). Os direitos trabalhistas, tanto individuais como coletivos, normalmente são patrimoniais (ainda que quanto aos efeitos) e também admitem a transação, por meio de negociação coletiva de trabalho (art. 114, §1º, da Constituição da República), de mediação (art. 11 da Lei nº 10.192/2001) e de conciliação, esta última tanto na esfera judicial (arts. 764, 831, 846, 852-E, 850 e 860 da CLT) como no âmbito extrajudicial (arts. 625-A a 625-H da CLT, acrescentados pela Lei nº 9.958/2000, versando sobre as Comissões de Conciliação Prévia) (GARCIA, Gustavo, 2016).

A relação de negociação coletiva e o acordo coletivo dão poder considerável às sentenças arbitrais. De maneira principal, eles fornecem os padrões substantivos a serem aplicados para tornar os resultados aceitáveis para as partes. Porque ambos os lados desenvolvem um forte interesse no bom funcionamento do processo, laudos arbitrais são rotineiramente obedecidos e raramente desafiados. As outras disposições do acordo servem para proteger a integridade do processo. Porque eles limitam discrição gerencial, e tornam difícil minar o impacto de um prêmio desfavorável por meio de retaliação. (GETMAN, 1979).[19]

Efetivamente que isso se aplica de forma irrestrita na legislação pátria, conforme própria determinação do artigo 114 da CF/88.

Atualmente, a Lei nº 13.467/2017 traz em seu texto uma prevalência pela interferência mínima do Judiciário, priorizando as negociações coletivas e proporcionando, de certa forma, mais espaço para os sindicatos, com aumento da flexibilização das normas trabalhistas.

---

[19] Nossa tradução. No original: "The collective-bargaining relationship and the collective agreement give considerable power to arbitration awards. Primarily they provide the substantive standards to be applied and make the results acceptable to the parties. Because both sides develop a strong interest in the smooth functioning of the process, arbitration awards are routinely obeyed and infrequently challenged. The other provisions of the agreement serve to protect the integrity of the process. Because they limit managerial discretion, they make it difficult to undercut the impact of an unfavorable award through retaliation". (GETMAN, Julius G. Labor Arbitration and Dispute Resolution. *The Yale Law Journal*, v. 88, n. 5, p. 916-949, Apr. 1979. Disponível em: https://www.jstor.org/stable/795823. Acesso em: 8 dez. 2021).

Retornando aos dissídios individuais, percebe-se que o princípio da irrenunciabilidade dos direitos trabalhistas, apesar de ter grande destaque no ordenamento jurídico brasileiro e de ser regra, não é absoluto, o que dá margem para a flexibilização dos direitos trabalhistas.

Importante, nesse ínterim, será abordar o termo flexibilização, que tem origem do vocábulo flexibilizar e significa tornar maleável o que se tem como rígido, uma possibilidade de adequação, de ajuste e de amoldamento, correspondendo, assim, a uma tendência de ajuste entre as relações de trabalho e o atual contexto vivenciado no país.

A doutrina classifica a flexibilização dos direitos trabalhistas segundo seus fins, seu objeto e sua forma (DORNELES, 2002).

De tal maneira, o Brasil vivencia um momento de amadurecimento social dos trabalhadores e flexibilização dos direitos trabalhistas, em que ganha espaço a discussão para a inclusão do instituto da arbitragem como forma de solução de contendas individuais de trabalho, mais especificamente com relação aos cargos de confiança e aos trabalhadores que possuem condições de negociação direta com seus empregadores.

O país precisa de meios alternativos ao Judiciário para a resolução dos conflitos, principalmente na esfera trabalhista, tanto que o próprio legislador já reconheceu a sua necessidade e viabilidade nas relações de trabalho, coletivas e individuais (RABELO, 2020).

Alguns direitos, como o direito à saúde, à integridade física e à vida, são, em determinados casos, impossíveis de restauração e, portanto, são direitos materiais irrenunciáveis. No entanto, mesmo esses direitos, quando violados, implicam indenização por danos materiais e morais. Traduzem-se, então, nesse caso, em expressão econômica e por consequência se transformam juridicamente em direito patrimonial.

É certo que não há lei no ordenamento jurídico que atribua, expressamente, a indisponibilidade dos direitos trabalhistas de forma geral. As normas que realmente se enquadram nesse sentido são dirigidas para situações específicas, como a proteção do trabalhador no momento da contratação (registro de emprego), bem como durante a vigência do contrato de trabalho (intervalos para refeições nas jornadas superior a seis horas, estabilidade, férias, 13º salário etc.). Direitos como estes denegam a disponibilidade ao empregado, na contratação e vigência do contrato de trabalho, mas não na rescisão.

Exatamente nessa situação, Dallegrave Neto (2018, p. 168), assevera que:

A indisponibilidade de direitos para efeitos de cabimento da Arbitragem se aproxima do que Plá Rodriguez denomina de "intransigibilidade". Vale dizer: a impossibilidade de sacrificar algum direito mesmo havendo concessões recíprocas. Boa parte dos direitos tidos como irrenunciáveis durante o curso do contrato, torna-se, a posteriori, passível de transação, sobretudo quando se converte em crédito trabalhista. Nesta medida, pode-se dizer que, com raras exceções (a exemplo de créditos previdenciários e fiscais), os chamados direitos trabalhistas irrenunciáveis tornam-se disponíveis, quando convertidos em créditos sujeitos à transação, ou quando ausente a subordinação do trabalhador.

Ressalta-se, entrementes, que a normativa trabalhista reconhece, em alguma medida, a disponibilidade dos direitos trabalhistas ao permitir, notadamente no art. 23 da Lei nº 8.630/1993, a possibilidade do uso da arbitragem em litígios de trabalhadores portuários, além da prática já institucionalizada da conciliação pela justiça laboral. "Se pode conciliar é porque se trata de direitos disponíveis. Logo, sobre eles também cabe a jurisdição arbitral" (DALLEGRAVE NETO, 2018, p. 169). Sendo assim, a arbitragem trabalhista em caráter individual não é algo novo na seara obreira, o que se defende no presente livro, num primeiro plano, é a aplicação imediata nas rescisões de contratos de trabalho e a ampliação do instituto.

Acerca de tantas possibilidades de trabalho, assim sendo, impende destacar que o contrato de trabalho é o principal instrumento de concretização do direito do trabalho contemporâneo, pois é por meio desse negócio jurídico que é validada, pelo ordenamento jurídico, a utilização da mão de obra com a devida contraprestação (VIEIRA, 2012, p. 32-33).

Diante de tais questões, Dallegrave Neto (2018, p. 160-161) alerta que o critério eleito é simplista ao considerar uma ideia de subordinação pela dependência econômica. Assim sendo, caberá ao intérprete não ficar restrito apenas a esse quesito quando inquirir sobre real possibilidade de cláusula compromissória pelo empregado, devendo ater-se a outros requisitos plenamente perceptíveis por aqueles que desempenham funções diferenciadas, características de "altos empregados", argumentos que são pactuados neste livro.

Todavia, para o mesmo autor, os demais trabalhadores, como os autônomos, estagiários, entre outros, não estariam sujeitos à limitação prevista na CLT, sendo completamente admissível a arbitragem geral mais ampla, "independente do valor remuneratório de modalidade especial para a convenção de arbitragem" (DALLEGRAVE NETO, 2018, p. 164).

Já Antônio Álvares da Silva e George Augusto Mendes e Silva (2017, p. 4) ressaltam que os empregados enquadrados nesse alto grau de hierarquia possuem instrução suficiente para compreender o procedimento arbitral, não subsistindo, por conseguinte, nenhum argumento contrário quanto à aplicação desse dispositivo. Assim, prosseguem:

> Em outras palavras, não é possível defender-se que Chief Executive Officers (CEOs), Chief Financial Officers (CFOs) e diretores de uma forma geral, que detêm maior autonomia na negociação dos seus contratos de trabalho e recebem remunerações substancialmente maiores que a média, gozam da mesma situação de hipossuficiência que a dos demais trabalhadores. (SILVA, Antônio; SILVA, George, 2017, p. 4).

No entanto, Teixeira (2018, p. 46) entende que o simples fato de o empregado receber salário superior ao limite previsto para os benefícios do RGPS não significa dizer que "possua descortino suficiente para prever as consequências da aceitação da cláusula compromissória".

Trazendo a discussão de uma forma mais profunda, pertinente para uma perspectiva mais ampla com relação à própria possibilidade de previsão de cláusulas contratuais, cumpre ressaltar que a mudança também trouxe a figura do empregado hipersuficiente, como consta na redação do parágrafo único, do art. 444, da CLT. Por uma análise, veja-se que a disposição legislativa que permite a inclusão de cláusula arbitral foi mais branda, pois não exigiu o requisito objetivo de o empregado ser portador de diploma de ensino superior.

Como bem descreve Dallegrave Neto (2018, p. 161), o legislador da remodelação não foi feliz quando diferenciou, sem motivo fundante, esse empregado que não detém o status de empregado hipersuficiente, nos termos do art. 444, parágrafo único, da CLT. A esquizofrenia legislativa reside no fato de que, para fixação do conteúdo contratual, o dispositivo exige, além do critério econômico (salário superior à dobra do teto previdenciário), o curso superior, ao passo que para firmar cláusula compromissória exige tão somente o preenchimento do critério econômico.

A fim de trazer todas as vozes para esta discussão, em nota técnica, o Ministério Público do Trabalho (2017, p. 34) sustenta a inconstitucionalidade do artigo 507-A da CLT, em que defende-se a permissão da livre negociação do conteúdo do contrato de trabalho subordinado, em vista da evidente (in)flexibilidade dos direitos trabalhistas, uma vez que a Constituição não permite derrogação ao princípio de proteção social pelo legislador ordinário, "seja por critério de remuneração ou de formação acadêmica".

Pelo prisma da jurisprudência, a Quinta Turma do TRT5 decidiu em 2011, em Ac. nº 047265/2011, que existe a possibilidade de aplicar a arbitragem nos direitos individuais trabalhistas, conforme exposto:

> ARBITRAGEM. TRANSAÇÃO ENVOLVENDO DIREITOS INDIVIDUAIS TRABALHISTAS. POSSIBILIDADE. A indisponibilidade dos direitos do empregado existe somente durante a vigência do contrato de trabalho, quando se presume encontrar-se o obreiro em uma situação de subordinação e dependência econômica que o impede de manifestar a sua vontade sem vícios. Findo o contrato de trabalho, esta indisponibilidade não mais existe, uma vez que o empregado já não se encontra subordinado ao empregador, nem também depende deste para a sua sobrevivência, estando, deste modo, em condições de livremente manifestar a sua vontade, o que inclusive possibilita a celebração de conciliação na Justiça do Trabalho, conforme dispõe o parágrafo único do art. 831 da CLT. [...]. (BRASIL, 2011a).

Nessa mesma linha de pensamento, a Justiça Federal de São Paulo, em julgamento de mandado de segurança contra a Caixa Econômica Federal (CEF), determinou o cabimento da arbitragem para rescisões de contrato de trabalho, em dissídios individuais, nos seguintes termos:

> GLEIBE PRETTI (SP215784 – GLEIBE PRETTI) X GERENTE DE FILIAL DO FGTS DA CAIXA ECONOMICA FEDERAL EM SÃO PAULO-SP GLEIBE PRETTI, qualificado na inicial, impetrou o presente mandado de segurança contra ato praticado pelo Gerente de Filial do FGTS da Caixa Econômica Federal, pela Caixa Econômica Federal e pelo Delegado Regional do Trabalho em São Paulo, pelas razões a seguir expostas: O impetrante afirma exercer a função de árbitro, nos termos da Lei nº 9.307/96. Alega que, apesar da arbitragem ser amplamente aceita para a solução dos litígios, o Gerente de Filial do FGTS gerido pela CEF tem se recusado a liberar o saque dos valores referentes ao FGTS, quando apresentada a sentença e acordos homologados pelo Juízo arbitral ou Câmara de arbitragem para a rescisão de contrato de trabalho. Sustenta que a sentença arbitral, quando homologa um acordo para a rescisão do contrato de trabalho, preenche o requisito previsto no artigo 20, inciso I da Lei nº 8.036/90, que traz as hipóteses de levantamento de valores depositados na conta fundiária. Pede que seja concedida a liminar para que seja reconhecida a validade das sentenças arbitrais homologatórias,

proferidas pelo impetrante, perante a CEF, dos empregados dispensados sem justa causa que submeter seu conflito trabalhista e a homologação da rescisão de seu contrato de trabalho a apreciação do impetrante, para fins de saque do FGTS por parte do empregado. Às fls. 46/51, o impetrante comprovou exercer a função de árbitro.
É o relatório.
Passo a decidir.
Passo ao exame do pedido de liminar.
Para a sua concessão é necessária a presença de dois requisitos, o fumus boni iuris e o periculum in mora. Da análise dos autos, verifico que o impetrante pretende que as sentenças arbitrais, proferidas por ele, sejam reconhecidas pela autoridade impetrada, em especial, para o levantamento dos valores depositados nas contas vinculadas ao FGTS, quando da rescisão de contrato de trabalho por dispensa sem justa causa, e para o pagamento do seguro-desemprego. A Lei nº 9.307/96, que dispõe sobre a arbitragem, define o compromisso arbitral, seu procedimento e os requisitos para sua validade e para o exercício da atribuição de árbitro. Deixa, também, claro que a sentença, proferida pelo Juízo arbitral, não depende de homologação pelo Poder Judiciário e produz os mesmos efeitos da sentença proferida pelo Judiciário. Assim, não pode a autoridade impetrada impor novas exigências para que uma sentença arbitral produza efeitos, que não aquelas previstas na Lei. O Colendo STJ já se posicionou acerca da possibilidade do levantamento dos valores depositados na conta vinculada ao FGTS mediante a apresentação de sentença arbitral. [...] Verifico que não há respaldo legal para a autoridade impetrada impedir o cumprimento das sentenças arbitrais proferidas pelo impetrante, mediante o levantamento dos valores depositados junto às contas vinculadas ao FGTS, quando presentes as condições de movimentação da conta fundiária, previstas no artigo 20 da Lei nº 8.036/90, bem como mediante o pagamento do seguro desemprego, quando for o caso. O perigo da demora também é claro, já que, caso negada a liminar, o impetrante ficará impedido de exercer sua atividade de árbitro.
Diante do exposto, CONCEDO A MEDIDA LIMINAR para determinar que a autoridade impetrada viabilize o cumprimento das sentenças arbitrais proferidas pelo impetrante. Publique-se. (BRASIL, 2013).

Ainda, o STJ manteve a decisão, já transitada em julgado, a favor do impetrante, também para o seguro-desemprego:

GLEIBE PRETTI impetrou mandado de segurança, com pedido de liminar, contra o SUPERINTENDENTE REGIONAL DO TRABALHO DO ESTADO DE SÃO PAULO, a fim de que fosse reconhecida a validade das sentenças arbitrais proferidas por ele, para fins de liberação de seguro-desemprego. A suposta alegação de violação do art. 1º da Lei nº 12.016/2009, diante da ausência de direito líquido e certo da parte impetrante, não deve prosperar, pois o *mandamus* visa resguardar direito próprio do árbitro, e não o direito de algum trabalhador específico. [...] Sobre a alegação de violação dos arts. 1º, 25 e 31 da Lei nº 9.037/96; art. 6º da Lei nº 7.998/90; art. 477, parágrafos 1º, 3º e art. 9º, da CLT, por não serem válidas as decisões homologatórias de conciliação e as sentenças arbitrais, em virtude da falta de requisitos legais para o pagamento do seguro-desemprego, sabe-se que o desemprego involuntário é condição essencial para a concessão do seguro-desemprego. O acórdão a quo decidiu, fundamentadamente, que o documento constante nos autos é hábil a comprovar a dispensa sem justa causa, não havendo qualquer óbice à liberação do seguro-desemprego. (BRASIL, 2018c).

Reafirmando os julgados anteriores, no ano de 2015, o STF, em sede de Recurso Extraordinário nº 590415/SC, foi provocado a decidir sobre o tema. A seguir, a decisão:

Vistos, relatados e discutidos estes autos, acordam os Ministros do Supremo Tribunal Federal, sob a Presidência do Ministro Ricardo Lewandowski, na conformidade da ata de julgamento e das notas taquigráficas, por unanimidade de votos, apreciando o tema 152 da repercussão geral, em conhecer do recurso extraordinário e a ele dar provimento, fixando-se a tese de que a transação extrajudicial que importa rescisão do contrato de trabalho em razão de adesão voluntária do empregado a plano de dispensa incentivada enseja quitação ampla e irrestrita de todas as parcelas objeto do contrato de emprego caso essa condição tenha constado expressamente do acordo coletivo que aprovou o plano, bem como dos demais instrumentos celebrados com o empregado, nos termos do voto do Relator. Impedida a Ministra Rosa Weber. Ausentes, justificadamente, os Ministros Celso de Mello e Dias Toffoli. (BRASIL, 2015c).

Diante das decisões expostas, não há dúvidas acerca da aplicação da arbitragem em dissídios individuais trabalhistas, independentemente do valor do salário.

Adentrando de forma específica na primeira defesa deste livro, na rescisão do contrato de trabalho, seja a que título for, encerram-se os benefícios da relação de emprego, e resta a discussão quanto aos direitos inadimplidos na vigência do contrato de trabalho. Essa situação poderá ser resolvida por meio do árbitro, pois, caso o legislador proibisse essa situação, estaria de forma expressa na lei. Os direitos previstos na CLT, agora, são reflexos de uma relação que não mais existe e que poderão ser objeto de cobrança e indenização, nos termos e nas condições processuais igualmente previstos na legislação obreira.

Nesse contexto, por iniciativa do trabalhador, ou por sugestão do empregador, com aceitação pelo empregado, independentemente da remuneração deste, é de se admitir a validade e eficácia do compromisso arbitral, desde que presentes os requisitos legais para esse instrumento (CAHALI, 2020).

Do ponto de vista prático, pode-se concluir que a possibilidade da utilização da arbitragem como meio de solução de conflitos de trabalho, no plano das relações individuais, relaciona-se, antes de tudo, com as questões ligadas à autonomia da vontade privada do empregado. A cláusula será válida quando as circunstâncias forem de livre e consciente manifestação da vontade entre as partes (GALVÃO, 2022).

Consolidando a mesma ideia, é possível firmar o compromisso depois do conflito, com a extinção do contrato, a toda evidência, desde que o empregado concorde expressamente com a instituição da arbitragem. Em outras palavras, firmado compromisso depois do término do contrato de trabalho, a instituição da arbitragem pode ser de iniciativa do empregador. Nessas condições, não haverá em regra vulnerabilidade, e admitimos que qualquer empregado pode firmar compromisso com o fim do contrato de trabalho (SCAVONE JUNIOR, 2020).

Logo, após o término do vínculo de emprego, evidente que não há mais o peso da subordinação jurídica existente na relação empregatícia, o que permite ao empregado, no exercício pleno da sua liberdade pós-contratual, optar, validamente, pela submissão de eventual conflito ao procedimento arbitral (SILVA; Antônio; SILVA, George, 2017, p. 208).

Com esse entendimento, firma-se o pressuposto de que, após rescindido o contrato de trabalho, os grandes fantasmas da coação e da sobreposição do livre arbítrio do trabalhador pelo poder econômico do empregador já não se fazem onipresentes (YOSHIDA, 2021).

Nessa lógica, parece-nos plenamente possível a celebração da convenção da arbitragem pelos empregados, de forma generalizada em relação aos direitos trabalhistas (GALVÃO, 2022).

Se no momento em que poderia haver alguma "pressão" por parte do empregador, que é o momento em que o contrato de trabalho se inicia, a CLT permitiu a adoção da arbitragem, tanto mais legítimo é o reconhecimento da opção após encerrado o vínculo. Nessa linha de raciocínio, mesmo ex-empregados que auferiam menos do que o dobro do limite do RGPS como salário poderão estipular compromisso arbitral para solução de suas controvérsias, após o encerramento do vínculo (TUPINAMBÁ, 2018).

Existe ainda a possibilidade de se prejudicar o trabalhador pelo não reconhecimento da arbitragem individual estabelecida após a cessação do vínculo (SERRA, 2018).

Cite-se o entendimento importante de ressaltar que não existe nenhuma incompatibilidade entre a indisponibilidade dos direitos laborais e o fato de que a arbitragem, a teor do art. 1º da Lei, só pode versar sobre litígios relacionados a direitos patrimoniais disponíveis (SCHMIDT, 2021). Após a rescisão contratual, os direitos lesados são incorporados ao patrimônio do empregado e podem ser transacionados, uma vez que a indisponibilidade é relativa e não absoluta (MARAGNO, 2020).

Uma vez extinto o contrato de trabalho, a subordinação desaparece, e, com mais razão, pode-se pactuar a cláusula compromissória. A doutrina aponta para a faculdade da arbitragem após a extinção do contrato de trabalho, uma vez que, no que diz respeito ao consentimento de um empregado, uma convenção de arbitragem celebrada após a rescisão do contrato de trabalho não levanta preocupações sérias sobre o empregado ser manipulado pelo empregador (BASHAYREH, 2009).

O que se verifica nesse ponto é, exatamente, a desconstrução da figura do Estado como provedor e protetivo do empregado, privilegiando a utilização do procedimento arbitral para favorecer a inclusão e construção de uma cultura democrática e pacífica na liberdade das partes de escolherem a melhor maneira para que o desentendimento seja afastado.

Portanto, o encerramento do contrato de trabalho provoca o reconhecimento de direitos patrimoniais que serão incorporados ao direito do empregado, e, como direito patrimonial, este será sempre disponível. O reconhecimento da tutela jurisdicional em favor do empregado, após a rescisão do contrato de trabalho, admite a conciliação. Sobre as questões suscitadas nesse momento, Arnaldo Sussekind ensina:

> [...] têm sido apreciadas pela jurisprudência brasileira com menos restrição do que as ocorridas nas demais fases da relação de emprego. Neste sentido, aliás, doutrinou o insigne e saudoso Oliveira Viana, ao salientar que as nulidades referentes às renúncias por ocasião da celebração do contrato de trabalho e durante a execução dele nem sempre ocorrem quando a 'renúncia é feita por ocasião ou depois da

dissolução do contrato. *Neste caso, satisfeitas que sejam certas condições de liberdade e de vontade, é lícito ao empregado renunciar, desde que se trate de direitos já adquiridos, isto é, já incorporados ao patrimônio do empregado em consequência ou por força de lei'. E mais adiante assinalou: 'Embora feita depois de extinta definitivamente a relação contratual entre empregado e empregador, a renúncia deve, entretanto, provir da livre e espontânea vontade do empregado. Inválida será se for obtida, não apenas por meios comuns do dolo, da coação ou violência, mas mesmo quando provada fique que o patrão usou dessa modalidade sutil de coação, que é a chamada pressão econômica.* (SUSSEKIND, 1999, grifos nossos).

Caso fosse o entendimento do legislador de que os direitos decorrentes de uma relação de emprego, após a sua rescisão, mantivessem a sua condição de irrenunciabilidade, este, com certeza, não teria admitido a conciliação com tanta ênfase para a pacificação de litígios dessa natureza. A conciliação é resultado de transação na qual as partes livremente fazem concessões para a solução final do litígio. A transação somente pode ser utilizada para direitos disponíveis. Não se admite a transação em questões de ordem pública, como segurança e medicina do trabalho, além de questões sujeitas aos códigos penal e tributário.

No âmbito das relações particulares, é possível se fazer tudo que a lei não proíbe, pois vigora o princípio da autonomia da vontade, em conjunto com o inciso II, do art. 5º da Constituição Federal, que estabelece o princípio da legalidade. Dessa forma, tudo aquilo que não for proibido é legal e consequentemente poderá ser praticado.

O importante e o que se deve ter como fundamento é que o legislador, na elaboração da Lei nº 9.307/1996, não proibiu a arbitragem como forma de solucionar conflitos individuais do trabalho.

Ressalte-se que a Constituição Federal de 1988 não veda a arbitragem nos dissídios individuais: em consequência, aplica-se a máxima romana *non prohibetur et permisit*; logo, o que não é proibido é permitido.

Determina a Lei de Arbitragem, textualmente, que as partes podem valer-se da arbitragem para dirimir litígios relativos a direitos patrimoniais disponíveis, ou seja, a respeito dos quais as partes possam validamente e legalmente dispor. Essa é uma característica de praticamente todas as legislações sobre arbitragem (alemã, italiana, francesa, espanhola, argentina etc.), que, sem discrepâncias, limitam o instrumento à categoria das questões sobre as quais a lei permita a transação. Excluem alguns ordenamentos jurídicos do âmbito da arbitragem – assim procede o italiano (art. 806) – as controvérsias individuais de trabalho, o que não acontece no sistema brasileiro, já que a Lei nº 9.307/1996 não faz qualquer restrição nesse sentido (ALVIM, José Manoel Arruda, 2001).

O empregado não está renunciando, alienando ou transacionando direitos quando submete o conflito à arbitragem, mas apenas escolhendo um terceiro para solucionar o litígio. O árbitro irá dizer o direito do empregado [...]. Se não há mais contrato de trabalho entre empregado e empregador, não se pode falar que o trabalhador está sofrendo pressão do empregador para renunciar a verbas trabalhistas, principalmente diante do fato de que a controvérsia está sendo submetida ao árbitro. (MARTINS, Sérgio, 2006).

Destaca-se, por primeiro, que o juízo arbitral – órgão contratual de jurisdição restrita, consagrado na legislação, que tem por finalidade submeter as controvérsias a uma pronta solução, sem as solenidades e os dispêndios do processo ordinário, guardada apenas a ordem lógica indispensável de fórmulas, que conduzem a um julgamento escorreito de direito e de equidade – tem plena aplicabilidade na esfera trabalhista, porque há direitos patrimoniais disponíveis no âmbito do direito do trabalho, em que pese às doutas opiniões em sentido contrário. Isso porque, apenas no ato da contratação ou na vigência de um contrato de trabalho, considera-se perfeitamente válida a tese da indisponibilidade dos direitos trabalhistas, visto que é de se reconhecer que a desvantagem em que uma das partes se encontra pode impedi-la de manifestar livremente a vontade (BRASIL, 2005a).

Guardadas as devidas proporções, e a depender de cada situação apresentada, podemos citar a adoção de quatro providências para que a arbitragem trabalhista individual se faça de forma segura e profícua. São elas: a) "exigência de que procedimentos arbitrais sejam necessariamente administrados por instituições", para evitar a escolha de mesmos árbitros "sem a intermediação de câmaras arbitrais ou instituições similares", o que fomentaria o equilíbrio e evitaria inclinações parciais; b) "desvinculação das instituições arbitrais a órgãos de classe, sejam eles patronais ou de empregados", para privilegiar, outra vez, a imparcialidade; c) "publicidade do procedimento arbitral", porque a confidencialidade, que se aplica aos procedimentos envolvendo interesses comerciais, "não permite uma avaliação completa do funcionamento da arbitragem trabalhista" e "acabará alimentando a neofobia, desconfiança que sempre acompanha a adoção de novos institutos jurídicos"; d) "a arbitragem trabalhista deverá necessariamente ser de direito", porque em razão da equidade ("pela qual o árbitro pode decidir com base no seu senso de justiça") pode estimular o desrespeito à lei, podendo prejudicar o trabalhador (AMARAL, Guilherme, 2018).

Nesse aspecto, é salutar ressaltar que, quando no término do contrato de trabalho, se encerra o poder exercido sobre o empregado, restando plenamente factível a transação entre ambos, sem que haja um hipossuficiente nesse momento, sendo certo que o crédito trabalhista passa a assumir natureza primeiramente patrimonial (RABELO, 2020).

Dessa forma, no presente trabalho, uma das defesas é justamente a possibilidade de arbitragem, quando ocorrer a rescisão do contrato de trabalho, tendo em vista que não haverá mais a irrenunciabilidade do direito, tornando-se um direito disponível e, dessa forma, podendo ser objeto de solução, em caso de conflito, pela Lei nº 9.307/1996.

Fica claro que, nas hipóteses de rescisão do contrato de trabalho, a arbitragem poderá ser utilizada para dirimir a lide, tendo em vista a situação de celeridade e cumprimento da lei, nas demandas individuais trabalhistas, no momento da celebração do contrato ou sua alteração, tendo em vista que deverá ser expresso para que possa ser colocado em prática.

Diante das definições descritas, a sociedade está diante de mudanças nas relações do trabalho, devendo ocorrer uma alteração nas formas de solução de conflitos, justamente com a aplicação da arbitragem, quando ocorrer na rescisão do contrato de trabalho, tendo em vista que existe um instituto vigente de aplicação imediata. Porém, a seguir, serão abordados temas específicos sobre a tese apresentada neste livro, com alguns apontamentos para as relações de trabalho e emprego.

> Parece-nos razoável admitir-se a aplicabilidade da solução arbitral para pacificação de quaisquer conflitos trabalhistas de índole individual, independentemente do grau hierárquico que os empregados ocupam perante o empregador. [...] A relutância em admitir a arbitragem em conflitos individuais de trabalho é uma prevenção injustificada que merece urgente revisão (SILVA; Antônio; SILVA, George, 2017).

Diante dos argumentos anteriores, está evidente um caminho com horizonte promissor, sem possibilidade de retorno ao status quo ante. Não seria diferente no âmbito juslaboral, que precisa superar os paradigmas até então considerados intocáveis para acolher a arbitragem como um método efetivo, eficaz e célere para resolução de conflitos, contribuindo, assim, para o desenvolvimento social com a redução da cultura do litígio.

No entanto, aos argumentos descritos no presente livro, defende-se, outrossim, a alteração da legislação para a aplicação da arbitragem em qualquer momento da relação laboral.

Concernente ao conteúdo da cláusula arbitral nos contratos de trabalho, depreende-se do conteúdo explanado que a cláusula, para ser considerada válida, deve observar alguns requisitos, quais sejam: (i) deve ser, necessariamente, escrita; (ii) não pode ser cláusula vazia, isto é, precisa prever todos os elementos para instalação do procedimento arbitral (por exemplo, a escolha de árbitro, lei aplicável, quais direitos serão passíveis de discussão no juízo arbitral, entre outras especificidades do caso concreto); (iii) não poderá ser objeto de negociação qualquer estipulação constante em norma de natureza de ordem pública; e (iv) a previsão para dirimir conflitos, pelo juízo arbitral, deve estar restrita a direitos trabalhistas que são passíveis de mensuração econômica, com salvaguarda dos direitos de ordem pública.

Nesse sentido, como já descrito anteriormente, a cláusula arbitral é autônoma ao contrato. Dessa forma, dar-se-á a titulação, neste livro, de contrato-procedimento (*Vertrags-verfahren*), haja vista que se defende a ideia de criar um procedimento adequado a cada situação para a utilização da arbitragem.

Insta realçar que a influência do Poder Público na fiscalização e no acompanhamento das arbitragens realizadas nesses moldes se faz necessária, tendo em vista que podem ocorrer deslizes por parte dos envolvidos, e, caso esse fato seja efetivamente provado, deverão ser punidos severamente os culpados, sem prejuízo de ações anulatórias ou pedido de reparação por danos causados. Tal situação deverá ser debatida em sede do Poder Legislativo, ouvindo-se a sociedade, para que se possam encontrar meios adequados de se fiscalizar de forma efetiva.

Pode ocorrer a possibilidade de fiscalização do Poder Público, nas câmaras arbitrais, tal como a possibilidade de anulação ou execução de títulos proferidos por elas.

> A existência de um controle judicial sobre aberrações arbitrais é, aliás, propenso a tornar as partes, e especialmente os empregadores, mais dispostos a concordar com cláusulas arbitrais, sem exigência de cláusulas de exclusão que multiplicam os problemas nas negociações. Finalmente, tal revisão presumivelmente promoveria opiniões mais claras e fundamentadas dos árbitros. Em resumo, sugere-se que a revisão

judicial limitada nesse contexto teria seu valor institucional habitual (MELTZER, 1967).[20]

Porém, não apenas por esse motivo, em que já poderá ser aplicada de forma imediata, segue o modelo de cláusula arbitral, para ser utilizada em todos os contratos de trabalho, independentemente do valor para situações trabalhistas, cabendo para relação de emprego e de trabalho. Defende-se a ideia de que a referida cláusula deverá ser expressa, no contrato, do mesmo modo que deve haver o espaço para que as partes a confiram e a ratifiquem.

Realça-se no presente trabalho que a cláusula é autônoma ao contrato realizado, bem como a possibilidade de criação de regras para o procedimento a critério das partes, que poderão constar na própria cláusula ou em regulamento próprio. Segue um modelo de cláusula que poderá ser utilizada nos contratos trabalhistas:

> "Cláusula Arbitral" – As partes, em comum acordo, nos termos dos art. 4º, caput, §1º e art. 5º da Lei nº 9.307/1996, por convenção de arbitragem, elegem a [nome da instituição arbitral], inscrita no CNPJ/MF sob o nº [00000000/0000-00], com sede na [endereço], na cidade de ____ (ou [nome e CPF/MF do árbitro]), para que todas as controvérsias que derivem do presente contrato de trabalho, sejam resolvidas definitivamente de acordo com as regras do regulamento interno da [nome da instituição arbitral], ou ainda por procedimento criado entre as partes; por um ou mais árbitros nomeados de conformidade com este Regulamento; renunciando desde já a qualquer outro foro, por mais privilegiado que seja, tendo como eficácia liberatória geral o acordo ou a sentença proferida pelo árbitro.
>
> [Local para assinatura]

---

[20] Nossa tradução. No original: "The existence of a judicial check on arbitral aberrations is, moreover, likely to make the parties, and especially employers, more willing to agree to arbitration clauses, without demands for exclusion clauses that multiply issues in negotiations. Finally, such review would presumably promote clearer and better reasoned opinions by arbitrators. In short, I am suggesting that limited judicial review in this context would have its customary institutional value". (MELTZER, Bernard D. Ruminations about Ideology, Law, and Labor Arbitration. *The University of Chicago Law Review*, v. 34, n. 3, p. 545-561, Spring 1967. Disponível em: https://www.jstor.org/stable/1598847. Acesso em: 10 dez. 2021).

3.2 Princípio contrato-procedimento (*Vertrags-verfahren*) da cláusula arbitral, com a possibilidade de produção antecipada de provas, assim como a aplicação do artigo 190 do CPC, em virtude da autonomia da vontade tal qual as tutelas de urgência e sua aplicação na arbitragem

Adentrando no tema da possibilidade de escolha das partes do procedimento da arbitragem em caso de descumprimento – ao que se deu o nome, no presente livro, de contrato-procedimento (*Vertrags-verfahren*) – da cláusula arbitral, com base na natureza jurídica privada do direito do trabalho, defende-se a ideia da possibilidade de escolha da melhor maneira de desenlace da lide, de acordo com cada tipo de contrato, em respeito à arbitrariedade subjetiva (partes) e objetiva (matérias), respaldada pelo princípio da autonomia da vontade das partes. Ademais, argumenta-se pela alteração legislativa da Lei nº 9.307/1996, especialmente do artigo 22-A, com o intuito de conceder ao árbitro poderes coercitivos, num procedimento arbitral, para a solução eficaz do deslinde.

Argumenta-se que deverá existir a liberdade das partes, no momento da celebração do compromisso arbitral, para definir os poderes conferidos ao árbitro. Este, havendo a autorização das partes de forma expressa, poderá tomar decisões para antecipação de provas, igualmente adotar as demais tutelas de urgência para a solução efetiva do prélio apresentado.

A doutrina, mesmo antes da entrada em vigor do Novo CPC/15, já defendia com razão a existência de um direito autônomo à prova independentemente do requisito da urgência (SILVA, João Paulo, 2012). Deve-se reconhecer a "existência de um direito autônomo à produção da prova, de forma não diretamente vinculada ao pleito de declaração do direito material" (YARSHELL, 2009).

Quanto à matéria objeto da arbitragem, relevante notar que, na latitude da autonomia da vontade, podem as partes limitar quanto será tratado no procedimento (CAHALI, 2020). Várias disposições permitiam o acordo entre as partes, como os pactos de exclusão de um grau de jurisdição, os de exclusão de competência e os de inversão do ônus da prova, entre outros (THEODORO JÚNIOR, 2015, p. 257-258).

No aspecto do direito comparado, os negócios jurídicos processuais também são conhecidos e disciplinados de acordo com suas peculiaridades. Na Inglaterra, há o case management, em que o procedimento é estabelecido de acordo com o valor da causa e o grau de complexidade das questões fático-jurídico-probatórias, entre outros aspectos (THEODORO JÚNIOR, 2015, p. 271).

Notadamente, a Instrução Normativa nº 39 do TST determina o que é permitido e vedado, das regras do processo civil, em processos trabalhistas. Deslinda-se, no presente livro, que a arbitragem, nos moldes da Lei nº 9.307/1996, é uma forma extrajudicial de solução de conflitos, isso posto, a proibição que existe na referida instrução do TST é expressa para processo judicial e não no campo da arbitragem. Desta feita, a liberdade de escolher o melhor procedimento, em caso de pugna numa relação contratual, fica livre entre as partes. Sendo assim, é totalmente cabível a arbitragem e seu procedimento, independentemente do salário do empregado, após a rescisão contratual, de forma imediata, com a legislação atual, nas relações de trabalho e emprego.

Na arbitragem internacional existe uma espécie de "balanço de probabilidade". Assim, para defini-lo, cabe ao árbitro avaliar o que seria, no caso concreto, mais provável do que improvável. Com base no referido juízo de probabilidade, o ônus da prova há de ser distribuído entre as partes, recaindo sobre aquela que deduz a alegação mais improvável a incumbência de demonstrá-la (BLACKABY, 2015).

Na França, o *Nouveau Códe de Procédure Civile* também prevê o referido instituto. Dequeker destaca a importância de se instaurar um diálogo permanente entre os atores do processo, de forma a propiciar a celeridade do procedimento (2005, p. 19-20 *apud* THEODORO JÚNIOR *et al.*, 2015, p. 274- 275).

Voltando à doutrina brasileira, Câmara (2017, p. 116) aduz que, a partir do art. 190 do CPC, nas causas que versam sobre "direitos que admitam autocomposição", partes capazes podem "estipular mudanças no procedimento para ajustá-lo às especificidades da causa e convencionar sobre os seus ônus, poderes, faculdades e deveres processuais, antes ou durante o processo".

Fica claro, com a leitura do dispositivo, que apenas partes capazes podem celebrar negócios processuais, não sendo válida sua celebração por incapazes, ainda que representados ou assistidos.

Consoante a redação do artigo 190, caput, do CPC, passa a ser possível convencionar sobre a matéria processual e procedimental em causas que envolvam direitos suscetíveis à aplicação dos métodos conciliatórios, consensuais, considerando-se válidos os resultados da transação (GUEDES, 2010, p. 3).

Importante ressaltar que, neste livro, a discussão está pautada na aplicação de um instituto que busca a resolução pacífica de lides de ordem obreira. Dessa forma, as partes têm autonomia para adotarem a arbitragem na resolução não apenas do conflito objeto do litígio, mas também na maneira como será realizado o procedimento para a solução. Isso ocorre tendo em vista que cada situação acordada entre as partes, tal como o local e momento da celebração e realização do contrato, exigirá uma maneira ideal para o apaziguamento e a pacificação do problema.

Há enormes diferenças entre o procedimento arbitral e o processo judicial. Cada qual possui suas nuances e especificidades. Isso se reproduz, no geral, na mecânica da produção de provas em sistemas distintos, com regras e práticas distintas (SCHMIDT, 2021).

Por que razão um dos elementos atribuidores de licitude ao objeto dos acordos processuais alude à impossibilidade de prejudicar o direito material em certo grau indisponível ou a sua tutela em juízo? Essa interpretação parece mais adequada porque permite a celebração de convenções processuais mesmo em causas envolvendo direitos indisponíveis e não transacionáveis, sem que se permita o prejuízo do direito material indisponível ou a sua tutela em juízo (GRECO, 2012, p. 408).

Percebe-se que o marco regulatório da mediação no âmbito particular segue a mesma diretriz da normatização do artigo 190 do CPC, ao demonstrar que o fato de a desavença envolver direitos materiais indisponíveis não é óbice para afastar a possibilidade de se atingir a autocomposição. A possibilidade de conjugar pacto de mediação e convenções processuais consiste em técnica interessante, recomendada e complementar, que gera maiores possibilidades para as partes sem o necessário ingresso à jurisdição estatal com os limites impostos pelo procedimento legal (PINHO; VIDAL, 2016).

Identicamente, o Novo CPC, no art. 381, incisos II e III, veio a consagrar tal entendimento. Passou-se a admitir expressamente a produção antecipada quando "suscetível de viabilizar a autocomposição ou outro meio adequado de solução de conflito", ou quando "o prévio conhecimento dos fatos possa justificar ou evitar o ajuizamento de ação". Assim, o conhecimento do material fático probatório existente pode permitir a melhor compreensão da situação fática, bem como os riscos de uma decisão desfavorável. Isso contribui para que as partes possam realizar acordos e pôr fim aos litígios antes mesmo da instauração da demanda principal (WALD, 2014).

Pois bem, essa não foi a única novidade inserida no CPC. O seu art. 190 também contempla a possibilidade de as partes convencionarem entre si, estipulando mudanças no procedimento para ajustá-lo às especificidades da causa, e decidirem também sobre ônus, poderes, faculdades e deveres processuais, com e sem intervenção do magistrado.

Cabral (2020) assevera que, como exteriorização do direito à liberdade, a autonomia da vontade deve observar limites internos ou imanentes, devido ao status de direito fundamental, além da possibilidade de limites externos, em razão do possível atrito desse exercício de liberdade com outros direitos fundamentais.

O árbitro pode, no desempenho da sua função – porque juiz de fato e de direito, conforme Lei de Arbitragem, art. 18 –, ante a liberdade procedimental do processo arbitral, requisitar documentos e informações de órgãos públicos e, também, determinar a repetição de prova para o seu convencimento (SCAVONE JUNIOR, 2020).

De forma prática, do dispositivo normativo do art. 22-A da Lei nº 9.307/1996 podem-se extrair duas normas, uma geral e uma mais específica. Pela interpretação do dispositivo, ao permitir que as partes se socorram do Judiciário em hipóteses de urgência, por um lado, confirma-se o princípio geral da competência do tribunal arbitral para decidir qualquer questão pertinente à relação de direito material, que poderá ser procurada e eventualmente submetida à arbitragem; por outro lado, estabelece-se regra específica pela qual, verificada a urgência, as partes podem se valer da jurisdição estatal para a tutela do direito.

A regra estabelecida pelo art. 22-A da Lei nº 9.307/1996, neste meio-tempo, não possui caráter absoluto. Não é obrigatório que as partes se socorram do juízo estatal para a tutela de situações em que se verifica a urgência. É possível que elas, de acordo com a autonomia da vontade, estabeleçam validamente (i) tanto a competência exclusiva do juízo estatal para a apreciação e concessão de medidas de urgência, com exclusão do juízo arbitral, (ii) quanto a previsão de instalação de árbitros de emergência para a apreciação e a concessão de medidas de urgência, com a exclusão do juízo estatal (RANZOLIN, 2016).

Inexistindo urgência e previsão na cláusula compromissória quanto à competência para o processamento da produção antecipada de provas, deve-se aplicar a regra geral, qual seja, a da competência do tribunal arbitral para o seu processamento com exclusão do juízo estatal. Nesse mesmo sentido, refere a doutrina que, "salvo exceção que conste expressamente na cláusula compromissória, a renúncia à jurisdição estatal abrange todas as questões que possam se inferir dos limites objetivos da arbitralidade da controvérsia (MÜSSNICH, 2018). De forma objetiva, a única diferença relevante entre o juízo estatal e o juízo arbitral é que este é desprovido de império. Realmente, isso se dá até mesmo para segurança da sociedade. Porém, a jurisdição arbitral é tão jurisdição quanto a estatal.

Ocorre que essa dificuldade que pode enfrentar o juízo arbitral em procedimento prévio de produção antecipada de provas também pode ser encontrada, quando já constituído o tribunal arbitral, na fase instrutória da demanda principal. Cita-se como exemplo quando determinada testemunha, sócio ou administrador da companhia, se recusar a comparecer para prestar depoimento.

Óbvio que, encontrando óbices para o cumprimento de suas determinações, seja no procedimento prévio, seja na fase instrutória, será necessário que o árbitro ou o tribunal recorram à colaboração do juízo estatal (art. 22, §2º, da Lei nº 9.307/1996). Caso esse fato ocorra, expedir-se-á a competente carta arbitral "para que órgão do Poder Judiciário pratique ou determine o cumprimento, na área de sua competência territorial, de ato objeto de pedido de cooperação judiciária formulado por juízo arbitral" (art. 22-C da Lei de Arbitragem, combinado com o art. 237 do CPC).

Se o argumento ora analisado fosse procedente e impedisse a produção probatória antecedente pelo juízo arbitral, também impediria o tribunal de instruir a demanda submetida ao procedimento arbitral. Além disso, impedir-se-ia o juízo arbitral de decidir acerca de medidas de urgências prévias ou incidentes ao procedimento arbitral. Quanto às últimas, mais uma vez, ninguém duvida da competência do juízo arbitral para seu deferimento (SILVA, José Afonso, 2009).

Saliente que a Lei nº 9.307/1996 estabelece como regra geral a competência do juízo arbitral para decidir sobre todas as questões submetidas à arbitragem, salvo disposição expressa em contrário. Dessa forma, aplica-se, outrossim, o procedimento que poderá ser convencionado pelas partes.

Referido diploma estabelece ainda norma de aplicação subsidiária (art. 22-A da Lei nº 9.307/1996), segundo a qual, não havendo previsão contratual em sentido contrário, ou mesmo na omissão da cláusula compromissória, permite-se às partes que recorram ao Poder Judiciário para a concessão de medidas cautelares ou de urgência.

No caso da produção antecipada de provas sem requisito de urgência, salvo disposição em contrário na cláusula compromissória, a competência para seu processamento é regulada pela regra geral da Lei nº 9.307/1996, isto é, cabe ao juízo arbitral o seu processamento.

A função do árbitro, tal qual a do juiz estatal, será basicamente de homologação das provas produzidas. Sendo assim, ressalta-se que o árbitro, em situações específicas, conforme descrito, poderá realizar atos que até então são exclusivos do poder estatal, a fim de respeitar a autonomia da vontade das partes, assim como em respeito ao direito privado.

Adentra-se, por fim, nos direitos exclusivamente trabalhistas, que, na sua essência, conforme descrito, têm sua natureza privada. Desse modo, cabe ao empregado e ao empregador, no momento da celebração do contrato, escolher a câmara arbitral ou o árbitro e determinar o que essa figura poderá realizar, em caso de uma demanda, conforme o regulamento apresentado a todos os envolvidos.

Nesse ponto, as partes ficam livres para escolherem as situações mais adequadas em cada caso. Sendo assim, deverá se seguir as regras públicas processuais, mas de escolha entre os envolvidos, a fim de alcançar harmonia entre as partes e concordância de todos os envolvidos no procedimento a ser aplicado.

Ainda no mesmo contexto, há a busca de resultados processuais mais efetivos e coerentes com a grande ênfase que o Novo CPC confere à solução consensual dos conflitos – a permissão para que os próprios contendedores ajustem etapas do procedimento à produção de determinados efeitos, sem que isso represente uma indevida ingerência na condução do feito pelo magistrado. Até porque, conforme preleciona Carlos Aberto Álvaro de Oliveira (2004), "o ativismo do juiz exibe-se perfeitamente conciliável com o ativismo das partes, conscientes e cooperadoras".

Nesse ínterim, importante raiar que, no juízo arbitral, como no Poder Judiciário, as tutelas de urgência servem, de modo geral, para agilizar o julgamento diante de riscos de dano ou resultado útil do processo, alinhadas com a probabilidade do direito.

Do ponto de vista prático, entre o surgimento da lide e a instauração da arbitragem, é necessário formular convenção arbitral, de caráter obrigatório, sendo que a instauração da arbitragem se dá apenas com a nomeação e aceitação dos árbitros, constituindo-se o tribunal arbitral.

Logo, até que seja constituído o tribunal, não há instituição da arbitragem propriamente dita, pois os árbitros ainda não iniciaram seu trabalho e, consequentemente, não podem conceder quaisquer medidas, mesmo que de urgência, com o intuito de garantir o direito dos envolvidos, ficando livre pelas partes a escolha desse procedimento.

Insta fulgurar que, diante da existência de cláusula arbitral ou compromisso arbitral, o Judiciário deveria, teoricamente, declinar a competência para o juízo arbitral, já que não seria o juízo competente para apreciar questões de mérito da lide, pelo fato de as partes já terem escolhido o juízo específico.

Levando-se em conta os argumentos expostos, em uma primeira análise, poder-se-ia induzir a interpretação de que uma situação de urgência não seria passível de tutela jurisdicional, constituindo grave ameaça à garantia fundamental de acesso à justiça.

Para não deixar sombra de dúvidas, nessas hipóteses em que a situação de urgência surge antes da formação do tribunal arbitral e há convenção arbitral, a medida de urgência ou cautelar pode ser requerida ao Judiciário, o qual apenas poderá apreciar o pedido de tutela de provisória, estando impedido de analisar o mérito da causa por inteiro. Nesse sentido corrobora entendimento do STJ, na MC 19226, conforme decisão a seguir:

> PROCESSO CIVIL. MEDIDA CAUTELAR COM O FITO DE CONCEDER EFEITO SUSPENSIVO A RECURSO ESPECIAL. POSSIBILIDADE, DESDE QUE DEMONSTRADOS O PERICULUM IN MORA E O FUMUS BONI IURIS. ARBITRAGEM. JUÍZO ARBITRAL NÃO CONSTITUÍDO. MEDIDA CAUTELAR. COMPETÊNCIA. LIMITES. 1. A jurisprudência deste Tribunal vem admitindo, em hipóteses excepcionais, o manejo da medida cautelar originária para fins de se atribuir efeito suspensivo a recurso especial; para tanto, porém, é necessária a demonstração do periculum in mora e a caracterização do fumus boni iuris. 2. Na pendência da constituição do Tribunal Arbitral, admite-se que a parte se socorra do Poder Judiciário, por intermédio de medida de natureza cautelar, para assegurar o resultado útil da arbitragem. 3. Superadas as circunstâncias temporárias que justificavam a intervenção contingencial do Poder Judiciário e considerando que a celebração do compromisso arbitral implica, como regra, a derrogação da jurisdição estatal, os autos devem ser prontamente encaminhados ao juízo arbitral, para que este assuma o processamento da ação e se for o caso, reaprecie a tutela conferida, mantendo, alterando ou revogando a respectiva decisão. 4. Em situações nas quais o juízo arbitral esteja momentaneamente

impedido de se manifestar, desatende-se provisoriamente as regras de competência, submetendo-se o pedido de tutela cautelar ao juízo estatal; mas essa competência é precária e não se prorroga, subsistindo apenas para a análise do pedido liminar. 5. Liminar deferida. (BRASIL, 2012).

Aprofundando o estudo, em 2015 houve uma metamorfose na Lei nº 9.307/1996, com a Lei nº 13.129/2015, que, entre outros pontos, regula a forma a se tratar a tutela de urgência em casos em que o tribunal arbitral ainda não houvesse sido instituído.

Diante do exposto, cumpre notar que antes da instauração da arbitragem a parte que sofrer danos ou risco ao direito deverá recorrer ao Poder Judiciário, a fim de garantir seus direitos, com as limitações a seguir expostas.

Se concedida a tutela pelo juízo estatal, a parte terá 30 dias para requerer a instituição do procedimento arbitral, sob pena de cessar a eficácia da medida. Ressalta-se que, quando for instituído o tribunal arbitral, este deverá reapreciar a decisão, resolvendo por sua manutenção, revogação ou modificação.

Apesar de a convenção de arbitragem conferir ao árbitro a competência para resolver todas as questões atinentes à espécie, o árbitro não possui todos os poderes que o juiz estatal detém, restringindo-se ao poder de conhecer (*cognitio* ou *notio*) e de decidir (*iudicium*) uma causa. Assim, lhe fogem os poderes de coerção (*coertio*) e de execução (*executio* ou *imperium*), que são exclusivos do Estado (ALVIM, José Eduardo Carreira, 1997).

Fica claro, portanto, que o poder dos árbitros se limita a ditar decisões, inclusive as decisões sobre a necessidade, ou não, das medidas coercitivas ou cautelares, mas não as executar (ALVIM, José Eduardo Carreira, 2002).

Neste particular, seus poderes são limitados e não se comparam aos dos juízes togados. Tanto é que as medidas coercitivas ou cautelares que se fizerem necessárias serão solicitadas pelo órgão julgador privado ao Poder Judiciário, que seria, originariamente, competente para julgar a causa (art. 22, §§2º e 4º), assim como a execução forçada da sentença arbitral constitui título executivo judicial (art. 41, que confere nova redação ao art. 584, inciso III, do CPC) (FIGUEIRA JÚNIOR, 1999).

Portanto, ainda que o juiz estatal seja o único a deter o poder de impor medidas coercitivas, garantindo a efetivação da medida cautelar deferida pelo árbitro, "a apreciação de medidas cautelares faz parte do poder jurisdicional do árbitro" (LEITE, José, 2009). Antes da entrada em vigor da Lei nº 13.129/2015, mais nomeadamente com o parágrafo único do artigo 22-B, a doutrina majoritária já entendia que o árbitro tinha amplos poderes para conceder uma tutela de urgência, seja tutela antecipada, seja cautelar, decorrente do próprio poder jurisdicional que detém.

A fim de corroborar com os argumentos descritos, poderá ser inserido no contrato o conhecido termo de arbitragem, que poderá fixar os limites objetivos e subjetivos da jurisdição arbitral, delimitando, desde logo, as partes e os pedidos formulados, o que permite a condução mais eficiente do procedimento. Nele, é frequente ainda a construção, em consenso, de um calendário para a arbitragem. Possui, outrossim, a importante função de sanar possíveis deficiências identificadas na convenção arbitral (SCHMIDT, 2021).

O principal papel do termo de arbitragem é estabelecer claramente ou cristalizar as disputas entre as partes em um estágio preliminar (GREENBERG, 2002).

Destaca-se um ponto relevante, nesse ínterim: a impossibilidade de utilização de medidas judiciais antiarbitragem perante o Poder Judiciário, com objetivo de impedir a instauração do procedimento arbitral ou suspender o seu andamento, antes da decisão do próprio tribunal arbitral, uma vez que as referidas medidas violariam o princípio da competência-competência (ALVES, 2009).

No mesmo sentido é a lição de Leonardo Greco (2012):

> Se, respeitados certos princípios inderrogáveis, na arbitragem as partes podem ditar o procedimento a ser seguido pelos árbitros, por que não permitir que, perante os juízes profissionais, as partes possam dispor sobre o modo que consideram mais adequado de direção do seu processo, os prazos a serem observados, a escolha de comum acordo do perito a atuar na instrução da causa e tantas outras questões em que a lei é atualmente imperativa ou em que a margem de flexibilidade está entregue ao poder discricionário do juiz?

Defende-se a ideia de que as partes, quando pactuada a cláusula arbitral, poderão escolher o procedimento adequado para cada situação factual, ainda mais na possibilidade de determinar o rito, a depender da matéria e da região em que se encontra a cizânia. Tal fato transfere às partes as responsabilidades e a escolha da melhor forma de desenlace dos conflitos.

Inclusive, pode haver a utilização de meios e formas digitais para a utilização e o procedimento da arbitragem, em face das novas tecnologias. Existem evidências de que a confiança influencia as atitudes dos usuários em relação às tecnologias digitais nos procedimentos de arbitragem. Nem todas as dimensões da confiança têm o mesmo impacto quando as circunstâncias mudam. Quanto à garantia estrutural, o estudo aponta para seu intenso efeito sobre a confiança do usuário no prestador de serviços, mostrando a importância de mecanismos criados para proteger a privacidade e os dados dos usuários (FERREIRA, Daniel *et al.*, 2022).

Por derradeiro, argumenta-se que as partes poderão escolher o melhor procedimento, inclusive de forma digital, e em caso de desobediência do contrato, conforme regras estabelecidas no início ou no curso do pacto, em face do princípio da autonomia da vontade.

Porém, fica a defesa para a alteração da Lei nº 9.307/1996, especialmente no artigo 22-A, conforme o apêndice D, que permitirá que as partes, no contrato, de forma expressa, possam conceder o poder ao árbitro, a fim de tomar as decisões de urgência necessárias para a decifração da refrega, tanto no aspecto das provas, e da mesma maneira nas decisões de urgência. Estas deverão ser obedecidas, pelas partes, objetivando a eficácia do procedimento arbitral e sua independência do Poder Judiciário, em face do princípio contrato-procedimento (*Vertrags-verfahren*).

3.3 Criação de varas especializadas para executar ou anular decisões, assim como acordos, proferidos sob a égide da Lei nº 9.307/1996

Diante de todos os argumentos expostos, de nada valerá a criação de novas regras e julgamentos mais céleres de processos, caso não exista um local competente e específico para que se possa anular ou executar decisões, assim como acordos proferidos em câmaras arbitrais. Nesse sentido, é necessária a criação de varas específicas para a análise dessas relações que envolvam questões oriundas da arbitragem.

O problema atualmente é a falta de efetividade do processo, conforme descrito no capítulo 2, o que deveria ser um dos elementos essenciais para qualquer conflito apresentado ao Judiciário. Mas, infelizmente, não é isso que se encontra. Nesse sentido, o direito a um processo efetivo tem fundamento constitucional, seja em virtude da leitura do princípio da eficiência (art. 37 da CF/88), seja como decorrência dos princípios da duração razoável do processo e da celeridade (art. 5º, inciso LXXVIII, da Magna Carta), seja em razão das próprias garantias inerentes ao *due process of law* (art. 5º, incisos LIV e LV, da Magna Carta), seja, por fim, como consequência lógica e natural do adequado, preciso, técnico e amplo acesso à justiça (art. 5º, inciso XXXV, da CF/88) (MEDEIROS NETO, 2019).

A noção de efetividade do processo tem como premissa básica a concepção de que o Poder Judiciário tem como missão possibilitar aos demandantes uma adequada, tempestiva e eficiente solução de controvérsias, incluindo-se a devida realização do direito material tutelado em favor do seu titular (MEDEIROS NETO, 2019).

Acerca das execuções de acordos e decisões arbitrais na Justiça do Trabalho, o impacto da execução é significativo, principalmente nos segmentos da Justiça Estadual, Federal e do Trabalho correspondendo, respectivamente, a 53,9%, 49,6%, e 55,3% do acervo total de cada ramo. Em alguns tribunais, a execução chega a consumir mais de 60% do acervo. É o caso dos seguintes Tribunais de Justiça: do Distrito Federal e Territórios (TJDFT), do Estado do Rio de Janeiro (TJRJ), do Estado de São Paulo (TJSP), na Justiça Estadual; TRF3 na Justiça Federal; e TRT10, TRT13, TRT14, TRT16, TRT19, TRT2, TRT20, TRT21, TRT23, TRT7, TRT8, TRT9 na Justiça do Trabalho (CNJ, 2021). A valer, o que fica claro é que existe uma demanda reprimida de processos nas atuais varas do trabalho. Dessa forma, a necessidade de criação de varas específicas para arbitragem irá atender e incentivar uma demanda que terá resultados positivos.

Sabe-se que o Novo CPC, de 2015, foi desenvolvido com o objetivo de modernizar a legislação processual e dar mais celeridade às relações jurídicas em trâmite no país. Nesse contexto, os aludidos recentes julgados do STJ estão em linha com a preocupação do Estado brasileiro em conferir proteção constitucional ao direito de a parte ter um processo efetivo, que tramite em prazo razoável, em sintonia com a noção de acesso à justiça, e sempre observando o devido processo legal. Essa ideia é perfeitamente embasada nos incisos LXXVIII, LIV, LV e XXXV do art. 5º da CF/88, bem como nas normas fundamentais do CPC/15 (MEDEIROS NETO, 2020).

Uma das principais inovações foi o reconhecimento da arbitragem como espécie de jurisdição (artigo 4º, CPC). Torna-se oportuno esclarecer que, de acordo com o Código de Processo Civil de 1973, a arbitragem não era considerada uma jurisdição, resumindo-se a uma técnica de resolução de conflitos que se valia de uma convenção pactuada pelas partes para conceder a um terceiro (árbitro), não integrante dos quadros do Poder Judiciário, o poder de decidir a respeito de questão conflituosa envolvendo duas ou mais pessoas (BACELLAR, 2016).

Acerca do tema, uma experiência estadunidense traz uma questão importante:

> Um problema para os oponentes de troca, era garantir que, quando algo acontecesse, acontecesse apenas o que fosse necessário. Em particular, a intervenção judicial no auxílio à arbitragem seria contraproducente, a menos que fosse tão discreta e deferente quanto possível à autonomia da arbitragem. O tema principal, repetido inúmeras vezes, era que os processos judiciais e arbitrais deveriam se fortalecer mutuamente: "[Em contraste com Dean Shulman, outros] pediram que tanto a instituição quanto o autogoverno proliferassem por coletivos, argumentando que o sistema da galáxia circundante pode ganhar força a partir de suporte mútuo, desde que a lei alcance uma divisão viável de autoridade entre a arbitragem e o tribunal". (KLARE, 1982).[21]

No que se refere à execução das sentenças arbitrais, juntamente com a atualização da Lei nº 9.307/1996, o CPC trouxe alterações ao trâmite do processo. Contudo, pode-se dizer que essas alterações foram superficiais, por não terem alterado significativamente o caminho e o procedimento referente à fase executiva.

O principal objetivo da execução de sentença arbitral é alcançar o bem jurídico que é alvo da decisão arbitral. Apesar de a arbitragem ter status de jurisdição, o árbitro não possui poder de coerção próprio,

---

[21] Nossa tradução. No original: "A problem for trade off proponents was to ensure that when the law "came in", it did so only to the limited extent necessary. In particular, judicial intervention in said of arbitration would be counterproductive unless it were as unobtrusive and deferential as possible to the autonomy of arbitration. The key theme, repeated over and over again, was that the judicial and arbitral processes ought to be mutually reinforcing: '[In contrast to Dean Shulman, others] have urged that both the institutions of self-government proliferated by collective bargaining and the surrounding legal system can gain strength from mutual support provided that the law achieves a workable division of authority between the arbitration and the court'". (KLARE, Karl E. The Public/Private Distinction in Labor Law. *University of Pennsylvania Law Review*, v. 130, n. 6, p. 1.358-1.422, Jun. 1982. Disponível em: https://www.jstor.org/stable/3311975. Acesso em: 9 dez. 2021).

sendo necessário que o Estado disponibilize meios e instrumentos que viabilizem a satisfação do direito tutelado, em caso de não cumprimento voluntário. A partir desse cenário, nota-se que algumas vantagens presentes na arbitragem (celeridade e efetividade) podem ser minimizadas pelo fato de existirem empecilhos de ordem procedimental, normativa e estrutural na tramitação dessas ações.

Apesar de o legislador e o Judiciário, de certa forma, caminharem na direção correta, a questão carece de mais debate e inovações, tendo em vista que determinadas normas aplicáveis ao tema precisam ser mais trabalhadas para garantir melhores resultados, bem como é necessário alterar a estrutura de alguns órgãos do Poder Judiciário, no sentido de se adaptar às novas realidades processuais.

Desse modo, o objetivo deste trabalho não se resume aos aspectos gerais da arbitragem, mas também tratará de forma aprofundada acerca do tema e da sugestão de criação de varas especializadas para execução arbitral, com a finalidade de possibilitar a compreensão dessa modalidade de execução por todos os operadores do direito e terceiros interessados.

Reiterando alguns pontos já tratados no capítulo 2, mas para que os argumentos sejam assimilados de forma clara, com o intuito de demonstrar a necessidade de inovação sobre o tema, convém destacar o artigo 1º, da Lei nº 9.307/1996, que prevê expressamente que as pessoas capazes de contratar poderão valer-se da arbitragem para dirimir litígios relativos a direitos patrimoniais disponíveis. Nota-se que o legislador optou pela arbitragem apenas de direitos patrimoniais, em que as partes têm liberdade para usar, gozar e dispor do bem ou direito de modo amplo.

Aduz o artigo 3º, da Lei de Arbitragem, que as partes interessadas em solucionar conflitos por meio dessa via extrajudicial podem submeter a solução de seus litígios a qualquer juízo arbitral mediante a lavratura de convenção de arbitragem. A convenção de arbitragem é um acordo prévio feito entre as partes, da qual são espécies a cláusula compromissória e o compromisso arbitral (BACELLAR, 2016, p. 3).

A cláusula compromissória é um contrato preliminar por meio da qual as partes comprometem-se, por escrito, a submeter à arbitragem os litígios incertos e futuros que possam vir a ocorrer, relativos a direitos patrimoniais disponíveis que possam surgir relativamente a um contrato (BACELLAR, 2016, p. 137).

O compromisso arbitral é um contrato em que as partes, diante de uma contenda imediata e específica, submetem a questão litigiosa a um juiz ou tribunal arbitral. Dessa forma, percebe-se que esse compromisso é firmado quando não houver cláusula compromissória pré-existente ou quando a citada cláusula for omissa em relação à possibilidade da instituição de juízo arbitral para o objeto do litígio.

O artigo 9º, da Lei nº 9.307/1996, prevê que o compromisso arbitral é a convenção por meio da qual as partes submetem um litígio à arbitragem de uma ou mais pessoas, podendo ser judicial ou extrajudicial.

Observa-se que o legislador se preocupou em criar mecanismos diferentes (cláusula compromissória e compromisso arbitral), com o intuito de facilitar a adequação dessas ferramentas ao caso concreto, tendo em vista que a sua utilização estará relacionada ao momento e ao grau de complexidade do atrito.

Realizando um paralelo estrangeiro sobre o acordo coletivo, a CF/88, em seu artigo 114, §2º, corrobora com a arbitragem voluntária, na visão estadunidense: "De novo, se o acordo coletivo prevê o recurso à arbitragem voluntária, argumenta-se que a lei deve fazer cumprir o acordo; e é feita provisão para ações para proibir ou obrigar a arbitragem ou para proibir ou fazer cumprir as sentenças resultantes" (SHULMAN, 1955).[22]

A sentença arbitral é o pronunciamento escrito por meio do qual o árbitro ou os árbitros, devidamente nomeados, com fundamento nos artigos 23 e seguintes da Lei nº 9.307/1996, julgam o conflito de forma total ou parcial, sendo que tal decisão terá os mesmos efeitos da sentença proferida pelos órgãos do Poder Judiciário.

De acordo com o artigo 31, da Lei de Arbitragem, a sentença arbitral produz, entre as partes e seus sucessores, os mesmos efeitos da sentença proferida pelos órgãos do Poder Judiciário e, sendo condenatória, constitui título executivo.

Frisa-se que a sentença arbitral (poder decisório consensual) foi colocada no mesmo patamar das sentenças judiciais, conforme artigo 3º, §1º, do CPC. Ainda assim, não se atribuiu aos árbitros o poder de

---

[22] Nossa tradução. No original: "Again, if the collective agreement provides for resort to voluntary arbitration, it is argued that the law should enforce the agreement; and provision is made for suits to enjoin or compel the arbitration or to enjoin or enforce the resulting awards". (SHULMAN, Harry. Reason, Contract, and Law in Labor Relations. *Harvard Law Review*, v. 68, n. 6, p. 999-1.024, Apr. 1955. Disponível em: https://www.jstor.org/stable/1337783. Acesso em: 10 dez. 2021).

coerção (poder jurisdicional), ou seja, o poder de impor coercitivamente suas decisões, fato que já foi abordado no item 3.2, quando se criou o conceito contrato-procedimento, que depende de alteração legislativa, precisamente, do artigo 22-A, da Lei nº 9.307/1996.

Diante disso, na atualidade, a sentença arbitral não é dotada de coercibilidade por parte do juiz arbitral, ou seja, se a parte vencida não cumprir espontaneamente a decisão arbitral condenatória, a parte vencedora terá que ingressar com o processo de cumprimento de sentença perante a autoridade judicial competente para obter o bem jurídico almejado.

A sentença arbitral figura como título executivo judicial, cujo cumprimento de sentença se dará por via judicial, nos termos do artigo 515 do CPC. Diante disso, de acordo com a doutrina moderna, "ao árbitro/ tribunal arbitral cabe proferir a sentença, sendo do juízo estatal a competência para processar e efetivar o cumprimento da sentença" (DIDIER JUNIOR, 2015, p. 227).

É importante destacar que essa diferença entre a execução da sentença arbitral e a sentença existe pelo fato de o legislador ter restringido a atuação do tribunal arbitral até a fase de prolação de sentença, com algumas ressalvas previstas na lei, como requerimento de tutelas de urgência.

O CPC, no inciso III, do artigo 516, determina que o cumprimento da sentença efetuar-se-á perante o juízo cível competente, quando se tratar de sentença penal condenatória, de sentença arbitral, de sentença estrangeira ou de acórdão proferido pelo Tribunal Marítimo. Da leitura do dispositivo mencionado, observa-se que o legislador definiu que o cumprimento da sentença arbitral será objeto de um processo autônomo que deverá ser proposto pela parte interessada no juízo competente.

O tema da autonomia da sentença arbitral como procedimento é complexo, razão pela qual citar-se-á o entendimento do renomado professor Fredie Didier Junior sobre a questão:

> Mas pode acontecer que, mesmo nesses casos, o cumprimento da sentença se dê como fase do processo. Isso ocorrerá quando a execução dessas decisões for precedida de liquidação; a liquidação será o processo autônomo, encerrada por sentença cujo cumprimento se dará por fase. Ou seja: o cumprimento de sentença somente ocorrerá em processo autônomo se um desses títulos executivos judiciais (art. 515, VI a IX, CPC) prescindir de liquidação para poder ser executado. É por isso que o §1º do art. 515 do CPC determina que, nos casos dos seus incisos VI a IX, o

devedor será citado no juízo cível para o cumprimento da sentença ou para a liquidação no prazo de quinze dias. Do mesmo modo, é possível, excepcionalmente, que o cumprimento de sentença fundado num dos títulos judiciais indicados no art. 515, I a V, do CPC se faça por processo autônomo, e não por fase. É o caso, por exemplo, da sentença que, em ação coletiva, reconhece direito individual homogêneo. O indivíduo beneficiado por ela precisará deflagrar processo autônomo (distinto do processo coletivo no qual a decisão se formou) para, primeiramente, liquidar o próprio crédito e, na sequência, como fase desse processo autônomo, buscar o cumprimento (DIDIER JUNIOR, 2015, p. 459).

Com base nessa corrente doutrinária, percebe-se que, no caso das sentenças arbitrais que necessitam de liquidação (apuração do objeto/valor exato da condenação), a sua execução ocorrerá no âmbito do processo de liquidação, e não de forma autônoma. Já as sentenças arbitrais que dispensem a liquidação serão executadas mediante processo autônomo, diretamente no juízo cível competente.

Nesse sentido, o professor Araken de Assis entende que "as normas de competência, relativas ao cumprimento de sentença, seriam igualmente aplicáveis à liquidação da sentença" (ASSIS, 2016, p. 529).

Em contraponto a essas visões, o professor Francisco José Cahali defende "que a competência é do árbitro, a não ser que a própria convenção de arbitragem tenha afastado essa competência" (CAHALI, 2020, p. 263-266).

Nessa mesma linha, a competência quanto à liquidação é tema controverso para a doutrina: "a liquidação deve ser proposta perante um juízo estatal, salvo estipulação em contrário na convenção de arbitragem" (CARMONA, 2016, p. 112-113).

Nesse aspecto, a linha aqui defendida é justamente que a arbitragem constitui a maior manifestação de disponibilidade de direitos no ordenamento jurídico, considerando-se que as partes renunciam à promessa constitucional de inafastabilidade da tutela jurisdicional, para solucionar os seus desenlaces, em seara diversa da judicial. Realmente, isso demonstra a evolução da sociedade, a fim de buscar pacificação em suas dificuldades, tratando-se de um procedimento autônomo.

Não seria lógico, portanto, exigir que na execução da sentença arbitral sejam as partes obrigadas a seguir regras de competência sem qualquer influência de suas vontades sobre tal fixação. Se podem até mesmo dispensar a intervenção do Poder Judiciário, evidentemente que devem ter ampla liberdade para fixar a competência da execução da sentença arbitral.

Em decorrência desse raciocínio, é fácil concluir que a competência para a execução da sentença arbitral será sempre relativa, podendo, portanto, ser modificada pelas hipóteses de prorrogação de competência, com especial ênfase nesse caso para a cláusula eletiva do foro, que invariavelmente fará parte do compromisso arbitral ou da cláusula compromissória. Dessa forma, e na ausência de qualquer norma expressa no sentido de fixar a competência, deve-se aplicar a regra de foros concorrentes prevista no parágrafo único do art. 516 do CPC (NEVES, 2016, p. 1.103).

Seguindo essa perspectiva, o professor Daniel Amorim conclui que "a competência para executar sentenças arbitrais será relativa, sendo a cláusula eletiva do foro presente no compromisso arbitral ou na cláusula compromissória a responsável por definir a competência para liquidação das sentenças arbitrais" (NEVES, 2016, p. 1.102).

De acordo com o regramento previsto no CPC, serão requisitos para o cumprimento da sentença arbitral:

> I – Inadimplemento/exigibilidade: não cumprimento espontâneo da obrigação fixada na sentença (art. 786);
> II – Sentença arbitral: título executivo judicial que traduz uma obrigação e permite o início da fase de cumprimento de sentença (art. 515, VII). (BRASIL, 2015).

Em razão da existência de título judicial que foi concebido em esfera distinta do Poder Judiciário (sentença arbitral), haverá a necessidade de realizar a citação do devedor para o cumprimento de sentença, bem como para iniciar a liquidação das sentenças arbitrais que estiverem ilíquidas.

O STJ entende que o ajuizamento da ação de cumprimento da sentença arbitral não se trata de execução provisória, mas sim de execução definitiva, pelo fato de a sentença arbitral não se sujeitar a reexame de mérito por parte do árbitro ou do juiz de direito, estando desde a sua prolação sujeita aos efeitos da coisa julgada.

Com as devidas adaptações, foi feito um passo a passo do trâmite do cumprimento das sentenças arbitrais que dispensem liquidação:

1) Proferida a sentença arbitral condenatória e não havendo pagamento espontâneo pelo réu, o autor requererá o início do cumprimento de sentença (art. 523).
1.1) O requerimento deverá ser acompanhado da memória do débito, bem como da indicação de bens sujeitos a constrição judicial (art. 524).
2) Citado o réu, se não houver pagamento no prazo de 15 dias, incidirá multa e honorários, no valor de 10% cada (art. 523, §1º).
2.1) Em caso de não cumprimento espontâneo, haverá penhora e avaliação de bens necessários à satisfação do débito (art. 523).
3) Poderá o executado apresentar impugnação (art. 525).
4) Se a impugnação não suspender o cumprimento de sentença ou, ao final, for rejeitada, ocorrerá a alienação do bem penhorado.
5) Expropriação de bens segue as regras da execução de título extrajudicial: adjudicação pelo credor; alienação por iniciativa particular; leilão.
6) A seguir, a extinção da fase de cumprimento de sentença.
Aplicação subsidiária: destas regras para o cumprimento provisório (art. 527. Aplicam-se as disposições deste Capítulo ao cumprimento provisório da sentença, no que couber); das regras do processo de execução para o cumprimento de sentença (art. 513). (TARTUCE, Flávio, 2017, p. 245).

De acordo com o princípio da efetividade previsto no artigo 4º do CPC/15, as partes devem obter em prazo razoável a solução integral do mérito, incluída a atividade satisfativa (fase de execução). Ou seja, o Estado, na figura do Poder Judiciário, deve atuar com o objetivo de assegurar que o direito tutelado alcance sua finalidade específica no menor tempo possível.

O princípio da efetividade garante o direito fundamental à tutela executiva, que consiste "na exigência de um sistema completo de tutela executiva, no qual existem meios executivos capazes de proporcionar pronta e integral satisfação a qualquer direito merecedor de tutela executiva (GUERRA, 2002).

De modo diverso, mas com a mesma finalidade, o professor Daniel Amorim Assumpção Neves defende:

O princípio da duração razoável do processo, consagrada no art. 5.º, LXXVIII, da CF, encontra-se previsto no art. 4.º do Novo CPC. Segundo o dispositivo legal, as partes têm direito de obter em prazo razoável a solução integral do processo, incluída a atividade satisfativa. A novidade com relação ao dispositivo constitucional é a inclusão expressa da atividade executiva entre aquelas a merecerem a duração razoável. Reza o ditado popular que aquilo que abunda não prejudica, mas é extremamente duvidoso que, mesmo diante da omissão legal, a execução não seja incluída no ideal de duração razoável do processo (NEVES, 2016, p. 202).

Sem embargo, é necessário refletir se as dificuldades presentes no processo de execução das sentenças judiciais não vão desnaturar a efetividade e a celeridade do procedimento arbitral.

Diante desse contexto, do ponto de vista de economia aos cofres públicos, torna-se oportuno registrar que, apenas em 2014, o Poder Judiciário consumiu R$68,4 bilhões em verbas públicas, o equivalente a 1,2% das riquezas produzidas pelo país no período, sendo que na época já havia cerca de 99 milhões de processos pendentes de julgamento (BARROCAL, 2015).

De acordo com a revista Exame, o TJSP leva em média 4 anos e 6 meses para proferir sentença relativa a processo que tramita em primeira instância (BRETAS, 2016).

Diante dos dados apresentados, é notório que a fase de execução das sentenças arbitrais na justiça estatal não acompanhará a celeridade do procedimento arbitral, pois a execução das sentenças arbitrais que necessitarem de liquidação demandará citação. Além disso, as sentenças arbitrais que não dependam de liquidação serão executadas mediante processo autônomo, que também dependerá de citação. Frisa-se que tais processos são mais complexos que os utilizados na fase de execução comum, por necessitarem de citação, o que é o grande entrave para esse procedimento.

Desse modo, diante das similaridades que a fase executiva judicial tem em relação à fase executiva arbitral, é incabível dizer que a execução de uma levará menos tempo que a da outra, o que parece ir de encontro ao objetivo da arbitragem.

Para analisar a efetividade sob a ótica da Administração Pública, deve-se considerar que esse complexo conceito mantém estreita relação com a avaliação por parte do Poder Judiciário acerca de qual a forma mais adequada para se cumprir a sua missão, alcançar seus objetivos constitucionais e se adaptar às novas e constantes mudanças socioeconômicas do país no que se refere ao processo de execução das sentenças arbitrais.

Aplicando o conceito de efetividade à gestão do Poder Judiciário e, especialmente, ao combate à morosidade, considerando os aspectos expostos neste trabalho, será atingida a efetividade da prestação jurisdicional na medida em que o Judiciário cumprir de fato sua missão, atingir seus objetivos e se adaptar às mudanças ocorridas na sociedade e no ambiente organizacional.

Um Poder Judiciário que desempenhe suas funções com efetividade sem dúvida gerará a satisfação do usuário do sistema judicial (advogado, procurador, servidor etc.) ou do jurisdicionado (autor, réu ou interessado), haja vista que dificilmente seja possível satisfazer ao autor e réu ao mesmo tempo, o que é uma peculiaridade da decisão judicial.

Assim, aplicabilidade somente não basta. Embora possa ser satisfeito o princípio da razoável duração do processo, isso não significa que se produziu uma decisão eficaz, justa e adequada, que resolve o problema, pois "uma justiça célere não é necessariamente uma justiça melhor" (CORREA, 2014).

Portanto, um Judiciário que desempenha suas funções com efetividade é aquele em que suas decisões observam o préstimo e são dotadas de eficácia do ponto de vista gerencial. Agindo dessa forma, será possível cumprir os objetivos do Planejamento Estratégico Nacional, delineado pelo CNJ (Resolução CNJ nº 70/2009), que prevê como componentes, dentre outros, a "missão de realizar justiça", e a "visão de ser reconhecido pelo corpo social como instrumento efetivo de justiça, equidade e paz social".

Sob essa ótica, nota-se que a efetividade da sentença arbitral está relacionada a sua capacidade de decidir conflitos, de alcançar resultados de modo mais ágil, mais informal, mas com segurança jurídica.

A efetividade das decisões arbitrais baseia-se em diferentes fatores:

1. Especialização do corpo arbitral: as partes nomeiam os árbitros (profissionais com conhecimentos específicos na área de atuação) para solucionarem o conflito de interesses.

2. Fixação de prazos: As partes envolvidas podem definir o prazo para lavratura da sentença arbitral (art. 23, da Lei nº 9.307/1996).

3. Confidencialidade do procedimento: Em regra somente as partes envolvidas terão acesso ao procedimento, salvo estipulação em contrário.

4. Informalidade: O procedimento arbitral não é obrigado a seguir dinâmica do processo judicial, sendo mais simples, aberto e informal. Frisa-se que as partes de comum acordo poderão até mesmo definir as normas de julgamento do

conflito, evidenciando uma ruptura parcial com a forma de julgamento prevista no CPC.

Ao encontro dos argumentos descritos, a estratégia nacional do Poder Judiciário 2021-2026 (CNJ, 2021) foi instituída pela Resolução CNJ nº 325, de 30 de junho de 2020, após construção democrática e participativa no âmbito da Rede de Governança Colaborativa. Tem a finalidade de definir as diretrizes nacionais da atuação institucional dos órgãos do Poder Judiciário para o próximo sexênio, tendo como missão principal a realização da justiça.

Diante dos elementos apresentados, observa-se que as sentenças arbitrais somente poderão ser efetivas à medida que estejam alinhadas com a missão e consideração do Poder Judiciário, quando realizadas com bom senso.

É notório que alguns aspectos da efetividade da sentença arbitral esbarram nas formalidades da lei processual; no entanto, isso decorre da necessidade de controlar a legalidade das sentenças proferidas por árbitros/tribunais arbitrais prestigiando o artigo 5º, inciso XXXV, da Constituição Federal.

Além disso, observa-se a possibilidade de ajuizamento de ação anulatória (artigos 29, 30, 32 e 33). Nesse sentido, a Terceira Turma do STJ decidiu ser possível o ajuizamento de ação anulatória contra sentença arbitral parcial que determinou a inclusão de uma empresa de comunicação em procedimento arbitral em andamento perante o Centro de Arbitragem e Mediação da Câmara de Comércio Brasil-Canadá (BRASIL, 2018b).

Em breve síntese, o TJSP, em medida cautelar (preparatória à ação anulatória de sentença parcial arbitral), entendeu que só seria cabível a ação anulatória quando fosse prolatada a sentença arbitral final, e não no momento da sentença parcial, como aconteceu no caso. A empresa que requereu sua exclusão do procedimento arbitral recorreu ao STJ alegando que a legislação prevê expressamente a possibilidade de impugnação por meio de ação anulatória de sentença arbitral parcial, não se sustentando o fundamento do TJSP de que seria necessário esperar a sentença final para recorrer à justiça.

De tal modo, ao dar provimento ao recurso, o relator, ministro Marco Aurélio Bellizze, afirmou que, nos termos da Lei nº 9.307/1996, não há proibição de que seja proferida sentença parcial durante procedimento arbitral. Segundo o ministro, a prolação de sentença arbitral parcial também não apresenta incongruência alguma com o atual sistema processual brasileiro. Ainda, a legislação estabelece o prazo decadencial de 90 dias (artigo 33 da Lei nº 9.037/1996) para se pedir a anulação de sentença arbitral. Para o ministro, a sentença arbitral pode ser compreendida como gênero – do qual a sentença parcial e a sentença final são espécies, o que leva à ideia de que o prazo previsto no dispositivo legal pode ser aplicado às sentenças parcial e final, "indistintamente" e afirma:

> A ação anulatória destinada a infirmar a sentença parcial arbitral – único meio admitido de impugnação do decisum – deve ser intentada de imediato, sob pena de a questão decidida tornar-se imutável, porquanto não mais passível de anulação pelo Poder Judiciário, a obstar, por conseguinte, que o juízo arbitral profira nova decisão sobre a matéria. Não há, nessa medida, nenhum argumento idôneo a autorizar a compreensão de que a impugnação ao comando da sentença parcial arbitral, por meio da competente ação anulatória, poderia ser engendrada somente por ocasião da prolação da sentença arbitral final. (BRASIL, 2018b).

Na ação descrita, está devidamente justificada a impugnação, pois se a questão decidida pela sentença arbitral parcial for definitivamente julgada, não poderá ser objeto de ratificação ou de modificação pela sentença final:

> A este propósito, saliente-se que o conteúdo da sentença parcial arbitral, relativa à inclusão da ora recorrente no procedimento arbitral (objeto da subjacente medida cautelar e da ação anulatória de sentença parcial arbitral), não se confunde com o conteúdo da sentença final arbitral, que julgou o mérito da ação arbitral. (BRASIL, 2018b).

Ao reconhecer o cabimento da ação anulatória de sentença arbitral parcial, o STJ determinou que o tribunal de origem prossiga no julgamento do agravo de instrumento em relação às questões que se referem à possibilidade, liminarmente, de se estender a cláusula compromissória à empresa insurgente, para manter ou não o efeito suspensivo da sentença parcial até o julgamento final da ação anulatória.

Não se descuida da certeza de que a ação anulatória não pode ser usada pelas partes como mecanismo de externar o inconformismo em relação ao mérito da sentença arbitral, como se fosse um meio recursal de revisão. O foco é propor uma leitura sistemática dos meios de controle das decisões judiciais e arbitrais, defendendo-se a posição de que hipóteses de cabimento de ação rescisória, que representem a preservação da ordem pública e do devido processo legal, podem ser utilizadas para o ajuizamento da ação anulatória da sentença arbitral, ainda que essas hipóteses não estejam expressamente delineadas no artigo 32 da Lei nº 9.307/1996 (LUCON; BARIONI; MEDEIROS NETO, 2014).

Para elucidar o tema, para o fim de alcançar uma "divisão viável de autoridade", os proponentes da troca foram obrigados simultaneamente a argumentar que o sistema arbitral solicitou a assistência dos tribunais e que arbitragem foi um método tão único para a solução de conflito que o os tribunais não deveriam se envolver em sua operação de rotina. Ironicamente, ao apoiar esse segundo ramo de seu argumento, os defensores apresentaram precisamente as características especiais da arbitragem que Shulman e outros haviam identificado no aconselhamento de que a lei "fica para fora". Eles produziram uma literatura florescente sobre a singularidade de arbitragem: sua frequência prática e outras normas extradocumentais; seu papel contínuo em manter o processo de produção (em oposição apenas ao acordo de litígio de caso a caso); sua latitude e engenhosidade corretiva; sua informalidade; suas funções catárticas; seu envolvimento com leigos; e assim por diante (KLARE, 1982).[23]

Ainda nos moldes estadunidenses:

Muito menos comum é a suspensão de uma sentença por causa de uma exclusão injusta e prejudicial ou admissão de prova. É claro que boatos são normalmente aceitáveis em procedimentos de arbitragem, e os árbitros têm considerável latitude em suas determinações probatórias. É a decisão excessivamente técnica, inesperada e prejudicial que pode desencadear a intervenção judicial. No interesse de promover a finalidade, os tribunais

---

[23] Nossa tradução. No original: "To the end of achieving a "workable division of authority," proponents of the tradeoff were obliged simultaneously to argue that the arbitral system needed the assistance of the courts, and that arbitration was so unique a method of conflict resolution that the courts ought not get involved in its routine operation. Ironically, in supporting this second branch of their argument, advocates turned to precisely those special features of arbitration that Shulman and others had identified in counseling that the law "stay out". They produced a burgeoning literature on the uniqueness of arbitration: its frequent reference to past practice and other extra-documentary sources of norms; its on-going role in maintaining the production process (as opposed merely to case-by-case dispute settlement); its remedial latitude and ingenuity; its informality; its cathartic functions; its involvement of lay people; and so on". (KLARE, Karl E. The Public/Private Distinction in Labor Law. *University of Pennsylvania Law Review*, v. 130, n. 6, p. 1.358-1.422, Jun. 1982. Disponível em: https://www.jstor.org/stable/3311975. Acesso em: 9 dez. 2021).

raramente anularão uma sentença com base em novas evidências não apresentadas na audiência (ANTOINE, 1977).[24]

Voltando para as regras brasileiras, como paralelo, registra-se que o CNJ recomendou aos tribunais de todo o país para que criem varas especializadas para o julgamento de processos relacionados ao acesso à saúde, tendo em vista que a especialização propicia decisões mais adequadas, céleres e precisas (EUZÉBIO, 2013).

Desse modo, entende-se que a criação de varas especializadas para execução de sentenças arbitrais pelos tribunais de justiça dos estados e do Distrito Federal poderá apresentar resultados positivos, na medida em que a separação dos processos arbitrais dos puramente judiciais, bem como a dedicação a matérias específicas e mais restritas, poderá proporcionar maior qualidade de decisões, praticabilidade no acompanhamento desses processos e economia de tempo.

O desenvolvimento do presente estudo possibilitou uma compreensão mais especializada da Lei nº 9.307/1996 e do Novo CPC, de modo que se tornou possível entender com clareza a fase de execução de sentenças arbitrais, avaliar as dificuldades relativas ao trâmite desses processos e refletir sobre meios que possibilitem o aperfeiçoamento dessa espécie de jurisdição.

De modo geral, verificou-se que as sentenças arbitrais correm o risco de perder uma de suas características marcantes, a celeridade, tendo em vista que sua fase executiva (pós-arbitral) não possui a mesma rapidez da fase arbitral. Por outro lado, observou-se que essas sentenças têm sido efetivas, devido à sua capacidade de decidir o estorvo e alcançar resultados, além de estar alinhadas com a missão e interpretação do Poder Judiciário brasileiro.

Vale ressaltar que, após esmiuçar as normas processuais que tratam da matéria, constata-se que essas sentenças refletem um avanço significativo no que se refere à facilitação do acesso à justiça, uma vez

---

[24] Nossa tradução. No original: "Much less common is the vacation of an award because of an unfair and prejudicial exclusion or admission of evidence. Hearsay of course is ordinarily acceptable in arbitration proceedings, and arbitrators are accorded considerable latitude in their evidentiary determinations. It is the excessively technical, unexpected, and hurtful ruling that is likely to trigger judicial intervention. In the interest of fostering finality, courts will rarely overturn an award on the basis of new evidence not introduced at the hearing". (ANTOINE, Theodore J. St. Judicial Review of Labor Arbitration Awards: A Second Look at Enterprise Wheel and Its Progeny. *Michigan Law Review*, v. 75, n. 5/6, p. 1.137-1.161, Apr./May 1977. Disponível em: https://www.jstor.org/stable/1288027?origin=JSTOR-pdf. Acesso em: 8 dez. 2021).

que a utilização de métodos alternativos de solução conflitos, como a arbitragem, está em consonância com as diretrizes do Poder Judiciário. Assim, diante dos elementos da pesquisa, fica evidente que os objetivos do trabalho foram plenamente alcançados.

Dada a importância do tema, vê-se a necessidade de fomentar o debate e o desenvolvimento de novas ideias que possam ser aplicadas no direito processual, com a finalidade de racionalizar as etapas da arbitragem e da execução arbitral.

Como exemplo dos argumentos expostos, há mais relatos da experiência nos EUA:

> A dimensão final do interesse público em arbitragem é a mais importante e a mais óbvia. A arbitragem foi concebida principalmente como um instrumento de justiça para a comunidade industrial, e o Estado não poderia contar com um mecanismo de mercado inadequado para cumprir uma de suas responsabilidades fundamentais. Além disso, a qualidade de desempenho arbitral não afetará apenas a equidade e a eficiência na planta, mas também terá consequências que vão muito além da planta. Para os trabalhadores, a linha entre a adjudicação oficial e a privada provavelmente não terá importância; e a integridade, real e aparente, com que os árbitros desempenham suas funções influenciará o respeito dos funcionários, entre outros, pelo estado de direito em geral. Essa consideração, por mais imponderável que seja, assume especial importância quando a ideia de direito é contestada pelo recurso à força em muitas áreas sensíveis da vida nacional. (MELTZER, 1967).[25]

Continuando:

> O interesse público também está envolvido porque a arbitragem constitui uma alternativa e um obstáculo ao uso do aparelho oficial.

---

[25] Nossa tradução. No original: "The final dimension of the public interest in arbitration is the most important and the most obvious one. Arbitration is designed primarily as an instrument of justice for the industrial community, and the state could not properly rely on an inadequate market mechanism to discharge one of its fundamental responsibilities. Furthermore, the quality of arbitral performance will not only affect equity and efficiency in the plant but will also have consequences that radiate far beyond the plant. To workers, the line between official and private adjudication is likely to be an unimportant one; and the integrity, actual and apparent, with which arbitrators discharge their function will influence the respect of employees, among others, for the rule of law generally. That consideration, however imponderable, takes on a special importance when the idea of law is being challenged by recourse to force in many sensitive areas of our national life". (MELTZER, Bernard D. Ruminations about Ideology, Law, and Labor Arbitration. *The University of Chicago Law Review*, v. 34, n. 3, p. 545-561, Spring 1967. Disponível em: https://www.jstor.org/stable/1598847. Acesso em: 10 dez. 2021).

Desse modo, o recurso prévio à arbitragem, e de fato sua pendência ou disponibilidade, pode levar o NLRB a reter sua jurisdição e também pode influenciar o conteúdo da ação da Diretoria onde ela assume jurisdição. (MELTZER, 1967).[26]

Para corroborar o que já foi descrito, caso ocorra o descumprimento ou pedido de nulidade do acordo ou da sentença arbitral, o Poder Judiciário deverá ser acionado, com o intuito de resolver o conflito, em varas especializadas e criadas apenas para atender os questionamentos acerca das decisões em acordos arbitrais. Essa configuração dará maior celeridade a situações que envolvam a arbitragem. A seguir, serão abordadas as sugestões à legislação, tendo em vista, no presente caso, a alteração processual dos artigos 876 (inclusão do termo arbitral como título executivo) e 657 (criação de varas específicas) da CLT, a fim de corresponder às demandas pertinentes aos acordos e às sentenças arbitrais, com maior efetividade.

3.4 Projetos de lei destinados à criação de regras de aplicação da arbitragem e inovações legislativas

Antes de adentrar nos pontos de novidades legislativas, defendidas neste trabalho, saliente-se que existem dois projetos de lei, nas casas legislativas federais do Brasil, que procuram estender e modificar o instituto da arbitragem.

Nesse aspecto, Pinho (2011) pondera que, com o passar do tempo, espera-se que ocorra o amadurecimento da sociedade, no sentido de que passe a ter um papel mais ativo na procura de soluções e no gerenciamento dos conflitos. Espera-se, portanto, que se abandone a atual postura de recorrer sempre e de forma automática ao Judiciário, uma vez que a regra ainda é o litígio, ou seja, buscar a jurisdição antes mesmo de tentar dialogar com a parte contrária ou mesmo considerar a hipótese de recorrer a um meio alternativo para a solução daquele conflito.

---

[26] Nossa tradução. No original: "The public interest is also involved because arbitration constitutes an alternative and an obstacle to the use of official machinery. Thus, prior resort to arbitration, and indeed its pendency or availability, may move the NLRB to withhold its jurisdiction and may also influence the substance of the Board's action where it takes jurisdiction". (MELTZER, Bernard D. Ruminations about Ideology, Law, and Labor Arbitration. *The University of Chicago Law Review*, v. 34, n. 3, p. 545-561, Spring 1967. Disponível em: https://www.jstor.org/stable/1598547. Acesso em: 10 dez. 2021).

O primeiro é o Projeto de Lei nº 7.108/2014, que propõe a alteração da Lei nº 9.307/1996, e da Lei nº 6.404/1976, para ampliar o âmbito de aplicação da arbitragem. Além disso, dispõe sobre empregado que ocupe ou venha a ocupar cargo ou função de administrador ou diretor estatutário, nos contratos individuais de trabalho, situação em que poderá ser pactuada cláusula compromissória. Por fim, aborda outros temas e revoga dispositivos da Lei nº 9.307/1996.

O segundo é o Projeto de Lei nº 4.468/2020, que define que a arbitragem especial tributária poderá ser instaurada no curso da fiscalização, mediante solicitação do contribuinte ou provocação da Administração Tributária, para prevenir conflitos mediante solução de controvérsias sobre matérias de fato. O documento enviado ao Senado traz a ressalva de que o procedimento não poderá ser instaurado nos casos de crédito tributário que já tenha sido constituído mediante lançamento tributário ou auto de infração e imposição de multa.

Porém, precisa-se de algo que possa atender os anseios da coletividade, especificamente na área trabalhista, tal como a alteração na CLT, inclusão de artigos, que permitem a arbitragem, como um negócio jurídico, entre as partes, por árbitros nomeados pela justiça que darão o aceite.

Importante ressaltar que deverá haver segurança das partes, para que não ocorram fraudes à lei. Num primeiro momento, deve existir o diálogo inicial para tratativa de acordo, no qual deverá ser exposto o real valor devido e, consequentemente, as condições de cada parte, para que ocorra pagamento, redução ou parcelamento.

Esses argumentos devem ser apresentados com provas dos fatos, a exemplo de extratos bancários, duplicatas, outros acordos, que comprovem a real situação financeira dos envolvidos, em respeito ao princípio da boa-fé e cooperação.

É evidente que se está diante de um momento em que as partes desejam resolver seus problemas de forma muito mais célere, o que muitas vezes não é encontrado na justiça estatal. Dessa forma, a arbitragem é uma solução, desde que tenha árbitros responsáveis e fiscalização feita de uma forma adequada, pelo Estado, dessas "câmaras arbitrais".

No apêndice D, estão as sugestões de alteração da lei, defendidas na tese, com o intuito de dar maior efetividade ao instituto da arbitragem. Seguem as referidas alterações de forma específica.

Num primeiro plano, propõe-se a mudança dos artigos 484-A e 855-B, da CLT, autorizando determinadas câmaras e certos árbitros a realizarem a homologação em comum acordo, sem a necessidade de procurar o Poder Judiciário, o que conferiria grande eficácia ao instituto. Outro ponto determinante é justamente a mudança do artigo 477-A da CLT, que autoriza a dispensa coletiva. Mas, se ela passar por uma câmara arbitral, não se dará eficácia liberatória geral. Da forma que está atualmente, daria segurança a categoria, com as revisões dos valores e direitos aos empregados, assim como o não cabimento de ações judiciais.

Nessa linha, e não menos importante, sugere-se a alteração do artigo 507-A da CLT, no qual poderiam ser acrescentados parágrafos, os quais determinariam a hipótese de cabimento e ajuizamento de um pedido em câmaras arbitrais, em relações que envolvam vínculos de trabalho, independentemente do valor.

A aplicação da Lei nº 9.307/1996, com procedimentos específicos para cada caso concreto, que respeitem num primeiro plano a justiça, a celeridade e as normas que foram determinadas pelas partes, será uma evolução para a solução de conflitos de uma forma mais equânime. Respeita-se, assim, a natureza jurídica do direito do trabalho, em que as partes são livres para determinarem a melhor forma de solução do inconveniente. No presente trabalho, defende-se a ideia de que o artigo 22-A da Lei nº 9.307/1996 poderá ser expandido, com o intuito de que as partes poderão conceder ao árbitro a possibilidade de decisões de urgência, independentemente do Poder Judiciário, tal como as provas a serem apresentadas. Deve ser de livre escolha das partes o melhor procedimento, ao que se deu o nome de contrato-procedimento (*Vertrags-verfahren*), descrito no item 3.2.

Do ponto de vista processual, é importante a criação do inciso "g", no artigo 652 da CLT, que daria a possibilidade de criação de varas específicas para resolver conflitos que envolvam relações de arbitragem, assim como a inclusão do §1º, do artigo 876 da Consolidação, a fim de incluir as sentenças e os acordos arbitrais como títulos executivos na seara trabalhista.

Diante de todos os argumentos descritos, existe a possibilidade de mudança na CLT e da Lei de Arbitragem, especificamente em situações em que o Estado poderá conceder aos cidadãos, respeitados os requisitos legais, a possibilidade de escolha pela arbitragem na seara obreira, igualmente do procedimento que será utilizado, em caso de desobediência.

Para efeito de conhecimento, pode-se ainda utilizar a possibilidade de ajuizamento de um mandado de segurança, por qualquer interessado, maior de 18 anos, capaz, na Justiça Federal, com o intuito de realizar a atividade de árbitro, na seara trabalhista. Com isso, o juiz federal de primeira instância poderá deferi-la, desde que verifique a possibilidade, no local, para esse ato. Após o deferimento, tem-se a inscrição na CEF e na Superintendência Regional do Trabalho e Emprego (SRTE), para saque do Fundo de Garantia do Tempo de Serviço (FGTS) e seguro-desemprego, respectivamente, nas decisões proferidas pelo árbitro. Diante dessa situação, o profissional poderá ser fiscalizado pelo CNJ, ou pelo Ministério Público, pelos seus atos, e com isso existirá a segurança das decisões. Trata-se de mais uma forma de ampliação desse instituto.

Por derradeiro, essas discussões se fazem necessárias, em face da demora para o resultado das demandas judiciais, assim como do não pagamento de acordos e sentenças na justiça estatal. Diante das lacunas que existem na execução trabalhista processual convencional, a arbitragem desponta como o meio de resolver esses problemas citados; desde que exista o desejo de solução deles, o meio para isso está disponível a todos.

CONCLUSÃO

O presente trabalho consistiu no aprofundamento das reflexões concernentes à utilização da arbitragem em matéria trabalhista, com foco nas relações trabalhistas e empregatícias, independentemente do valor da causa, após a rescisão do contrato, de caráter imediato. Incluiu-se no texto, como apêndice, algumas sugestões legislativas, de alterações de leis já existentes, para a efetividade do instituto, ampliando os poderes do árbitro, e, igualmente, a criação de novas varas para a execução de acordos e sentenças não obedecidas.

Como resultado deste estudo, fica evidente, após os números apresentados no capítulo 2, que o Poder Judiciário estatal não traz a efetividade no julgamento das ações que a sociedade espera, especialmente na seara trabalhista, pelo seu caráter alimentar e de urgência. Como desenlace, verificou-se que, em média, a solução da demanda, em câmaras arbitrais, consoante análise realizada nos procedimentos (de acordo com os apêndices) é, em média, 60 dias para a sentença ser proferida, prazo, pois, muito menor do que a justiça estatal. Nessa mesma linha, conforme a doutrina estrangeira descrita no trabalho, fica evidente que em outros países a aplicação da arbitragem é feita há um bom tempo com resultados positivos.

Reiterando, após a pesquisa realizada, verificou-se a possibilidade de aplicação imediata da arbitragem nos contratos de trabalho, após sua ruptura, com estrutura do procedimento garantido no princípio da autonomia da vontade, assim como a natureza privada da relação empregatícia. Assim, fica evidente que, com a utilização da arbitragem, há resultados muito mais céleres do que os encontrados no Poder Judiciário.

Não obstante esse argumento, a amplitude do poder ao árbitro, de forma expressa, fará com que o procedimento seja aplicado de forma efetiva (princípio contrato-procedimento) e, por cautela, tendo a fiscalização do Estado. Nessas relações, a criação de novas varas específicas para executar ou anular acordos/sentenças arbitrais abrilhantaria os argumentos narrados neste trabalho.

Não há qualquer pretensão de esgotamento da matéria, haja vista que são questões as quais deverão ser discutidas por todos, população, meios acadêmicos, operadores do direito, classe empresarial, representantes dos empregados, assim como pelo Poder Legislativo. Este poderá ampliar o instituto da arbitragem, com a devida fiscalização do Estado, para que toda a coletividade possa se beneficiar da Lei nº 9.307/1996, com suas vantagens, em comparação com o aplicado, nos dias atuais, pelo Poder Judiciário.

Corroborando com os argumentos já narrados, pode-se descrever que a grande vantagem de se aplicar a arbitragem, especificamente às relações de trabalho e emprego, seria a celeridade no desenlace das demandas. Havendo varas judiciais específicas para esse fim, a celeridade seria garantida em caso de execução.

A partir de então, por consequência, do ponto de vista social, haveria um combate efetivo à precarização do trabalho, pois, existindo um procedimento que traz efetividade às demandas, o cumprimento das regras seria respeitado. Ressalta-se que deve ocorrer a fiscalização deste ato pelo Poder Público, para que aos envolvidos seja dada a garantia de um procedimento correto, conforme o regulamento da própria arbitragem, pois seria aplicada de forma específica, atendendo a necessidade de cada caso.

Em nenhum momento, neste livro, foi alegado que o poder estatal estará fora da fiscalização dos atos realizados nas arbitragens ou câmaras arbitrais, pelo Ministério Público ou pelo CNJ, da mesma forma que entidades privadas como sindicatos, podendo ocorrer decretação da nulidade de acordos eivados de vícios pelo Poder Judiciário. Tal situação dará segurança ao procedimento. Defende-se, outrossim, que o Poder Público deverá ser o fiscal nessas relações entre empregado/empregador, nas relações arbitrais, haja vista que, para assegurar os direitos/deveres dos envolvidos, cabe ao Poder Legislativo a devida forma de determinar como poderá ser a verificação do poder estatal nas relações arbitrais.

Até a solidificação dessa mudança de pensamento da sociedade para a utilização da arbitragem, o poder governamental se faz necessário, e, por consequência, serão respeitados os direitos e deveres dos envolvidos.

Complementando os argumentos, estes têm como base principal o princípio da autonomia da vontade e a natureza da relação de trabalho/emprego. Desse modo, uma vez havendo a devida clareza e transparência nos atos realizados entre os envolvidos, não há motivo para a sua não aplicação. Essa circunstância deixa evidente que não importa o grau de instrução dos indivíduos no momento da celebração de um compromisso arbitral, no contrato, porém a maneira como essa situação deverá ser transmitida ao receptor, podendo inclusive o procedimento ser feito de forma virtual, a critério das partes.

Além do mais, tendo em vista que o objetivo do instituto da arbitragem é uma forma autônoma ao contrato, consequentemente, as partes chegarão ao apaziguamento, independentemente do Poder Público. Com isso, cria-se uma maturidade social de evitar a transferência de responsabilidades para terceiros apenas, haja vista que, na arbitragem, mesmo tendo um árbitro isento perante as partes, estas poderão escolher o procedimento que deverá ser seguido em eventuais conflitos, a depender de cada caso apresentado.

Corroborando esse pensamento, este livro baseou-se nos principais autores do histórico do processo civil, direito e processo do trabalho. Provou-se com números do CNJ que o Judiciário não consegue atender as necessidades urgentes de uma comunidade que depende da rapidez no julgamento de seus processos. Com esse cenário, o "espírito" da nova lei processual tentou encontrar novas maneiras de solução de conflitos (sistema multiportas), que nada mais são do que um apelo do povo em conflitos que demandam solução rápida. Contudo, isso ainda não é o suficiente, devendo ocorrer a aplicação de novas formas para a satisfação daqueles que procuram uma efetividade na solução dos conflitos.

Notabiliza-se que a dependência do Estado para resolver a altercação gerada pela coletividade foi um fator decisivo para que este mesmo Estado fosse criado e mantido. Mas, com a evolução da sociedade, o crescimento da rede mundial de computadores, o acesso à informação e ainda a possibilidade de várias formas de relações entre as partes, necessita-se de uma justiça mais prática e célere, que atenda as demandas atuais, o que não ocorre na prática.

Mesmo diante de uma sociedade em constante evolução, a legislação também deve-se adequar a cada caso apresentado, em face da quantidade de situações possíveis. Especialmente na seara trabalhista, muitas circunstâncias poderão se apresentar, especialmente em virtude de novas tecnologias, da mudança do corpo social, da pandemia oriunda da Covid-19.

Um dos pontos que se defende na presente pesquisa é a capacidade das partes de escolherem o procedimento adequado na arbitragem para cada caso apresentado, adequando-se à demanda de forma específica.

Vale salientar neste estudo os princípios, que são a base para a legislação, criados após uma longa história no Brasil. Esse sistema confere a possibilidade de alteração da lei, para que se amplie a utilização da arbitragem no meio trabalhista.

A nação brasileira necessita de novas formas de solução adequada de atritos, como foi fortemente demonstrado neste livro. Afinal, os princípios, da mesma maneira que a experiência de uma regra processual, com seus acertos e erros, poderão dar uma diretriz para novas formas e maneiras de solução de conflito, dentre as quais o que se defende é o uso da arbitragem.

Dispensa qualquer tipo de prova que a sociedade está em mudança. Atualmente, o Brasil tem leis e um Poder Judiciário que não consegue acompanhar o ritmo frenético dessa mesma sociedade, sendo insuficiente na solução dos conflitos. Verifica-se essa situação no capítulo 2 do trabalho, com os números de processos pendentes, com uma crescente de números de lides e um gargalo de julgamento, pela ausência de máquina estatal adequada para receber uma quantidade cada vez maior de ações, não apenas na esfera laboral, mas de forma geral.

A comunidade necessita, em caráter de urgência, ainda mais na fase de pós-pandemia, da discussão quanto a novas formas de soluções eficazes para confrontação, como já narrado. Entretanto, antes disso, precisa de educação em todos os sentidos, com a divulgação do conhecimento acerca dos direitos e deveres dos cidadãos, pois só assim muitos debates serão superados.

É indiscutível que a educação, além do conhecimento sobre determinado tema, em sentido amplo, é a forma pela qual deveriam ser divulgadas de forma mais pontual as vantagens da arbitragem para a sociedade, incluindo o próprio apoio público nessa tarefa. Dessa forma, existirá uma forma de evitar, exclusivamente, o poder estatal, oferecendo a liberdade devida para que as partes possam escolher a melhor forma de resolver eventuais pendências, sendo num contrato de emprego ou qualquer outro, desde que o direito seja disponível.

De natureza igual, cabe propor a mudança cultural, em que o Judiciário deixa de ser o único caminho para solução dos problemas, passando as próprias pessoas a gerirem seus litígios, buscando o Estado apenas em caso último. É nesse momento, quando as controvérsias não se compõem por si só entre as próprias partes, que o Poder Judiciário deve atuar, oferecendo decisões punitivas e educativas.

O árbitro poderá adotar essa mesma regra, tendo em vista que, com decisões severas, mas dentro do que foi pactuado entre as partes, irá incentivá-las a evitarem que o conflito chegue a um patamar em que suas consequências sejam mais penosas do que as do cumprimento da sentença/acordo.

Acerca do ponto de vista do ineditismo, sugere-se a aplicação da arbitragem nas relações de trabalho, de caráter individual, em todas as rescisões no contrato de trabalho, pós-rescisão, independentemente do valor do salário, com a aplicação da atual legislação. Para tanto, é necessária a mudança dos artigos da CLT, de forma complementar, conforme o apêndice a este trabalho, sendo eles, de forma pontual: 484-A, 477-A, 507-A (de caráter material), 652, 855-B, 876 (direito processual). Uma vez realizada essa mudança, será um primeiro passo para uma alteração de paradigma e a utilização da arbitragem de forma ampla. Não se pode olvidar, outrossim, da mudança do artigo 22-A, da Lei nº 9.307/1996, a fim de ampliar os poderes do árbitro para dar mais eficácia ao processo.

Para que exista uma reflexão sobre o tema, a sociedade brasileira está assentada em princípios culturais ainda muito jovens em relação a outras partes do mundo, tendo em vista que se trata de um país e um povo formados, do ponto de vista histórico, muito recentemente, mas com problemas evidentes de demora no julgamento de causas levadas ao Poder Judiciário. Como descrito neste trabalho, com o direito comparado, outros países estão se utilizando da arbitragem, a fim de resolver os problemas ora apresentados.

Porém, mesmo em virtude dessa situação, no Brasil, por se tratar de um povo cosmopolita, pois essas terras aceitam pessoas de qualquer origem, raça, cor e credo, da mesma maneira, essa regra se aplica a questões legislativas, tendo em vista que a sociedade está diante de uma geração em formação.

Muitas situações já foram resolvidas pelas experiências jurídicas, do ponto de vista prático, em que diversas soluções se mostraram extremamente válidas para determinado momento, outras nem tanto. A questão é que considerar o poder estatal como única via possível acarreta uma sobrecarga de processos no Poder Judiciário, com um desgaste tanto material como psicológico das partes envolvidas.

A consequência dessa incerteza é justamente o não cumprimento de muitas regras, haja vista que fica evidente, para muitos cidadãos, que as regras não necessitam de obediência. Isso traz o descumprimento de acordos e um entrave tamanho à evolução de toda a sociedade, uma vez que o Judiciário tenta sempre resolver problemas que jamais deveriam ocorrer.

Nesse ponto se discute, por demais, novas formas de decifração de prélios, a escolhida para exame nesta pesquisa foi a arbitragem. Trata-se de um instituto ainda muito tímido, em face de sua aplicação, justamente por dois fatores, o desconhecimento da grande maioria, assim como "certezas incontestes" criadas pelas pessoas, com a seguinte regra: "sempre foi assim, nada poderá alterar".

O momento atual clama por mudanças. Chegou a hora.

A perspectiva deste trabalho foi sempre buscar uma forma justa, em seu sentido amplo, para que os conflitos sejam resolvidos de forma rápida, cabal, com custo baixo e, especialmente, com equilíbrio.

Com base nos princípios enraizados em nossa sociedade, com a aplicação da Constituição em sua plenitude, a devida fiscalização do Estado e a educação sobre o tema arbitragem às pessoas, não existem dúvidas de que sua efetividade será obtida de forma plena.

É necessário pois, diante desse novo paradigma que se apresenta, mudar-se a forma de resolver os problemas, propondo que se entenda que essas situações de conflito não estão fora (não dependem de outros, como o Poder Judiciário), mas sim dentro, cabendo a cada um a responsabilização pelos seus atos. A escolha da arbitragem é um ato de maturidade e certeza de que se cumprirá o que foi determinado; e, caso ocorra algum imprevisto, as próprias partes o resolverão.

Por derradeiro, a justiça é um substantivo feminino abstrato; logo, por se tratar de uma realidade imaterial, ligada a sentimentos, sensações, ações, estados e noções de qualidade (podendo ser boas ou más), quando realizado um ato arbitral, de acordo com as regras pactuadas, busca-se a justiça, como ato que faz parte de um todo, de um desejo universal. Por conseguinte, quando firmado um ato de acordo com a ética, não se está resolvendo só aquele problema imediato, mas sim permitindo que a justiça se materialize de uma forma global e eficaz.

REFERÊNCIAS

ABBUD, André de Albuquerque Cavalcanti. *Arbitragem no Brasil*: pesquisa CBAr-Ipsos. Comitê Brasileiro de Arbitragem CBAr & Ipsos, 2011. Disponível em: http://www.cbar.org.br/PDF/Pesquisa_CBAr-Ipsos-final.pdf. Acesso em: 26 dez. 2021.

ACQUAVIVA, Marcus Cláudio. *Dicionário Acadêmico de Direito*. 2. ed. São Paulo: Editora Jurídica Brasileira, 2001.

ALENCASTRO, Mario Sérgio Cunha. *A importância da ética na formação de recursos humanos*. São Paulo: Fundação Biblioteca Nacional, n. 197.147, livro 339, 1997.

ALEXY, Robert. *Colisão e ponderação como problema fundamental da dogmática dos direitos fundamentais*. Tradução Gilmar Ferreira Mendes. Rio de Janeiro, 1998. Palestra proferida na casa Rui Barbosa.

ALEXY, Robert. *Teoria de los derechos fundamentales*. Madri: Centro de Estúdios Políticos y Constitucionales, 2001.

ALMEIDA, Diogo Assumpção Rezende. *Das convenções processuais no processo civil*. 2014. Tese (Doutorado) – Universidade Estadual do Rio de Janeiro, Rio de Janeiro, 2014.

ALMEIDA, Eneá Stutz e (org.). *Direitos e garantias fundamentais*. Florianópolis: Fundação Boiteux, 2006.

ALMEIDA, Rafael Alves de; ALMEIDA, Tânia; CRESPO, Mariana Hernandez. *Tribunal Multiportas*: investindo no capital social para maximizar o sistema de solução de conflitos no Brasil. Rio de Janeiro: FGV, 2012. Disponível em: http://bibliotecadigital.fgv.br/dspace/bitstream/handle/10438/10361/Tribunal%20Multiportas.pdf;sequence=1. Acesso em: 4 nov. 2021.

ALMEIDA, Tânia. Mediação transformativa. *In*: CONGRESSO BRASILEIRO DE TERAPIA FAMILIAR, 22., 1996, Gramado. *Anais* [...]. Gramado, 1996.

ALMOGUERA, Jesús. El oportunismo en la acción de anulación del laudo. *In*: JIMÉNEZ BLANCO, Gonzalo (coord.). *Anuario de arbitraje 2016*. Madrid: Civitas, 2016.

ALVARENGA, Rúbia Zanotelli de; BOUCINHAS FILHO, Jorge Cavalcante. O dano existencial e o direito do trabalho. *Jus*, 30 ago. 2013. Disponível em: https://jus.com.br/artigos/25183/o-dano-existencial-e-o-direito-do-trabalho> Acesso em: 19 dez. 2021.

ALVES, Rafael Francisco. *Inadmissibilidade das medidas antiarbitragem no direito brasileiro*. São Paulo: Atlas, 2009.

ALVIM, José Eduardo Carreira. *A arbitragem no direito brasileiro*. 1997. Disponível em: http://www.ica-rj.com.br/Artigos.asp. Acesso em: 2 dez. 2021.

ALVIM, José Eduardo Carreira. *Alternativas para uma maior eficácia da prestação jurisdicional.* 2002. Disponível em: http://www.ica-rj.com.br/Artigos.asp. Acesso em: 2 jul. 2021.

ALVIM, José Eduardo Carreira. *Comentários à Lei de Arbitragem* (Lei nº 9.307, de 23/9/1996). Rio de Janeiro: Lumen Juris, 2002.

ALVIM, José Eduardo Carreira. *Elementos de teoria geral do processo.* 7. ed. Rio de Janeiro: Forense, 1997.

ALVIM, José Manoel de Arruda. *Manual de direito processual civil.* 7. ed. São Paulo: Ed. Revista dos Tribunais, 2001. v. 2.

AMARAL, Antonio Carlos Rodrigues do (coord.). *Direito do Comércio Internacional*: aspectos fundamentais. São Paulo: Aduaneiras, 2004.

AMARAL, Guilherme Rizzo. Arbitragem nos conflitos trabalhistas individuais. *Revista Eletrônica CONJUR*, 23 jan. 2018. Disponível em: https://www.conjur.com.br/2018-jan-23/guilherme-amaral-arbitragem-conflitos-trabalhistasindividuais. Acesso em: 15 dez. 2021.

AMORIM, Ana Mônica Anselmo de. *Acesso à justiça como direito fundamental & defensoria pública.* Curitiba: Juruá, 2017.

ANDRIGHI, Fátima Nancy. A arbitragem: solução alternativa de conflitos. *Revista da Escola Superior da Magistratura do Distrito Federal*, n. 2, p. 149-173, maio/ago. 1996.

ANTOINE, Theodore J. St. Judicial Review of Labor Arbitration Awards: A Second Look at Enterprise Wheel and Its Progeny. *Michigan Law Review*, v. 75, n. 5/6, p. 1.137-1.161, Apr./May 1977. Disponível em: https://www.jstor.org/stable/1288027?origin=JSTOR-pdf. Acesso em: 8 dez. 2021.

ARANHA, Maria Lúcia de Arruda; MARTINS, Maria Helena Pires. *Filosofando*: introdução à filosofia. 4. ed. São Paulo: Moderna, 2009.

ARENDT, Hannah. *As origens do totalitarismo.* São Paulo: Companhia das Letras, 1998.

ARENHART, Sérgio Cruz; MARINONI, Luiz Guilherme; MITIDIERO, Daniel. *Novo Código de processo civil comentado.* São Paulo: Ed. Revista dos Tribunais, 2015.

ARISTÓTELES. *Ética a Nicômaco.* Tradução do grego, introdução e notas de Mário da Gama Kury. 2. ed. Brasília, DF: UnB, 1992.

ARNALDEZ, Jean-Jacques; DERAINS, Yves; HASCHER, Dominique. *Collection of ICC Arbitral Awards, 1991-1995.* The Hague: Kluwer, 1997.

ARRUDA, Kátia Magalhães. *Direito Constitucional do Trabalho*: sua eficácia e o impacto do modelo neoliberal. São Paulo: LTr, 1998.

ASSIS, Araken de. *Manual da execução.* 18. ed. São Paulo: Ed. Revista dos Tribunais, 2016.

AZEVEDO, Pedro Pontes de. A *lex mercatoria* e sua aplicação no ordenamento jurídico brasileiro. *Prima Facie*, ano 5, n. 9, jul./dez. 2006.

BACELLAR, Roberto. *Mediação e arbitragem.* São Paulo: Saraiva, 2016. v. 53. (Coleção Saberes do Direito).

BAPTISTA, Luiz Olavo. *Contratos internacionais*. São Paulo: Lex, 2010.

BARROCAL, André. Judiciário brasileiro: caro e ineficiente. *Carta Capital*, 6 nov. 2015. Disponível em: https://www.cartacapital.com.br/revista/873/caro-e-ineficiente-7271.html. Acesso em: 1º dez. 2021.

BARROCAS, Manuel. Arbitragem voluntária deve aliviar tribunais. *Vida Judiciária*, Porto, n. 45, p. 5-9, 2001.

BARROSO, Luís Roberto. *Temas de Direito Constitucional*. Rio de Janeiro: Renovar, 2005. t. 3.

BARROSO, Luís Roberto. *A constitucionalização do direito e suas repercussões no âmbito administrativo*. 2014. Disponível em: http://www.editoraforum.com.br/ef/wp-content/uploads/2014/09/Aconstitucionalizacao_LuisRobertoBarroso.pdf. Acesso em: 4 dez. 2021.

BASHAYREH, Mohammad Hussein. Arbitrating Individual Labour Disputes in Jordan: Has the Policy of Promoting Arbitration Been Misplaced? *Arab Law Quarterly*, v. 23, p. 450, 2009.

BECKER, Howard. *Segredos e truques da pesquisa*. Rio de Janeiro: Jorge Zahar, 2008.

BEDAQUE, José Roberto dos Santos. *Tutela cautelar e tutela antecipada*: tutelas sumárias e de urgência (tentativa de sistematização). 4. ed. São Paulo: Malheiros, 2006.

BENGLIA, Jean. La designation défectueuse de la CCI. *Bulletin de la Cour Internationale d'Arbitrage de la CCI*, v. 7, n. 2, p. 11, dez. 1996.

BERALDO, Leonardo de Faria. *Curso de Arbitragem nos Termos da Lei nº 9.307/96*. São Paulo: Atlas, 2014.

BIAVASCHI, Magda Barros. A reforma trabalhista no Brasil de Rosa: propostas que não criam empregos e reduzem direitos. *Revista do Tribunal Superior do Trabalho*, São Paulo, v. 83, n. 2, p. 195-203, abr./jun. 2017. Disponível em: https://hdl.handle.net/20.500.12178/110129. Acesso em: 20 dez. 2021.

BLACKABY, Nigel *et al. Redfern and Hunter on International Arbitration*. 6th. ed. Oxford: Oxford University Press, 2015.

BOBBIO, Norberto. *Teoria geral do direito*. 3. ed. São Paulo: Martins Fontes, 2010.

BOISSÉSON, Mathieu de. *Le droit français de l'arbitrage interne et international*. Lille: GLN, 1990.

BRAGA NETO, Adolfo. Alguns aspectos relevantes sobre a mediação de conflitos. *In*: GRINOVER, Ada Pellegrini (coord.). *Mediação e gerenciamento do processo*: revolução na prestação jurisdicional: guia prático para a instalação do setor de conciliação e mediação. São Paulo: Atlas, 2008.

BRASIL. [Constituição (1988)]. *Constituição da República Federativa do Brasil de 1988*. Brasília, DF: Presidência da República, [2021]. Disponível em: http://www.planalto.gov.br/ccivil_03/constituicao/constituicao.htm. Acesso em: 22 dez. 2021.

BRASIL. Câmara dos Deputados. *Parecer ao Projeto de Lei nº 6.025, de 2005, ao Projeto de Lei nº 8.046, de 2010, ambos do Senado Federal, e outros, que tratam do "Código de Processo Civil"*. Disponível em: http://www2.camara.gov.br/atividade-legislativa/comissoes/ comissoestemporarias/especiais/54a-legislatura/8046-10-codigo-de-processocivil/arquivos/ ParecerRelatorGeralautenticadoem18091222h47.pdf. Acesso em: 1º dez. 2021.

BRASIL. *Código Civil*. Brasília, DF: Câmara dos Deputados, 2021.

BRASIL. Conselho Nacional do Ministério Público. *Resolução nº 118, de 1º de dezembro de 2014*. Dispõe sobre a Política Nacional de Incentivo à Autocomposição no âmbito do Ministério Público e dá outras providências. Disponível em: https://www.cnmp.mp.br/ portal/images/Normas/Resolucoes/Resolu%C3%A7%C3%A3o_n%C2%BA_118_. Acesso em: 4 dez. 2021.

BRASIL. *Decreto-Lei nº 5.452, de 1º de maio de 1943*. Aprova a Consolidação das Leis do Trabalho. São Paulo: Ed. Revista dos Tribunais, 2021.

BRASIL. *Lei nº 10.173, de 9 de janeiro de 2001*. Altera a Lei nº 5.869, de 11 de janeiro de 1973 - Código de Processo Civil, para dar prioridade de tramitação aos procedimentos judiciais em que figure como parte pessoa com idade igual ou superior a sessenta e cinco anos. Brasília, DF: Presidência da República, [2001]. Disponível em: http://www.planalto.gov. br/ccivil_03/leis/leis_2001/l10173.htm#:~:text=L10173&text=LEI%20No%2010.173%2C%20 DE%209%20DE%20JANEIRO%20DE%202001.&text=Altera%20a%20Lei%20no,a%20 sessenta%20e%20cinco%20anos. Acesso em: 1º dez. 2021.

BRASIL. *Lei nº 11.196, de 21 de novembro de 2005*. Institui o Regime Especial de Tributação para a Plataforma de Exportação de Serviços de Tecnologia da Informação - REPES, o Regime Especial de Aquisição de Bens de Capital para Empresas Exportadoras - RECAP e o Programa de Inclusão Digital [...]. Brasília, DF: Presidência da República, [2021]. Disponível em: http://www.planalto.gov.br/ccivil_03/_ato2004-2006/2005/Lei/l11196. htm. Acesso em: 10 dez. 2021.

BRASIL. *Lei nº 12.016, de 7 de agosto de 2009*. Disciplina o mandado de segurança individual e coletivo e dá outras providências. Brasília, DF: Presidência da República, [2018]. Disponível em: http://www.planalto.gov.br/ccivil_03/_ato2007-2010/2009/Lei/l12016. htm. Acesso em: 1º dez. 2021.

BRASIL. *Lei nº 13.105, de 16 de março de 2015a*. Código de Processo Civil. Brasília, DF: Presidência da República, [2021]. Disponível em: http://www.planalto.gov.br/ccivil_03/_ ato2015-2018/2015/lei/l13105.htm. Acesso em: 1º dez. 2021.

BRASIL. *Lei nº 4.717, de 29 de junho de 1965*. Regula a ação popular. Brasília, DF: Presidência da República, [1977]. Disponível em: http://www.planalto.gov.br/ccivil_03/leis/l4717. htm. Acesso em: 1º dez. 2021.

BRASIL. *Lei nº 5.869, de 11 de janeiro de 1973*. Institui o Código de Processo Civil. Brasília, DF: Presidência da República, [2015]. Disponível em: http://www.planalto.gov.br/ccivil_03/ leis/l5869impressao.htm. Acesso em: 1º dez. 2021.

BRASIL. *Lei nº 7.347, de 24 de julho de 1985*. Disciplina a ação civil pública de responsabilidade por danos causados ao meio-ambiente, ao consumidor, a bens e direitos de valor artístico, estético, histórico, turístico e paisagístico e dá outras providências. Brasília, DF: Presidência da República, [2014]. Disponível em: http://www.planalto.gov.br/ccivil_03/leis/l7347orig. htm. Acesso em: 1º dez. 2021.

BRASIL. *Lei nº 8.078, de 11 de setembro de 1990*. Disciplina o Código de Defesa do Consumidor. Disponível em: http://www.planalto.gov.br/ccivil_03/leis/l8078compilado. htm. Acesso em: 23 dez. 2021.

BRASIL. *Lei nº 9.307, de 23 de setembro de 1996*. Dispõe sobre a arbitragem. Brasília, DF: Presidência da República, [2015]. Disponível em: http://www.planalto.gov.br/ccivil_03/ leis/l9307.htm#:~:text=LEI%20N%C2%BA%209.307%2C%20DE%2023,Disp%C3%B5e%20 sobre%20a%20arbitragem.&text=Art.,relativos%20a%20direitos%20patrimoniais%20 dispon%C3%ADveis. Acesso em: 1º dez. 2021.

BRASIL. *Lei nº 9.800, de 26 de maio de 1999*. Permite às partes a utilização de sistema de transmissão de dados para a prática de atos processuais. Disponível em: https://www2. senado.leg.br/bdsf/bitstream/handle/id/471/r142-04.PDF?sequence=4&isAllowed=y. Acesso em: 1º dez. 2021.

BRASIL. Senado Federal. Biblioteca Acadêmico Luiz Viana Filho. *Os Anteprojetos do Código de Processo Civil de 1973*. Disponível em: https://www2.senado.leg.br/bdsf/item/ id/70371. Acesso em: 1º dez. 2021.

BRASIL. Superior Tribunal de Justiça (2. Seção). *Conflito de Competência nº 150 830-PA*. Relator: Min. Marco Aurélio Bellizze, 16 de outubro de 2018a. Disponível em: https://stj.jusbrasil.com.br/jurisprudencia/638027814/conflito-de-competencia-cc-150830-pa-2017-0024975-1/inteiro-teor-638027844. Acesso em: 12 dez. 2021.

BRASIL. Superior Tribunal de Justiça (Corte Especial). *Sentença Estrangeira Contestada nº 9.412-US*. Requerente: Asa Bioenergy Holding A G.; Abengoa Bioenergia Agrícola Ltda.; Abengoa Bioenergia São Joao Ltda.; Abengoa Bioenergia São Luiz S/A.; Abengoa Bioenergia Santa Fé Ltda. Requerido: Adriano Giannetti Dedini Ometto; Adriano Ometto Agricola Ltda. Relator: Min. Felix Fischer. Relator p/ acórdão: Min. João Otávio de Noronha, 19 de abril de 2017.

BRASIL. Superior Tribunal de Justiça. *Agravo Regimental na Medida Cautelar nº 19226-MS (2012/0080171-0)*. Relator: Min. Massami Uyeda, 21 de junho de 2012. Disponível em: https:// stj.jusbrasil.com.br/jurisprudencia/21922011/agravo-regimental-na-medida-cautelar-agrg-na-mc-19226-ms-2012-0080171-0-stj/inteiro-teor-21922012. Acesso em: 21 dez. 2021.

BRASIL. Superior Tribunal de Justiça. *Recurso Especial nº 1.543.564-SP (2015/0171807-9)*. Relator: Min. Marco Aurélio Bellizze, 25 de setembro de 2018b.

BRASIL. Superior Tribunal de Justiça. *Recurso Especial nº 1.635.592-SP (2016/0286000-2)*. Relator: Min. Francisco Falcão, 5 de dezembro de 2018c. Disponível em: https://processo. stj.jus.br/processo/revista/documento/mediado/?componente=MON&sequencial=90021 889&tipo_documento=documento&num_registro=201602860002&data=20181205&form ato=PDF. Acesso em: 18 dez. 2021.

BRASIL. Superior Tribunal de Justiça. *Recurso Especial nº 1.102.460-RJ (2008/0255844-7)*. Relator: Min. Marco Buzzi, 2015b.

BRASIL. Superior Tribunal de Justiça. *Recurso Especial nº 606.345-RS (2003/0205290-5)*. Relator: Min. João Otávio de Noronha, 8 de junho de 2007.

BRASIL. Superior Tribunal de Justiça. *Recurso Especial nº 981.750-MG (2007/0203871-4)*. Relatora: Min. Nancy Andrighi, 13 de abril de 2010.

BRASIL. Supremo Tribunal Federal (Plenário). *Recurso Extraordinário nº 590.415-SC*. Relator: Min. Roberto Barroso, 30 de abril de 2015c. Disponível em: https://redir.stf.jus.br/paginadorpub/paginador.jsp?docTP=TP&docID=8590961. Acesso em: 21 dez. 2021.

BRASIL. Supremo Tribunal Federal. *Agravo de Instrumento nº 52.181*. Relator: Min. Bilac Pinto, 14 de novembro de 1973.

BRASIL. Tribunal Regional do Trabalho 1. Região (7. Turma). *Recurso Ordinário nº 01002090720175010073 RJ*. Relator: Des. José Luís Campos Xavier, 2 de outubro de 2019.

BRASIL. Tribunal Regional do Trabalho 10. Região. *Recurso Ordinário nº 01069-2010-008-10-007*. Relatora: Des. Flávia Simões Falcão, 17 de novembro de 2015d.

BRASIL. Tribunal Regional do Trabalho 15. Região (6. Turma). *Processo nº 0170400-06.2008.5.15.0008*. Relatora: Des. Olga Ainda Joaquim Gomiere, 12 de novembro de 2010.

BRASIL. Tribunal Regional do Trabalho 2. Região. *Recurso Ordinário n.º 00417200604802005*. Relator: Des. Marcelo Freire Gonçalves, 13 de março de 2008. Disponível em: http://search.trtsp.jus.br/easysearch/cachedownloader?collection=coleta013&docId=9aa6f88f 5b9e5635cdf96bdb50cd7fc6858f65b4&fieldName=Documento&extension=html#q=. Acesso em: 13 dez. 2021.

BRASIL. Tribunal Regional do Trabalho 5. Região (5. Turma). *Recurso Ordinário nº 047.265/2011-BA*. Relator: Des. Paulino Couto, 10 de maio de 2011a. Disponível em: https://trt-5.jusbrasil.com.br/jurisprudencia/19102774/recurso-ordinario-record-905007820085050031-ba-0090500-7820085050031. Acesso em: 21 dez. 2021.

BRASIL. Tribunal Regional do Trabalho 9. Região (1. Turma). *Processo nº 5400200971906-PR 5400-2009-71-9-0-6*. Relator: Des. Ubirajara Carlos Mendes, 26 de julho de 2011b.

BRASIL. Tribunal Regional do Trabalho 9. Região. *Processo nº 17932007322901 PR 1793-2007-322-9-0-1*. Relator: Des. Luiz Eduardo Gunther, 18 de março de 2011c.

BRASIL. Tribunal Regional Federal 3. Região (22. Vara). *Processo nº 0008255-04.2013.403.6100*. 28 de maio de 2013. Disponível em: https://www.jusbrasil.com.br/diarios/54874817/trf-3-judicial-i-capital-sp-28-05-2013-pg-140. Acesso em: 18 dez. 2021.

BRASIL. Tribunal Superior do Trabalho (4. Turma). *Recurso de Revista nº 1650/1999-003-15-00*. Relatora: Min. Maria Doralice Novaes, 30 de setembro de 2005a.

BRASIL. Tribunal Superior do Trabalho (5. Turma). *Agravo de Instrumento no Recurso de Revista nº 495340982007509051349534098.2007.5.09.0513*. Relatora: Min. Kátia Magalhães Arruda, 11 de outubro de 2011d.

BRASIL. Tribunal Superior do Trabalho. *Recebidos e julgados em 2021*. Brasília, DF: CNJ, 2021. Disponível em: http://www.tst.jus.br/web/estatistica/jt/recebidos-e-julgados. Acesso em: 18 dez. 2021.

BRASIL. Tribunal Superior do Trabalho. *Súmula nº 51*. Norma regulamentar. Vantagens e opção pelo novo regulamento. Art. 468 da CLT (incorporada a Orientação Jurisprudencial nº 163 da SBDI-1) - Res. 129/2005, DJ 20, 22 e 25.04.2005. Brasília, DF: Tribunal Superior do Trabalho, [2005]b. Disponível em: https://www3.tst.jus.br/jurisprudencia/Sumulas_com_indice/Sumulas_Ind_51_100.html. Acesso em: 6 jun. 2022.

BRETAS, Valéria. Prazo de tempo para julgar um processo. *Exame*, 2016. Disponível em: http://exame.abril.com.br/brasil/quanto-tempo-a-justica-do-brasil-leva-para-julgar-um-processo/. Acesso em: 1º dez. 2021.

BUENO, Cassio Scarpinella. *Manual de direito processual civil*: inteiramente estruturado à luz do novo CPC, de acordo com a Lei nº 1356, de 4-2-2016. 2. ed. São Paulo: Saraiva, 2017.

BUENO, Cassio Scarpinella. *Curso sistematizado de direito processual civil*: Teoria geral do direito processual civil e parte geral do código de processo civil. 9. ed. São Paulo: Saraiva, 2018.

BULOS, Uadi. *Curso de direito constitucional*. São Paulo: Saraiva, 2011.

CABRAL, Antônio do Passo. *Convenções processuais*: teoria geral dos negócios jurídicos processuais. 3. ed. Salvador: JusPodivm, 2020.

CACHAPUZ, Rozane da Rosa. *Arbitragem*: alguns aspectos do processo e do procedimento na lei. Leme: LED, 2000.

CAHALI, Francisco José. *Curso de arbitragem*: mediação, conciliação, Resolução CNJ 125/2010. 2. ed. São Paulo: Ed. Revista dos Tribunais, 2012.

CAHALI, Francisco José. *Curso de arbitragem*: mediação, conciliação. 8. ed. São Paulo: Ed. Revista dos Tribunais, 2020.

CAIRO JÚNIOR, José. *Curso de direito processual do trabalho*. 9. ed. rev. ampl. e atual. Salvador: JusPodivm, 2016.

CÂMARA, Alexandre Freitas. *O novo processo civil brasileiro*. 3. ed. São Paulo: Atlas, 2017.

CÂMARA DE COMÉRCIO BRASIL-CANADÁ (CCBC). *Página inicial*. 2021. Disponível em: https://ccbc.org.br/Home/SessionSite?_site=1. Acesso em: 4 dez. 2021.

CÂMARA DE CONCILIAÇÃO, MEDIAÇÃO E ARBITRAGEM CIESP-FIESP. *Regimento interno* […]. 2011. Disponível em: http://www.camaradearbitragemsp.com.br/pt/res/docs/Regimento_Interno-ago16.pdf. Acesso em: 4 dez. 2021.

CÂMARA DE MEDIAÇÃO E ARBITRAGEM EMPRESARIAL (CAMARB). *Tabela de Custas 2019*. Disponível em: http://camarb.com.br/Arbitragem/tabela-de-custas-2019/. Acesso em: 22 dez. 2021.

CAMARGO, Júlia Schledorn de. A ação anulatória com base na violação à ordem pública: arbitragem. *In*: CAHALI, Francisco José; RODOVALHO, Thiago; FREIRE, Alexandre (org.). *Arbitragem*. São Paulo: Saraiva, 2016.

CAMBI, Eduardo *et al*. *Curso de Processo Civil completo*. São Paulo: Ed. Revista dos Tribunais, 2017.

CANOTILHO, José Joaquim Gomes. A principialização da jurisprudência através da Constituição. *Revista de Processo*, São Paulo, v. 98, 2012.

CAPPELLETTI, Mauro; GARTH, Bryant. *Acesso à justiça*. Tradução Ellen Gracie Northfleet. Porto Alegre: Sérgio Antonio Fabris, 1988.

CARAMELO, António Sampaio. *Temas de direito de arbitragem*. Coimbra: Coimbra Ed., 2013.

CARMONA, Carlos Alberto. Em busca de um direito comum arbitral: notas sobre o laudo arbitral e a sua impugnação. *Revista de Processo*, São Paulo, jul./set. 1998.

CARMONA, Carlos Alberto. *Arbitragem e processo*: um comentário à Lei nº 9.307/1996. 3. ed. São Paulo: Atlas, 2009.

CARMONA, Carlos Alberto. Arbitragem e Administração Pública: primeiras reflexões sobre arbitragem envolvendo Administração Pública. *Revista Brasileira de Arbitragem*, São Paulo, ano 13, n. 51, p. 7-21, set. 2016.

CARNELUTTI, Francesco. *Sistema de direito processual civil*. 2. ed. São Paulo: Lemos e Cruz, 2004. v. 1.

CARVALHO, José Murilo de. *Cidadania no Brasil*: o longo caminho. 14. ed. Rio de Janeiro: Civilização Brasileira, 2011.

CASTRO-GÓMEZ, Santiago; GROSFOGUEL, Ramón (org.). *El giro decolonial*: reflexiones para una diversidad epistémica más allá del capitalismo global. Bogotá: Siglo del Hombre, 2007.

CAVALIERI FILHO, Sergio. *Programa de direito do consumidor*. São Paulo: Atlas, 2010.

CAVALIERI FILHO, Sérgio. Direito, justiça, sociedade. *Revista da EMERJ*, v. 5, n. 18, p. 58-65, 2002. Disponível em: http://www.emerj.tjrj.jus.br/revistaemerj_online/edicoes/revista18/revista18_58.pdf. Acesso em: 30 dez. 2021.

CENTRO DE ARBITRAGEM E MEDIAÇÃO AMCHAM. *Página inicial*. 2021. Disponível em: https://www.amcham.com.br/centro-de-arbitragem-e-mediacao. Acesso em: 4 dez. 2021.

CHAUÍ, Marilena. *Convite à Filosofia*. São Paulo: Ática, 1998.

CHIARELLI, Carlos Alberto. *Trabalho*: do hoje para o amanhã. São Paulo: LTR, 2006.

CHIOVENDA, Giuseppe. *Instituições de direito processual civil*. Campinas, SP: Bookseller, 2000. v. 1.

CINTRA, Antonio Carlos de Araújo; GRINOVER, Ada Pellegrini; DINAMARCO, Cândido Rangel. *Teoria geral do processo*. 23. ed. São Paulo: Malheiros, 2007.

CISNEIROS, Gustavo. *Manual de prática trabalhista*. 2. ed. São Paulo: Forense, 2018. Disponível em: https://forumdeconcursos.com/wpcontent/uploads/wpforo/attachments/2/2064-Manual-de-Prtica-Trabalhista-GustavoCisneiros-2018.pdf. Acesso em: 13 dez. 2021.

COELHO, Fábio Ulhoa. *Curso de direito comercial*. 16. ed. São Paulo: Saraiva, 2012. v. 2.

CONDADO, Elaine Christina Gomes. *A arbitragem como instrumento eficaz de acesso à justiça*. 2008. 254 f. Dissertação (Mestrado em Direito) – Universidade Estadual de Londrina, Londrina, 2008.

CONSELHO NACIONAL DAS INSTITUIÇÕES DE MEDIAÇÃO E ARBITRAGEM – CONIMA. *Página inicial*. 2021. Disponível em: https://conima.org.br/. Acesso em: 4 dez. 2021.

CONSELHO NACIONAL DE JUSTIÇA – CNJ. *Justiça em números 2016*: ano-base 2015. Brasília, DF: CNJ, 2016.

CONSELHO NACIONAL DE JUSTIÇA – CNJ. *Justiça em números 2017*: ano-base 2016. Brasília, DF: CNJ, 2017. Disponível em: http://www.cnj.jus.br/files/conteudo/arquivo/2017/12/b60a659e5d5cb79337945c1dd137496c.pdf. Acesso em: 26 dez. 2021

CONSELHO NACIONAL DE JUSTIÇA – CNJ. *Justiça em números*. 2018. Disponível em: http://www.cnj.jus.br/files/conteudo/arquivo/2018/09/8d9faee7812d35a58cee3d92d2df2f25.p df. Acesso em: 2 dez. 2021.

CONSELHO NACIONAL DE JUSTIÇA – CNJ. *Justiça em números 2020*: ano-base 2019. Brasília, DF: CNJ, 2020. Disponível em: https://www.cnj.jus.br/wp-content/uploads/2020/08/WEB-V3-Justi%C3%A7a-em-N%C3%BAmeros-2020-atualizado-em-25-08-2020.pdf CNJ, 2020. Acesso em: 15 dez. 2021.

CONSELHO NACIONAL DE JUSTIÇA – CNJ. *Justiça em números 2021*: ano-base 2020. Brasília, DF: CNJ, 2021. Disponível em: https://www.cnj.jus.br/wp-content/uploads/2021/11/relatorio-justica-em-numeros2021-051121.pdf. Acesso em: 14 jan. 2022.

CONSELHO NACIONAL DE JUSTIÇA – CNJ. *Estratégia Nacional do Poder Judiciário 2021-2026*. Brasília, DF: CNJ, 2021. Disponível em: https://www.cnj.jus.br/gestao-estrategica-e-planejamento/estrategia-nacional-do-poder-judiciario-2021-2026/. Acesso em: 29 dez. 2021.

CONSELHO NACIONAL DE JUSTIÇA – CNJ. *Mediação e conciliação, qual a diferença?* Disponível em: http://www.cnj.jus.br/programas-e-acoes/conciliacao-e-mediacao-portal-da-conciliacao. Acesso em: 2 dez. 2021.

CONTARIN, Laís *et al*. *Contrato individual de trabalho*. Unisalesiano, 2009. Disponível em: http://www.unisalesiano.edu.br/encontro2009/trabalho/aceitos/CC36401142804.pdf. Acesso em: 30 dez. 2021.

CONTRERAS, José. *A autonomia de professores*. Tradução Sandra Trabucco Valenzuela. São Paulo: Cortez, 2002.

CORREA, Priscilla Pereira Costa. *Direito e desenvolvimento*: aspectos relevantes do judiciário brasileiro sob a ótica econômica. Brasília, DF: Conselho da Justiça Federal; Centro de Estudos Judiciários, 2014.

CORREIA, Henrique; MIESSA, Élisson. *Manual da reforma trabalhista*. Salvador: JusPodivm, 2018. Disponível em: https://forumdeconcursos.com/wp-content/uploads/wpforo/attachments/2/1739-Manual-da-Reforma-Trabalhista-Comentrios-Artigo-por-Artigo-Henrique-Correia-e-lisson-Miessa-2018.PDF. Acesso em: 13 dez. 2021.

CORTELLA, Mário Sérgio. *Qual é a tua obra?* Inquietações, propositivas sobre gestão, liderança e ética. Petrópolis, RJ: Vozes, 2009.

CRETELLA NETO, José. *Curso de arbitragem*: arbitragem comercial, arbitragem internacional, lei brasileira de arbitragem, instituições internacionais de arbitragem, convenções internacionais sobre arbitragem. Rio de Janeiro: Forense, 2004.

CRETELLA NETO, José. Quão sigilosa é a arbitragem? *Revista de Arbitragem e Mediação*, v. 7, n. 25, p. 43-70, abr./jun. 2010.

CUNHA, Joana; KIANEK, Alessandra; COELHO, Luciana. Em alta: valores envolvidos em solução de conflitos por meio da arbitragem cresceram em 2009. *Folha de S. Paulo*, São Paulo, p. 2, 8 abr. 2010.

DALLEGRAVE NETO, José Affonso; GARCIA, Phelippe Henrique Cordeiro. *Arbitragem em dissídios individuais de trabalho*. 2018. Disponível em: http://ead.trt21.jus.br/pluginfile.php/5765/mod_resource/content/1/Revista%20TRT21%20-%202018.pdf#page=159. Acesso em: 26 dez. 2021.

DELGADO, José Augusto. Responsabilidade civil do Estado pela demora na prestação jurisdicional. *BDJur*, Brasília, DF, 1983. Disponível em: http://bdjur.stj.gov.br/dspace/handle/2011/9508. Acesso em: 1º dez. 2021.

DELGADO, Maurício Godinho. *Curso de direito do trabalho*. 15. ed. São Paulo: LTr, 2016.

DERAINS, Yves. *A Guide to the New ICC Rules of Arbitration*. The Hague: Kluwer, 1998.

DEUTSCH, Morton. A resolução do conflito: processos construtivos e desconstrutivos. *Estudos em arbitragem, mediação e negociação*, Brasília, DF, v. 3, 2004.

DIAS, Bruno de Macedo. *A constitucionalidade de filtros ao acesso à justiça como mecanismos para assegurar o funcionamento sustentável do Poder Judiciário*. Rio de Janeiro: Lumen Juris, 2017.

DIAS, Jefferson Aparecido; SERVA, Fernanda Mesquita. A crise do estado social e a necessidade de se repensar a universidade. *Revista Direito e Desenvolvimento*, João Pessoa, v. 10, n. 2, p. 256-269, jul./dez. 2019. Disponível em https://periodicos.unipe.br/index.php/direitoedesenvolvimento/article/view/1136/661. Acesso em: 5 dez. 2021.

DIDIER JUNIOR, Fredie. *Curso de Direito Processual Civil*: teoria geral do processo e processo de conhecimento. 7. ed. Salvador: JusPodivm, 2007.

DIDIER JUNIOR, Fredie. *Curso de Direito Processual Civil*: introdução ao direito processual civil, parte geral e processo de conhecimento. 17. ed. Salvador: JusPodivm, 2015.

DIDIER JUNIOR, Fredie. *Princípio do respeito ao autorregramento da vontade no processo civil*: negócios processuais. Salvador: JusPodivm, 2015. (Coleção Grandes Temas do Novo CPC).

DIMOLITSA, Antonias. Constetations sur l'existence, la validité et l'efficacité de la Convention d'arbitrage. *Bulletin de la Cour Internationale d'Arbitrage de la CCI*, v. 7, n. 2, p. 12-23. dez. 1993.

DINAMARCO, Cândido Rangel. *A reforma da reforma*. 6. ed. rev. e atual. São Paulo: Malheiros, 2001.

DINAMARCO, Cândido Rangel. *Instituições de direito processual civil*. São Paulo: Malheiros, 2003. v. 1.

DINAMARCO, Cândido Rangel. *A reforma do código de processo civil*. 4. ed. São Paulo: Malheiros, 2007.

DINAMARCO, Cândido Rangel. *Fundamentos do processo civil moderno*. 6. ed. São Paulo: Melhoramentos, 2010.

DINIZ, Maria Helena. *Dicionário jurídico*. 3. ed. São Paulo: Saraiva, 2017.

DISSENHA, Leila Andressa. *Arbitragem e conflitos trabalhistas*: panorama nacional e experiência comparada. 2007. 232 f. Dissertação (Mestrado em Direito) – Pontifícia Universidade Católica do Paraná, Curitiba, 2007.

DISSENHA, Leila Andressa. Arbitragem e conflitos trabalhistas: receios e expectativas pós-reforma. *JusLaboris*, p. 169-179, 2017. Disponível em: https://juslaboris.tst.jus.br/bitstream/handle/20.500.12178/111512/2017_dissenha_leila_arbitragem_conflitos.pdf?sequence=1. Acesso em: 26 dez. 2021.

DISTRITO FEDERAL. Tribunal de Justiça (1. Turma). *Agravo Regimental no Agravo de Instrumento nº 20020020074812*. Relator: Des. Valter Xavier, 21 de outubro de 2002.

DISTRITO FEDERAL. Tribunal de Justiça (6. Turma Cível). *Processo nº 113951620118070007 DF 0011395-16.2011.807.0007*. Relator: Des. José Divino de Oliveira, 21 de março de 2012.

DONATO, Messias Pereira. *Curso de direito do trabalho*. São Paulo: Saraiva, 1979.

DONIZETTI, Elpídio. *Curso didático de direito processual civil*. 19. ed. São Paulo: Atlas, 2016.

DORNELES, Leandro do Amaral. *A transformação do direito do trabalho*: da lógica da preservação à lógica da flexibilidade. São Paulo: LTr, 2002.

ENRIQUEZ, Eugène. Os desafios éticos nas organizações modernas. *Revista de Administração de Empresas*, São Paulo, v. 37, n. 2, p. 6-17, abr./jun. 1997.

ESTRELLA, Angela T. Gobbi; TIMM, Luciano Benetti; RIBEIRO, Rafael Pellegrini. *Direito do comércio internacional*. Rio de Janeiro: FGV, 2009.

EUZÉBIO, Gilson Luiz. CNJ recomenda criação de varas para a saúde. *Revista CNJ*, 2013. Disponível em: http://www.cnj.jus.br/noticias/cnj/60547-cnj-recomenda-aos-tribunais-a-criacao-de-varas-para-saude. Acesso em: 1º dez. 2021.

FABRETTI, Daniel. Conciliação e mediação em juízo. *In*: GRINOVER, Ada Pellegrini (coord.). *Mediação e gerenciamento do processo*: revolução na prestação jurisdicional: guia prático para a instalação do setor de conciliação e mediação. São Paulo: Atlas, 2008.

FERREIRA, Carolina Iwancow. *Arbitragem internacional e sua aplicação no direito brasileiro*. Campinas, SP: Reverbo, 2011.

FERREIRA, Daniel Brantes. Alternative Dispute Resolution in Brazil. *Canadian Arbitration and Mediation Journal*, v. 28, n. 1, 2019. Disponível em: http://adric.ca/wp-content/uploads/2019/09/ADRIC_JOURNAL_2019_Vol28_No1.pdf. Acesso em: 19 dez. 2021.

FERREIRA, Daniel Brantes *et al*. Arbitration chambers and trust in technology provider: Impacts of trust in technology intermediated dispute resolution proceedings. *Technology in Society*, v. 68, n. 4, p. 101, jan. 2022. Disponível em: https://www.journals.elsevier.com/technology-in-society. Acesso em: 14 jan. 2022.

FERREIRA, Jussara Suzi Assis Borges Nasser. Função social e função ética da empresa. *Revista Jurídica da UniFil*, ano 2, v. 2, n. 2, p. 67-85, 2005.

FICHTNER, José Antônio; MANNHEIMER, Sergio Nelson; MONTEIRO, André Luís. *Novos temas de arbitragem*. Rio de Janeiro: FGV, 2014.

FIGUEIRA JÚNIOR, Joel Dias. *Arbitragem, jurisdição e execução*: análise crítica da Lei nº 9.307, de 23.09.1996. 2. ed. São Paulo: Ed. Revista dos Tribunais, 1999.

FIGUEIREDO, Elisa Junqueira; DANTAS, Aline Ferreira. Arbitragem expedita: será a bola da vez? *Migalhas*, 4 mar. 2021. Disponível em: https://www.migalhas.com.br/depeso/341136/arbitragem-expedita-sera-a-bola-da-vez. Acesso em: 6 dez. 2021.

FIORAVANTE, Leonardo Sette Abrantes. *A arbitragem como meio adequado e efetivo de acesso à justiça*. 2021. Disponível em: www.conpedi.org.br/publicacoes/66fs l345/8xr5f0t5/EP7ugwtNK8axGhJ6.pdf. Acesso em: 16 dez. 2021.

FLENIK, Giordani. *Arbitragem nos litígios trabalhistas individuais*. Florianópolis: Insular, 2009.

FOLLETT, Mary Parker. *Profeta do gerenciamento*. Tradução Eliana Hiocheti e Maria Luiza de Abreu Lima. Rio de Janeiro: Qualitymark, 1997.

FOUCHARD, Philippe; GAILLARD, Emmanuel; GOLDMAN, Berthold. *Traité de l'arbitrage commercial international*. Paris: Litec, 1996.

FUX, Luiz. Exposição de motivos do código de processo civil. *In*: GUEDES, Jefferson Carús *et al*. *Código de processo civil*: comparativo entre o projeto do novo CPC e o CPC de 1973. Belo Horizonte: Fórum, 2010.

GABBAY, Daniela Monteiro; ALVES, Rafael Francisco; LEMES, Selma Ferreira (coord.). Arbitragem e Poder Judiciário. *Direito GV e Comitê Brasileiro de Arbitragem (CBAr)*, n. 42, 2009. Disponível em: https://bibliotecadigital.fgv.br/dspace/bitstream/handle/10438/2866/working%2520paper%252042.pdf. Acesso em: 26 dez. 2021.

GAIO JUNIOR, Antonio Pereira. *Teoria da arbitragem*. São Paulo: Rideel, 2012.

GALVÃO, Gustavo. *Arbitragem nas relações individuais do trabalho*. Leme: Mizuno, 2022.

GARCIA, Gustavo Filipe Barbosa. *Manual de direito do trabalho*. 8. ed. São Paulo: Método, 2015.

GARCIA, Gustavo Filipe Barbosa. *Curso de direito do trabalho*. 10. ed. Rio de Janeiro: Forense, 2016.

GARCIA, Phelippe Henrique Cordeiro. Arbitragem em dissídios individuais de trabalho. *Revista Eletrônica do Tribunal Regional do Trabalho da 9ª Região*, v. 8, n. 73, nov. 2018. Disponível em: https://www.trt9.jus.br/portal/arquivos/7078924. Acesso em: 19 dez. 2021.

GEMIGNANI, Daniel; GEMIGNANI, Tereza Aparecida Asta. A arbitragem no direito trabalhista: um desafio a ser enfrentado. *Revista CEJ*, Brasília, ano 22, n. 75, p. 7-17, maio/ago. 2018. Disponível em: http://www.mpsp.mp.br/portal/page/portal/documentacao_e_divulgacao/doc_biblioteca/bibli_servicos_produtos/bibli_boletim/bibli_bol_2006/Rev-CEJ_n.75.01.pdf. Acesso em: 15 dez. 2021.

GETMAN, Julius G. Labor Arbitration and Dispute Resolution. *The Yale Law Journal*, v. 88, n. 5, p. 916-949, Apr. 1979. Disponível em: https://www.jstor.org/stable/795823. Acesso em: 8 dez. 2021.

GIBRAN, Khalil. *O profeta*. 4. reimp. São Paulo: Martin Claret, 2017.

GODOY, Sandro Marcos. O que é justiça? *In*: ETIC – ENCONTRO DE INICIAÇÃO CIENTÍFICA, 2006, Presidente Prudente. *Anais* [...]. Presidente Prudente: Centro Universitário Antonio Eufrásio de Toledo, 2006. Disponível em: http://intertemas.toledoprudente.edu.br/index.php/ETIC/article/view/1221/1165. Acesso em: 5 dez. 2021.

GONÇALVES, Marcus Vinicius Rios. *Direito processual civil esquematizado*. 9. ed. São Paulo: Saraiva Educação, 2018.

GOTTSCHALK, Egon Felix. *Norma pública e privada no direito do trabalho*. São Paulo: LTr, 1995.

GOULD, William B. Labor Arbitration of Grievances Involving Racial Discrimination. *University of Pennsylvania Law Review*, v. 118, n. 1, p. 40-68, Nov. 1969. Disponível em: https://www.jstor.org/stable/3311125. Acesso em: 9 dez. 2021.

GRAU, Eros Roberto. *A ordem econômica na Constituição de 1988*. 16. ed. São Paulo: Malheiros, 2014.

GRECO, Leonardo. Novas perspectivas da efetividade e do garantismo processual. *In*: FEIJÓ, Maria Angélica Echer Ferreira (org.). *Processo civil*: estudos em homenagem ao professor doutro Carlos Alberto Álvaro de Oliveira. São Paulo: Atlas, 2012.

GREENBERG, Simon. Terms of reference and negative jurisdicional decisions: a lesson from Austrália. *Arbitration International*, v. 18, n. 2, p. 129, 2002.

GUEDES, Jefferson Carús *et al*. *Código de processo civil*: comparativo entre o projeto do novo CPC e o CPC de 1973. Belo Horizonte: Fórum, 2010.

GUERRA, Marcelo Lima. *Direitos fundamentais e a proteção do credor na execução civil*. São Paulo: Ed. Revista dos Tribunais, 2002.

HABERMAS, Jürgen. *Consciência moral e agir comunicativo*. Tradução Guido de Almeida. Rio de Janeiro: Tempo Brasileiro, 1989.

HELENA, Eber Zoehler Santa. O fenômeno da desjudicialização. *Jus*, 11 jan. 2006. Disponível em: http://jus2.uol.com.br/doutrina/texto.asp?id=7818. Acesso em: 2 dez. 2021.

HOLANDA, Flavia; SALLA, Ricardo Medina. *A Nova Lei de Arbitragem brasileira*. São Paulo: IOB Sage, 2015.

IGREJA, Rebecca Lemos. Direito como objeto de estudo empírico: o uso de métodos qualitativos no âmbito da pesquisa empírica em Direito. *In*: MACHADO, Maíra Rocha (org.). *Pesquisar empiricamente o direito*. São Paulo: Rede de Estudos Empíricos em Direito, 2017.

IMHOF, Cristiano. *Novo Código de Processo Civil comentado*. 2. ed. rev. aum. e atual. São Paulo: BookLaw, 2016.

INTERNATIONAL CENTRE FOR DISPUTE RESOLUTION CASE FILING SERVICES (ICDRCFS). *Procedimentos para a resolução de disputas internacionais*. 2021. Disponível em: https://www.icdr.org/sites/default/files/document_repository/International_Dispute_Resolution_Procedures_Portuguese_0.pdf. Acesso em: 5 dez. 2021.

JOBIM, Eduardo; MACHADO, Rafael Bicca. *Arbitragem no Brasil*: aspectos jurídicos relevantes. São Paulo: Quartier Latin, 2008.

KELSEN, Hans. *Teoria Geral do Direito e o Estado*. Brasília, DF: Ed. UnB, 1990.

KELSEN, Hans. *O problema da justiça*. São Paulo: Martins Fontes, 1998.

KHUN, Thomas. *A estrutura das revoluções científicas*. 7. ed. São Paulo: Perspectiva, 1991.

KLARE, Karl E. The Public/Private Distinction in Labor Law. *University of Pennsylvania Law Review*, v. 130, n. 6, p. 1.358-1.422, Jun. 1982. Disponível em: https://www.jstor.org/stable/3311975. Acesso em: 9 dez. 2021.

LACERDA, Belizário Antônio de. *Comentários à Lei de Arbitragem*. Belo Horizonte: Del Rey, 1998.

LACRUZ MANTECÓN, Miguel L. *La impugnación del arbitraje*. Madrid: Reus, 2011.

LAMAS, Natália Mizrahi. Introdução e princípios aplicáveis à arbitragem. *In*: LEVY, Daniel (coord.). *Curso de arbitragem*. São Paulo: Thomson Reuters Brasil, 2018.

LEADERS LEAGUE. *Ranking das Câmaras de arbitragem do Brasil*. 2021. Disponível em: https://www.leadersleague.com/pt/rankings/resolucao-de-conflitos-ranking-2021-camaras-de-arbitragem-brasil. Acesso em: 23 dez. 2021.

LEITE, Carlos Henrique Bezerra. *Curso de direito processual do trabalho*. 16. ed. São Paulo: Saraiva, 2018.

LEITE, José Edivanio. As medidas cautelares no juízo arbitral. *Academia Brasileira de Direito Processual Civil*, 2009. Disponível em: http://www.abdpc.org.br/abdpc/artigos/JEdivanio%20leite.pdf. Acesso em: 20 dez. 2021.

LOBO, Carlos Augusto da Silveira. *Arbitragem interna e internacional*: questões de doutrina e da prática. Rio de Janeiro: Renovar, 2003.

LOPES, João Batista. *Curso de direito processual civil*. São Paulo: Atlas, 2010.

LOQUIN, Éric. Propos introductifs. *In*: LOQUIN, Éric; MANCIAUX, Sébastien. *L'ordre public et l'arbitrage*. Paris: Lexis Nexis, 2014.

LORENTZ, Lutiana Nacur. *Métodos extrajudiciais de solução de conflitos trabalhistas*: comissões de conciliação prévia, termos de ajuste de conduta, mediação e arbitragem. São Paulo: LTr, 2002.

LUCON, Paulo Henrique dos Santos; BARIONI, Rodrigo; MEDEIROS NETO, Elias Marques de. Ação anulatória de sentença arbitral: hipóteses taxativas? *Câmara de Mediação e Arbitragem do Rio Grande do Norte*, 14 out. 2014. Disponível em: https://www.cmarn.org.br/arquivos/434. Acesso em: 6 dez. 2021.

MAGALHÃES, José Carlos. Reconhecimento e execução de laudos arbitrais estrangeiros. *Revista dos Tribunais*, São Paulo, v. 86, n. 740, p. 116-127, jun. 1997.

MAGALHÃES, José Carlos; TAVOLARO, Agostinho Toffolli. Fontes do direito do comércio internacional: a *lex mercatoria*. *In*: AMARAL, Antonio Carlos Rodrigues (org.). *Direito do comércio internacional*: aspectos fundamentais. São Paulo: Aduaneiras, 2004.

MAGANO, Octavio Bueno. O direito do trabalho e a reforma do Judiciário. *Revista de Direito do Trabalho*, ano 31, jan./mar. 2005.

MANCUSO, Rodolfo de Camargo. *Acesso à justiça*: condicionantes legítimas e ilegítimas. São Paulo: Ed. Revista dos Tribunais, 2012.

MARAGNO, Adrianne Silva. Panorama na arbitragem trabalhista no Brasil. *Revista Brasileira de Alternative Dispute Resolution – RDADR*, ano 2, n. 3, p. 35, jan./jun. 2020.

MARCO, Carla Fernanda de. *Arbitragem internacional no Brasil*. São Paulo: RCS, 2005.

MARINONI, Luiz Guilherme; ARENHART, Sérgio Cruz; MITIDIERO, Daniel. *Curso de processo civil*: teoria do processo civil. 2. ed. São Paulo: Ed. Revista dos Tribunais, 2016. v. 1.

MARINONI, Luiz Guilherme; ARENHART, Sérgio Cruz; MITIDIERO, Daniel. *Novo Código de Processo Civil comentado*. 3. ed. rev., atual. e ampl. São Paulo: Ed. Revista dos Tribunais, 2017.

MARINONI, Luiz Guilherme; ARENHART, Sérgio Cruz; MITIDIERO, Daniel. *Novo curso de processo civil*: teoria do processo civil. 3. ed. rev., atual. e ampl. São Paulo: Ed. Revista dos Tribunais, 2017.

MARTINS, Pedro A. Batista. Anotações sobre a sentença proferida em sede arbitral. *In*: MARTINS, Pedro A. Batista. *Aspectos fundamentais da Lei de Arbitragem*. Rio de Janeiro: Forense, 1999.

MARTINS, Pedro A. Batista. *Apontamentos sobre a Lei de Arbitragem*. Rio de Janeiro: Forense, 2008.

MARTINS, Pedro A. Batista. *Arbitragem no direito societário*. São Paulo: Quartier Latin, 2012.

MARTINS, Raquel de Siqueira. Terceirização: os limites da responsabilidade do tomador de serviços. Âmbito *Jurídico*, Rio Grande, v. 19, n. 154, nov. 2016. Disponível em: http://www.ambito-juridico.com.br/site/?n_link=revista_artigos_Lei tura&artigo_id=18073. Acesso em: 12 dez. 2021.

MARTINS, Sérgio Pinto. *A terceirização e o direito do trabalho*. 3. ed. São Paulo: Malheiros, 1997.

MARTINS, Sergio Pinto. *Direito do trabalho*. 22. ed. São Paulo: Atlas, 2006.

MATTOS, Felipe Montenegro; MANNRICH, Nelson (coord.). *Reforma trabalhista*: reflexões e críticas. São Paulo: LTr, 2018.

MEDEIROS NETO, Elias Marques de; GOMES, Ricardo Vick Fernandes. Principais mudanças no cumprimento de sentença com o novo Código de Processo Civil. *Migalhas*, 21 ago. 2013. Disponível em: https://www.migalhas.com.br/depeso/184744/principais-mudancas-no-cumprimento-de-sentenca-com-o-novo-codigo-de-processo-civil. Acesso em: 4 dez. 2021.

MEDEIROS NETO, Elias Marques de. Princípio da cooperação no processo civil. *Revista Thesis Juris*, São Paulo, v. 5, n. 1, p. 163-191, jan./abr. 2016. Disponível em https://periodicos.uninove.br/thesisjuris/article/view/9071/3898. Acesso em: 4 dez. 2021.

MEDEIROS NETO, Elias Marques de; SILVA FILHO, Eginaldo de Oliveira. Os recentes posicionamentos da Justiça do Trabalho sobre o artigo 916, §7º, do NCPC. *Migalhas*, 20 jan. 2017. Disponível em: https://www.migalhas.com.br/depeso/252118/os-recentes-posicionamentos-da-justica-do-trabalho-sobre-o-artigo-916---7---do-ncpc. Acesso em: 4 dez. 2021.

MEDEIROS NETO, Elias Marques de. A importância da mediação para o acesso à justiça: uma análise à luz do CPC/2015. *Revista Eletrônica de Direito Processual*, Rio de Janeiro, ano 13, v. 20, n. 2, maio/ago. 2019. Disponível em: https://www.e-publicacoes.uerj.br/index.php/redp/article/view/44557/30276. Acesso em: 4 dez. 2021.

MEDEIROS NETO, Elias Marques de. O STJ e o princípio da efetividade. *Migalhas*, 7 maio 2019. Disponível em: https://www.migalhas.com.br/depeso/301643/o-stj-e-o-principio-da-efetividade. Acesso em: 4 dez. 2021.

MEDEIROS NETO, Elias Marques de; RIBEIRO, Flavia Pereira (org.). *Reflexões sobre a desjudicialização da execução civil*. Curitiba: Juruá, 2020.

MEDINA, José Miguel Garcia. *Novo CPC*: quadro comparativo: CPC/1973 > CPC/2015. 2016. Disponível em: https://www.jfpe.jus.br/images/stories/docs_pdf/biblioteca/livros_on-line/novo_cpc_quadro_comparativo_1973-2015.pdf. Acesso em: 1º dez. 2021.

MEJIAS, Lucas Britto. *Controle da atividade do árbitro*. São Paulo: Ed. Revista dos Tribunais, 2015.

MELLO, Celso Antônio Bandeira de. *Curso de direito administrativo*. 8. ed. São Paulo: Malheiros, 1997.

MELLO, Celso Antônio Bandeira de. *Elementos de direito administrativo*. São Paulo: Ed. Revista dos Tribunais, 1991.

MELLO, Celso Antônio Bandeira de. *Conteúdo jurídico do princípio da igualdade*. São Paulo: Malheiros, 1993.

MELTZER, Bernard D. Ruminations about Ideology, Law, and Labor Arbitration. *The University of Chicago Law Review*, v. 34, n. 3, p. 545-561, Spring 1967. Disponível em: https://www.jstor.org/stable/1598847. Acesso em: 10 dez. 2021.

MENEZES CORDEIRO, António. *Tratado de arbitragem*: comentário à Lei nº 63/2011, de 14 de dezembro. Coimbra: Almedina, 2015.

MENEZES, Mauro. *Número de ações trabalhistas cai 27,3% no Brasil*. 2019. Disponível em: https://www.mauromenezes.adv.br/numero-de-acoes-trabalhistas-cai-273-no-brasil/. Acesso em: 6 dez. 2021.

MENK, José Theodoro Mascarenhas. *A questão do Rio Pirara (1829-1904)*. Brasília, DF: Ed. Fundação Alexandre de Gusmão, 2009. Disponível em: http://funag.gov.br/biblioteca/download/574-Questao_do_Rio_Pirara_1829-1904_A.pdf. Acesso em: 6 dez. 2021.

MIES, Maria. Investigação feminina: ciência, violência e responsabilidade. *In*: MIES, Maria; SHIVA, Vandana. *Ecofeminismo*: teoria, crítica e perspectivas. Lisboa: Instituto Piaget, 1993.

MIGLIORA, Luiz Guilherme M. Rego. *Relações de Trabalho I*. 2. ed. Rio de Janeiro: FGV, 2015. Disponível em: https://direitorio.fgv.br/sites/direitorio.fgv.br/files/u100/relacoes_de_trabalho_i_2015-1_-_3.pdf. Acesso em: 26 dez. 2021.

MINISTÉRIO PÚBLICO DO TRABALHO – MPT. *Nota técnica nº 8, de 28 de junho de 2017*. Disponível em: http://portal.mpt.mp.br/wps/wcm/connect/portal_mpt/ce4b9848-f7e4-47378d816b3c6470e4ad/Nota+t%C3%A9cnica+n%C2%BA+8.2017.pdf?MOD=AJPERES. Acesso em: 26 dez. 2021.

MIRANDA, Jorge. *Manual de direito constitucional*. 2. ed. Coimbra: Coimbra Ed., 1993.

MNOOKIN, Robert H.; PEPPET, Scott R.; TULUMELLO, Andrew S. *Beyond winning negotiating to create value in deals and disputes*. Cambridge: Harvard University Press, 2000.

MOLLICA, Rogério; CARDOSO JUNIOR, Olavo Figueiredo. Regulação e concorrência na seara notarial. *Revista de Direito Brasileira*, Florianópolis, v. 24, n. 9, p. 274-292, set./dez. 2019. Disponível em: https://indexlaw.org/index.php/rdb/article/view/5710/4787. Acesso em: 5 dez. 2021.

MONIZ, Fábio Frohwein de Salles. *Dicionário latim-português*. 2. ed. Porto: Porto Editorial, 2001.

MONTESQUIEU, Charles de Secondat, Baron de. *Do espírito das leis*. Apresentação de Renato Janine Ribeiro e tradução de Cristina Murachco. São Paulo: Martins Fontes, 1996.

MOORE, George Edward. *Princípios éticos*. São Paulo: Abril Cultural, 1975.

MORAIS, José Luiz Bolzan de; SPENGLER, Fabiana Marion. *Mediação e arbitragem*: alternativas à jurisdição! 3. ed., rev. e ampl. Porto Alegre: Liv. do Advogado, 2012.

MOREIRA, Adriano Jannuzzi. A mediação e a arbitragem como meios extrajudiciais de resolução de conflitos trabalhistas na vigência da Lei nº 13.467/2017 – reforma trabalhista. *Repertório de Jurisprudência IOB*, n. 2, jan. 2018.

MOREIRA, José Carlos Barbosa. Reforma do Judiciário: a Emenda Constitucional nº 45 e o processo. *Revista Magister de Direito Civil e Processual Civil*, v. 2, n. 11, p. 56- 69, mar./ abr. 2006. Disponível em: http://bdjur.stj.gov.br/xmlui/bitstream/handle/2011/26309/A%20 jurisdi%C3%A7%C3%A3o%20constitucional%20e%20a%20Emenda%20Constitucional%20 45-0%E2%80%A6.pdf?sequence=1. Acesso em: 1º dez. 2021.

MUNIZ, Joaquim de Paiva. Arbitragem no direito do trabalho. *Revista de Arbitragem e Mediação*, v. 56, p. 179-187, jan./mar. 2018.

MÜSSNICH, Francisco Antunes Maciel; TRAVASSOS, Marcela Maffei Quadra. Medidas liminares em arbitragem e sociedades limitadas. In: YARSHELL, Flávio Luiz; PEREIRA, Guilherme Setoguti J. *Processo societário*. São Paulo: Quartier Latin, 2018.

NADER, Paulo. *Introdução ao estudo do direito*. Rio de Janeiro: Forense, 2017.

NAGAO, Paulo Issamu. *Do controle judicial da sentença arbitral*. Brasília, DF: Gazeta Jurídica, 2013.

NALINI, José Renato. *Ética geral e profissional*. 4. ed. São Paulo: Ed. Revista dos Tribunais, 2014.

NASCIMENTO, Amauri Mascaro; NASCIMENTO, Sônia Mascaro. *Curso de direito processual do trabalho*. 29. ed. São Paulo: Saraiva, 2014.

NASH, Laura. *Ética nas empresas*: boas intenções à parte. São Paulo: Makron, 1993.

NERY JUNIOR, Nelson. *Princípios de processo civil na Constituição Federal*. 8. ed. São Paulo: Ed. Revista dos Tribunais, 2009.

NERY JUNIOR, Nelson; NERY, Rosa Maria de Andrade. *Código de Processo Civil comentado e legislação extravagante*. 13. ed. São Paulo: Ed. Revista dos Tribunais, 2013.

NEVES, Daniel Amorim Assumpção. *Manual de direito processual*. 8. ed. Salvador: JusPodivm, 2016.

NEVES, Daniel Amorim Assumpção. *Novo Código de Processo Civil comentado*: artigo por artigo. Salvador: JusPodivm, 2016.

NEW DELHI CONFERENCE – NDC. *Legal aspects of sustainable development*. New Delhi: Commercial Arbitration Final Report on Public Policy as a Bar to Enforcement of International Arbitral Awards. International Law Association; Committee on International Commercial, 2002.

NOGUEIRA, Vânia Márcia Damasceno. O movimento mundial pela coletivização do processo e seu ingresso e desenvolvimento no direito brasileiro. *De Jure: revista jurídica do Ministério Público do Estado de Minas Gerais*, Belo Horizonte, n. 12, p. 325-348, jan./jun. 2009. Disponível em: https://www.lexml.gov.br/urn/urn:lex:br:rede.virtual.bibliotecas:artigo./ revista:2009;1000868867. Acesso em: 1º dez. 2021.

NUNES, Claudio Pedrosa. *Modificações do contrato de trabalho e sua reestruturação dogmática*. Curitiba: Juruá, 2009.

OLIVEIRA, Carlos Alberto Álvaro de. O processo civil na perspectiva dos direitos fundamentais. *Revista de Processo*, São Paulo, n. 113, jan./fev. 2004.

OLIVEIRA, Gustavo Justino de. Especificidades do processo arbitral envolvendo a Administração Pública. In: CAMPILONGO, Celso Fernandes; GONZAGA, Alvaro de Azevedo; FREIRE, André Luiz (coord.). *Enciclopédia jurídica da PUC-SP*. São Paulo: Pontifícia Universidade Católica de São Paulo, 2017. Tomo: Direito Administrativo e Constitucional. Disponível em: https://enciclopediajuridica.pucsp.br/verbete/49/edicao-1/especificidades-do-processo-arbitral-envolvendo-a-administracao-publica. Acesso em: 22 dez. 2021.

OLIVEIRA NETO, Emetério Silva de. *Fundamentos do acesso à justiça*: conteúdo e alcance da garantia fundamental. Rio de Janeiro: Lumen Juris, 2016.

PACHECO, Iara Alves Cordeiro. *Os direitos trabalhistas e a arbitragem*. São Paulo: LTr, 2003.

PADIS, George. Arbitration Under Siege: Reforming Consumer and Employment Arbitration and Class Actions. *Texas Law Review*, Austin, v. 91, n. 3, p. 665-710, 2013.

PAMPLONA FILHO, Rodolfo. Interpretando o art. 114 da Constituição Federal de 1988. *Revista Ciência Jurídica do Trabalho*, Belo Horizonte, ano 1, n. 4, p. 9-17, abr. 1998.

PAROSKI, Mauro Vasni. *Direitos fundamentais e acesso à justiça na Constituição*. São Paulo: LTr, 2008.

PAULO, Vicente; ALEXANDRINO, Marcelo. *Manual de direito do trabalho*. São Paulo: Método, 2010.

PINHO, Humberto Dalla Bernardina de; VIDAL, Ludmilla Camacho Duarte. Primeiras reflexões sobre os impactos do novo CPC e da Lei de Mediação no Compromisso de Ajustamento de Conduta. *Revista de Processo*, São Paulo, v. 256, p. 371-409, 2016.

PINHO, Humberto Dalla Bernardina. O novo CPC e a mediação: reflexões e ponderações. *Revista de Informação Legislativa*, Brasília, DF, v. 48, n. 190, t. 1, p. 219-235, abr./jun. 2011.

PINHO, Humberto Dalla Bernardina; PAUMGARTTEN, Michele. O acesso à justiça e o uso da mediação na resolução dos conflitos submetidos ao Poder Judiciário. *Revista Unieducar: educação sem distância*, 2012.

PINTO, Almir Pazzianotto. Arbitragem de conflitos trabalhistas. *Migalhas*, 6 dez. 2004. Disponível em: https://www.migalhas.com.br/depeso/8686/arbitragem-de-conflitos-trabalhistas. Acesso em: 22 dez. 2021.

PIRES, Amom Albernaz; MOORE, Christopher W. O processo de mediação: estratégias práticas para a resolução de conflitos. In: AZEVEDO, André Gomma de (org.). *Estudos em arbitragem, mediação e negociação*. Brasília, DF: Brasília Jurídica, 2002.

POMBO, Carolina Rocha. A reforma trabalhista e a arbitragem no direito individual do trabalho. *Revista Eletrônica do Tribunal Regional do Trabalho da 9ª Região*, v. 8, n. 73, nov. 2018. Disponível em: https://www.trt9.jus.br/portal/arquivos/7078924. Acesso em: 19 dez. 2021.

PORTELA, Paulo Henrique Gonçalves. *Direito internacional público e privado*: incluindo noções de direitos humanos e de direito comunitário. 8. ed. Salvador: JusPodivm, 2016.

POSNER, Richard A. Some Economics of Labor Law. *The University of Chicago Law Review*, v. 51, n. 4, p. 988-1.011, Autumn 1984. Disponível em: https://www.jstor.org/stable/1599556?seq=1&cid=pdf-reference#references_tab_contents. Acesso em: 8 dez. 2021.

PRETTI, Gleibe. *CLT comentada com doutrina e jurisprudência*. São Paulo. Ícone, 2012.

PRETTI, Gleibe. *Arbitragem no contrato de trabalho em face da reforma trabalhista*. São Paulo: LTr, 2018.

PRETTI, Gleibe. *Roteiro das audiências e suas alterações com a reforma trabalhista*. São Paulo: LTr, 2018.

PRETTI, Gleibe. *A nova advocacia trabalhista após a reforma trabalhista*. São Paulo: LTr, 2018.

PRETTI, Gleibe. *Advocacia trabalhista preventiva*. São Paulo: LTr, 2019.

PUGLIESE, Antonio Celso Fonseca; SALAMA, Bruno Meyerhof. A economia da arbitragem: escolha racional e geração de valor. *Revista Direito GV*, São Paulo, v. 4, n. 1, p. 15-28, jan./jun. 2008. Disponível em: http://www.scielo.br/pdf/rdgv/v4n1/a02v4n1. Acesso em: 26 dez. 2021.

RABELO, Felipe Cunha Pinto. *Arbitragem e resoluções extrajudiciais de conflitos trabalhistas, após o advento da Lei nº 13467/17*. Belo Horizonte: Dialética, 2020.

RACINE, Jean-Baptiste. Les normes porteuses d'ordre public dans l'arbitrage commercial international. *In*: LOQUIN, Éric; MANCIAUX, Sébastien. *L'ordre public et l'arbitrage*. Paris: Lexis Nexis, 2014.

RAMOS, Augusto César. Mediação e arbitragem na Justiça do Trabalho. *Jus*, 1º fev. 2002. Disponível em: http://jus2.uol.com.br/doutrina/texto.asp?id=2620. Acesso em: 1º dez. 2021.

RANZOLIN, Ricardo; DAVID, Henrique de. Consolidação do sistema de urgência na arbitragem: com as modificações introduzidas pela Lei nº 13.129/15 e pelo Novo CPC. *In*: NASCIMBENI, Asdubral Franco; MUNIZ, Joaquim de Paiva; RANZOLIN, Ricardo (coord.). *20 anos da Lei de Arbitragem*. Brasília, DF: OAB; Conselho Federal, 2016. p. 313-314.

RÁO, Vicente. *O direito e a vida dos direitos*. 3. ed. São Paulo: Ed. Revista dos Tribunais, 1991.

REALE, Miguel. *Lições preliminares de direito*. 27. ed. São Paulo: Saraiva, 2002.

RENAUTL, Luiz Otávio Linhares. Que é isto, o direito do trabalho? *In*: PIMENTA, José Roberto Freire *et al.* (coord.). *Direito do trabalho*: evolução, crise e perspectivas. São Paulo: LTr, 2004. p. 17-80.

RIBEIRO, Gustavo Pereira LEITE. *Arbitragem nas relações de consumo*. Curitiba: Juruá, 2006.

ROQUE, André Vasconcelos. Novos paradigmas e perspectivas para a arbitragem de dissídios individuais no direito do trabalho. *In*: ENCONTRO NACIONAL CONPEDI/UNINOVE, 23., 2014, Florianópolis. *Anais* [...]. Florianópolis: FUNJAB, 2014. p. 307-328. Disponível em: http://www.publicadireito.com.br/artigos/?cod=6cc6e45d2f9cf66f. Acesso em: 26 dez. 2021.

ROQUE, Sebastião José. *Arbitragem a solução viável*. São Paulo: Ícone, 1997.

SABADELL, Ana Lucia. *Manual de sociologia jurídica*: introdução a uma leitura externa do direito. 2. ed. São Paulo: Ed. Revista dos Tribunais, 2002.

SACERDOTI, Giorgio. *Arbitragem comercial internacional na Itália*: arbitragem: lei brasileira e praxe internacional. Tradução Paulo Borba Casella. 2. ed. São Paulo: LTr, 1999.

SALLA, Ricardo Medina. Dispute boards: uma realidade a ser fortalecida. *Jota*, 25 dez. 2019. Disponível em: https://www.jota.info/opiniao-e-analise/artigos/dispute-boards-uma-realidade-a-ser-fortalecida-25122019. Acesso em: 2 dez. 2021.

SALLES, Carlos Alberto de (coord.). *As grandes transformações do processo civil brasileiro*: homenagem ao professor Kazuo Watanabe. São Paulo: Quartier Latin, 2009.

SALLES, Carlos Alberto de. *Arbitragem em contratos administrativos*. Rio de Janeiro: Forense; São Paulo: Método, 2011.

SAMPIERI, Roberto Hernández. *Metodologia de pesquisa*. 5. ed. Porto Alegre: Penso, 2013.

SANSEVERINO, Milton. *Procedimento sumaríssimo*. São Paulo: Ed. Revista dos Tribunais, 1983.

SANTOS, Boaventura de Sousa. Para além do pensamento abissal. *Novos estudos*, v. 79, nov. 2009.

SANTOS, Dione Almeida; BARROS, Renato Cassio Soares de. O empregado hipersuficiente e preço da liberdade contratual, após a vigência da Lei n. 13.467/2017. *Revista LTr*, v. 82, n. 10, out. 2018.

SANTOS, Elaine Cler Alexandre; MARQUES, Heitor Romero. Mediação e justiça: uma questão de futuro e desenvolvimento social. *In*: MARIANO, Kátia Lopes. *Fenômenos sociais e direito*. Ponta Grossa: Atena, 2017. p. 238-248.

SANTOS, Enoque Ribeiro dos; HAJEL FILHO, Ricardo Antonio Bittar. *Curso de direito processual do trabalho*. 2. ed. São Paulo: Atlas, 2018. Disponível em: https://forumdeconcursos. com/wp-content/uploads/wpforo/attachments/2/1700-Curso-de-Direito-Processual-do-Trabalho-Enoque-Ribeiro-dos-Santos-2018.pdf. Acesso em: 13 dez. 2021.

SANTOS, Mario Vitor. *Os pensadores, um curso*. Rio de Janeiro: Casa da Palavra; São Paulo: Casa do Saber, 2009.

SÃO PAULO (Estado). Tribunal de Justiça (30. Câmara de Direito Privado). *Processo nº 9134925962008826 SP 9134925-96.2008.8.26.0000*. Relator: Des. Edgard Rosa, 29 de junho de 2011.

SAPPIA, Jorge. *Justicia Laboral y medios alternativos de solución de conflictos colectivos e individuales del trabajo*. Chile: Oficina Internacional de Trabajo; OIT, 2002. Disponível em: http://biblioteca.cejamericas.org/bitstream/handle/2015/1149/dt_149. pdf?sequence=1&isAllowed=y. Acesso em: 26 dez. 2021.

SARAIVA, Renato. *Direito do trabalho*: concursos públicos. São Paulo: JusPodivm, 2019.

SARMENTO, Daniel. *Direitos fundamentais e relações privadas*. Rio de Janeiro: Lumen Juris, 2004.

SAVIANI, Demerval. *Pedagogia histórico-crítica*. Campinas, SP: Autores Associados, 2003.

SCAVONE JUNIOR, Luiz Antônio. *Manual de arbitragem*. 2. ed. São Paulo: Ed. Revista dos Tribunais, 2018.

SCAVONE JUNIOR, Luiz Antônio. *Arbitragem, mediação, conciliação e negociação*. 10. ed. São Paulo: GEN, 2020.

SCHIAVI, Mauro. *A reforma trabalhista e o processo do trabalho*: aspectos processuais da Lei nº 13.467/17. São Paulo: LTr, 2019.

SCHMIDT, Gustavo da Rocha. *Comentários à Lei de Arbitragem*. São Paulo: Método, 2021.

SCHUMPETER, Joseph Alois. *The theory of economic development*. Cambridge (Mass.): Harvard University Press, 1968.

SEN, Amartya. *A ideia de justiça* [versão Kindle]. São Paulo: Companhia das Letras, 2011.

SENA, Gabriela Campos. Contrato de trabalho no ordenamento brasileiro. *Web Artigos*, 10 mar. 2014. Disponível em: https://www.webartigos.com/artigos/contrato-de-trabalho-no-ordenamento-juridico-brasileiro/119336. Acesso em: 3 nov. 2021.

SERPA, Maria de Nazareth. *Teoria e prática da mediação de conflitos*. Rio de Janeiro: Lumen Juris, 1999.

SERRA, Miguel Arcanjo. A (im)possibilidade da arbitragem nos dissídios individuais do direito do trabalho. *Revista Arbitragem Trabalhista do TRT 9ª Região*, v. 8, n. 73, nov. 2018.

SHULMAN, Harry. Reason, Contract, and Law in Labor Relations. *Harvard Law Review*, v. 68, n. 6, p. 999-1.024, Apr. 1955. Disponível em: https://www.jstor.org/stable/1337783. Acesso em: 10 dez. 2021.

SILVA, Antônio Álvares da; SILVA, George Augusto Mendes e. Arbitragem nos dissídios individuais de trabalho dos altos empregados. *Revista LTr*, v. 81, n. 7, jul. 2017.

SILVA, José Afonso da. *Curso de Direito Constitucional Positivo*. 33. ed. São Paulo: Malheiro, 2009.

SILVA, João Paulo Hecker da. *Tutela de urgência e tutela da evidência nos processos societários*. 2012. Tese (Doutorado) – Universidade de São Paulo, São Paulo, 2012.

SIQUEIRA JÚNIOR, Paulo Hamilton; OLIVEIRA, Miguel Augusto Machado. *Direitos humanos e cidadania*. 2. ed. rev. atual. São Paulo: Ed. Revista dos Tribunais, 2009.

SMITH, Russell A.; JONES, Dallas L. The Supreme Court and Labor Dispute Arbitration: The Emerging Federal Law. *Michigan Law Review*, v. 63, n. 5, p. 751-808, Mar. 1965. Disponível em: https://www.jstor.org/stable/1286507?origin=JSTOR-pdf. Acesso em: 9 dez. 2021.

SOARES, Guido F. S. A arbitragem e sua conaturalidade com o comércio internacional. *In*: PUCCI, Adriana Noemi (coord.). *Aspectos atuais da arbitragem*. Rio de Janeiro: Forense, 2001. p. 121-134.

SOUZA, Artur César de. *Código de Processo Civil*: anotado, comentado e interpretado. Parte geral (arts. 1 a 317). São Paulo: Almedina, 2015. v. 1.

SOUZA, André Pagani. Formas de solução dos litígios. *In*: CARACIOLA, Andrea Boari et al. *Teoria geral do processo contemporâneo*. São Paulo: Atlas, 2016.

SPENGLER, Fabiana Marion; BEDIN, Gilmar Antonio (org.) *Acesso à justiça, direitos humanos & mediação*. Curitiba: Multideia, 2013.

STIANOWICH, Thomas J. The Multi-Door Contract and Other Possibilities. *Ohio State Journal on Dispute Resolution*, v. 13, n. 2, 1998.

STONE, Katherine van Wezel. The Post-War Paradigm in American Labor Law. *The Yale Law Journal*, v. 90, n. 7, p. 1.509-1.580, Jun. 1981. Disponível em: https://www.jstor.org/stable/796079. Acesso em: 9 nov. 2021.

STRONG, James. *Léxico hebraico, aramaico e grego de Strong*. Barueri: Sociedade Bíblica do Brasil, 2002. E-book.

SUSSEKIND, Arnaldo. *Instituições de direito do trabalho*. 18. ed. São Paulo: LTr, 1999. v. 1.

TALAMINI, Eduardo; WAMBIER, Luiz Rodrigues. *Curso avançado de processo civil*: teoria geral do processo e processo de conhecimento. 15. ed. rev. e atual. São Paulo: Ed. Revista dos Tribunais, 2015. v. 1.

TAQUELA, Maria Blanca Noodt e. Dimensiones convencional e institucional de los sistemas de jurisdicción internacional de los Estados mercosureños. *In*: ARROYO, Diego P. Fernandes. *Derecho internacional privado de los estados del Mercosul*. Buenos Aires: Zavalia, 2003.

TARTUCE, Fernanda. *Mediação nos conflitos civis*. 6. ed. São Paulo: Método, 2020.

TARTUCE, Flávio. *Manual de direito civil*: volume único. 5. ed. São Paulo: Método, 2015.

TARTUCE, Flávio. *Direito civil*: Lei de Introdução e parte geral. 13. ed. Rio de Janeiro: Forense, 2017. v. 1.

TEIXEIRA, Sergio Torres. Vias alternativas à jurisdição contenciosa da justiça do trabalho: superando mitos e apontando caminhos à luz da Lei nº 13.467 de 2017. *Revista de Direito do Trabalho*, v. 187, p. 51-89, mar. 2018.

TELLECHEA, Rodrigo. *Arbitragem nas sociedades anônimas*. São Paulo: Quartier Latin, 2016.

TELLES JUNIOR, Goffredo. *Direito quântico*. 9. ed. São Paulo: Saraiva, 2014.

TEPEDINO, Gustavo. Questões controvertidas em tema de arbitragem na experiência brasileira. *In*: TEPEDINO, Gustavo. *Temas de direito civil*. Rio de Janeiro: Renovar, 2009.

THAMAY, Rennan Faria. A democracia efetivada através do processo civil. *Revista Lex Humana*, Petrópolis, RJ, v. 3, n. 2, p. 7, 2011. Disponível em: http://seer.ucp.br/seer/index.php/LexHumana/article/view/176/130. Acesso em: 15 dez. 2021.

THEODORO JÚNIOR, Humberto. *Direito e processo*: direito processual ao vivo. Rio de Janeiro: Aide, 1997. v. 5.

THEODORO JÚNIOR, Humberto *et al*. *Novo CPC*: fundamentos e sistematização. São Paulo: Forense, 2015.

THEODORO JÚNIOR, Humberto. *Curso de Direito Processual Civil*. 57. ed. Rio de Janeiro: Forense, 2016. v. 1.

TUCCI, Rogério Lauria; TUCCI, José Rogério Cruz e. *Constituição de 1988 e processo*: regramentos e garantias constitucionais do processo. São Paulo: Saraiva, 1989.

TUPINAMBÁ, Carolina. Arbitragem trabalhista: o novo cenário de solução extrajudicial de controvérsias inaugurado com a Lei nº 13.467/2017. *Justiça e Cidadania*, Rio de Janeiro, 20 abr. 2018. Disponível em: https://www.editorajc.com.br/arbitragem-trabalhista-o-novo-cenario-de-solucao-extrajudicial-de-controversias-inaugurado-com-lei-no-13-467-2017/. Acesso em: 17 dez. 2021.

VALENÇA FILHO, Carlos. Aspectos do direito internacional privado na arbitragem. *Revista do Direito Bancário, do Mercado de Capitais e da Arbitragem*, n. 7, p. 387, jan./mar. 2000.

VELÁSQUEZ, Manuel G. *Business ethics*: concepts and cases. 4. ed. Upper Saddle River, NJ: Prentice Hall, 1998.

VICENTE, Joana Nunes. *A invalidade parcial do contrato de trabalho*. Coimbra: Gestlegal, 2017.

VIDAL, Dominique. *Droit français de l'arbitrage interne et international*. Paris: Gualino, 2012.

VIDIGAL, Erick. A *lex mercatoria* como fonte do direito do comércio internacional e sua aplicação no Brasil. *Revista de Informação Legislativa*, Brasília, ano 47, n. 186, p. 171-193, abr./jun. 2010.

VIEIRA, Adriana de Souza. *Limites à negociação individual no contrato de trabalho*. 147 f. 2012. Dissertação (Mestrado em Direito) – Universidade de São Paulo, São Paulo, 2012.

VILAR, Silvia Barona. De la anulación y de la revisión del laudo. *In*: BARONA VILAR, Silvia (coord.). *Comentarios a los Ley de Arbitraje*: Ley 60/2003, de 23 de diciembre, tras la reforma de la Ley 11/2011, de 20 de mayo de 2011. 2. ed. Madrid: Civitas, 2011. p. 1.668-1.669.

VILAS-BÔAS, Renata Malta. *Ações afirmativas e o princípio da igualdade*. Rio de Janeiro: América Jurídica, 2003.

WALD, Arnoldo. Dispute Resolution Boards: evolução recente. *Revista de Arbitragem e Mediação*, v. 8, n. 30, p. 139-151, jul./set. 2011.

WALD, Arnoldo. *A anti-suit injuction no direito brasileiro em arbitragem e mediação*: elementos da arbitragem e mediação. São Paulo: Ed. Revista dos Tribunais, 2014. v. 2. p. 1055-1071. (Coleção Doutrinas Essenciais).

WALKER, Janet; FRICKER, Nigel. Alternative dispute resolution: State responsibility or second best? *Civil Justice Quarterly*, Londres, v. 13, p. 48-49, 1994.

WAMBIER, Teresa Arruda Alvim *et al*. *Primeiros comentários ao Novo Código de Processo Civil: artigo por artigo de acordo com a Lei n.º 13.256/2016*. 2. ed. rev. atual. e ampl. São Paulo: Ed. Revista dos Tribunais, 2016.

WARAT, Luiz Alberto. *Surfando na pororoca*: o ofício do mediador. Florianópolis: Fundação Boiteux, 2004. v. 3.

WATANABE, Kazuo. Depoimento: atualização do conceito de acesso à justiça como acesso à ordem jurídica justa. *In*: WATANABE, Kazuo. *Acesso à ordem jurídica justa*: conceito atualizado de acesso à justiça, processos coletivos e outros estudos. Belo Horizonte: Del Rey, 2019.

WLADECK, Felipe Scripes. *Impugnação da sentença arbitral*. São Paulo: JusPodivm, 2014.

WOLKMER, Antonio C.; AUGUSTIN, Sergio; WOLKMER, Maria de Fátima S. O "novo" direito à água no constitucionalismo da América Latina. *R. Inter. Interdisc. INTERthesis*, Florianópolis, v. 9, n. 1, 2012.

WORLD BANK. *World Development Indicators 2000*. Disponível em: www.worldbank.org/data/wdi2000. Acesso em: 21 dez. 2021.

YARSHELL, Flávio Luiz. *Antecipação da prova sem requisito da urgência e direitos autônomos à prova*. São Paulo: Malheiros, 2009.

YIN, Robert K. *Pesquisa qualitativa do início ao fim*. Porto Alegre: Penso, 2016.

YOSHIDA, Márcio. *A nova arbitragem trabalhista, com as alterações introduzidas pelo CPC de 2015 e pela reforma trabalhista de 2017*. Belo Horizonte: Dialética, 2021.

ZAMORRA Y CASTILLO, Niceto Alcalá. *Processo, autocomposição e autodefesa*. Cidade do México: Universidad Autónoma Nacional de México, 1991.

APÊNDICES

APÊNDICE A – Tabela comparativa das câmaras

CÂMARA	Valor	Convenção de prazos	Comunicação	Quantidade de árbitros	Assinatura do termo
CAM-CCBC "Expedita"	Até 3 milhões	Cabível para as partes	Via eletrônica	Único	Até 15 dias
CAM-CCBC	Omisso		Omissa	Único ou 3 árbitros	Até 30 dias
CIESP/FIESP	Qualquer valor	Omissa	Física ou eletrônica	3 árbitros	Omissa
CIESP/FIESP "Expedita"	Omissa	Omissa	Física ou eletrônica	Único	Até 15 dias
Câmara FGV	Qualquer valor	Omissa	Física ou eletrônica	Único apresentado pelas partes ou pelo presidente da Câmara, ou 3 árbitros	Até 10 dias com duas testemunhas
CAM-AMCHAM (Trabalhista) Expedita	Qualquer valor	Omissa	Física ou eletrônica	Único ou grupo de árbitros	Omissa
CBMA	Qualquer valor	Cabível para as partes	Física ou eletrônica	Único ou grupo de árbitros	Omissa
CBMA Trabalhista	Inferior a 6 milhões	Omissa	Omissa	Único	Sim, em até 15 dias o aceite
Corte Internacional de Arbitragem da Câmara de Comércio Internacional (CCI)	Qualquer valor	Cabível	Física ou eletrônica	Único ou grupo de árbitros	Omissa

Fonte: Autoria própria.

APÊNDICE B – Tabela comparativa das câmaras

CÂMARA	Indeferimento de provas	Audiência	Prazo para instrução	Prazo para sentença	Escolha de árbitros
CAM-CCBC "Expedita"	Possível	Remota	Até 10 meses	30 dias, prorrogáveis	Livre
CAM CCBC	Possível	Remota ou virtual	Omissa	60 dias, prorrogáveis por mais 30 dias	Rol da câmara
CIESP/FIESP	Possível	*In loco*	Omissa	60 dias, prorrogáveis	Lista dos membros da câmara
CIESP/FIESP "Expedita"	Omissa	Remota em até 7 dias da intimação	Omissa	Até 20 dias	Omissa
Câmara FGV	Possível	*In loco* ou remota	Omissa	60 dias, prorrogável por mais 30 dias	Pelas partes ou por rol da câmara
CAM-AMCHAM (Trabalhista)	Possível	*In loco* ou remota	Omissa	2 meses, prorrogável por mais 30 dias	Livre
CBMA	Cabível	*In loco* ou remota	Omissa	30 dias	Livre
CBMA Trabalhista	Omissa	*In loco* ou remota	Omissa	15 dias úteis	Livre
Corte Internacional de Arbitragem da Câmara de Comércio Internacional (CCI)	Cabível	*In loco* ou remota	Omissa	6 meses	Livre

Fonte: Autoria própria.

APÊNDICE C – Tabela comparativa das câmaras

CÂMARA	Análise preliminar	Medida de urgência	Prazo de esclarecimento	Cabe reconvenção	Modificação do pedido
CAM-CCBC "Expedita"	Não há	Omissa	Omissa	Omissa	Não será possível
CAM-CCBC	Omissa	Cabível	15 dias		Até a assinatura do termo será possível
CIESP/FIESP	Feita em até 15 dias	Cabível	10 dias	Omissa	Omissa
CIESP/ FIESP "Expedita"	Omissa	Omissa	5 dias	Omissa	Omissa
Câmara FGV	Omissa	Omissa	5 dias	Sim, resposta em até 15 dias	Omissa
CAM-AMCHAM (Trabalhista)	Omissa	Cabível	10 dias	Sim, resposta em até 30 dias	Omissa
CBMA	Omissa	Cabível	5 dias	Cabível, juntamente com a defesa. 30 dias para a outra parte se manifestar	Omissa
CBMA Trabalhista	Cabível para hiperssuficiente	Omissa	10 dias úteis	Omisso, só contraposto	Omissa
Corte Internacional de Arbitragem da Câmara de Comércio Internacional (CCI)	Cabível	Cabível	30 dias	Sim, resposta em até 30 dias	Cabível

Fonte: Autoria própria.

APÊNDICE D – Sugestões de alteração de lei a fim de dar efetividade à arbitragem

Primeira parte (Alterações na CLT):

QUESTÕES MATERIAIS

Art. 484-A. [...]
§3º Na hipótese do caput, fica autorizada a possibilidade de realização da homologação, por juiz arbitral, devidamente escolhido pelas partes, com suas concordâncias expressas.

Art. 477-A. [...]
§3º Fica a critério das partes, com sua expressa autorização, em contrato de trabalho, a escolha de um juiz arbitral, que poderá homologar a rescisão, dando eficácia liberatória geral.

Art. 507-A. Nos contratos individuais de trabalho independentemente da remuneração que seja, poderá ser pactuada cláusula compromissória de arbitragem, desde que por iniciativa do empregado ou mediante a sua concordância expressa, nos termos previstos na Lei nº 9.307, de 23 de setembro de 1996, respeitados os seguintes requisitos:
§1º A cláusula compromissória, deve ser, necessariamente, escrita;
§2º A cláusula compromissória será sempre cheia;
§3º Não poderá ser objeto de negociação qualquer estipulação constante em norma de natureza de ordem pública;
§4º A previsão para dirimir conflitos, pelo juízo arbitral, deve estar restrita a direitos trabalhistas que são passíveis de mensuração econômica, com salvaguarda dos direitos de ordem pública;

§5º Fica livre para as partes, em comum acordo, de forma escrita, pactuarem sobre a forma procedimental que será utilizada na arbitragem para a solução de possíveis conflitos.

QUESTÕES PROCESSUAIS

Art. 652 [...]
g) Criação de varas específicas, com o intuito de executar títulos oriundos de acordos ou sentenças arbitrais, como declarar sua nulidade.

Art. 855-B. [...]
§3º Na hipótese do caput, fica autorizada a possibilidade de realização da homologação, por juiz arbitral, devidamente escolhido pelas partes, com suas concordâncias expressas.

Art. 876 [...]
§3º Os acordos e as sentenças arbitrais proferidas com base na Lei nº 9.307/1996, poderão ser discutidas, tendo sua competência, conforme o inciso "g" do artigo 652, da presente Consolidação.

Segunda parte (Alteração na Lei nº 9.307/1996):

Art. 22-A [...]
§1º Fica a critério das partes, inicialmente ou no decorrer do contrato, de forma expressa, conceder o poder de atos de urgência ao árbitro, que deverão ser obedecidos pelas partes, de acordo com regras e punições estabelecidas entre os envolvidos, assim como o procedimento que será aplicado na demanda, a fim de assegurar a eficácia do procedimento arbitral, conforme artigos 190, 294 a 311 do Código de Processo Civil, Lei nº 13.105, de 16 de março de 2015.

ANEXOS

ANEXO A – Números de ações ajuizadas na Justiça do Trabalho

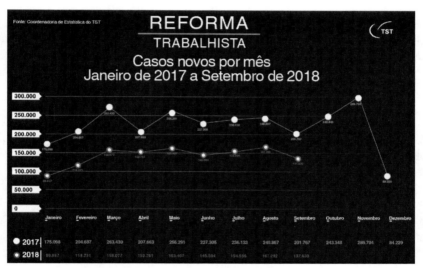

Fonte: http://www.tst.jus.br/-/primeiro-ano-da-reforma-trabalhista-efeitos

ANEXO B – Números de ações ajuizadas na Justiça do Trabalho

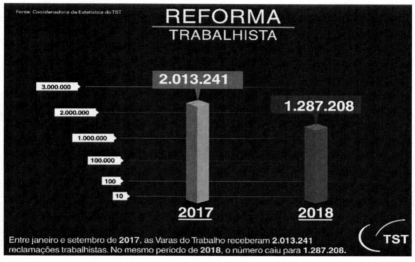

Fonte: http://www.tst.jus.br/-/primeiro-ano-da-reforma-trabalhista-efeitos

ANEXO C – Números de ações ajuizadas na Justiça do Trabalho

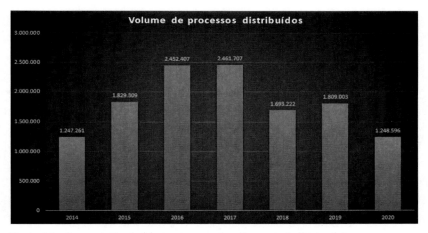

Fonte: http://www.tst.jus.br/-/primeiro-ano-da-reforma-trabalhista-efeitos

ANEXO D – Ações ajuizadas após Lei nº 13467/2017

Fonte: https://blog-insights.datalawyer.com.br/

ANEXO E – Processos recebidos e julgados na Justiça do Trabalho após 2020

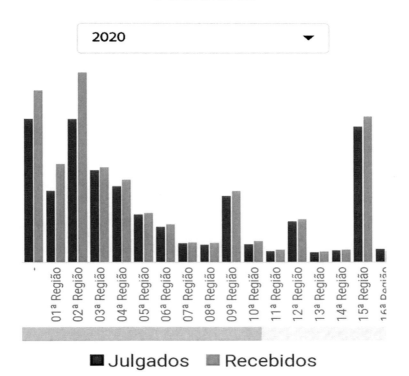

Fonte: http://www.tst.jus.br/web/estatistica/jt/recebidos-e-julgados

ANEXO F – Processos recebidos e julgados na Justiça do Trabalho após 2020

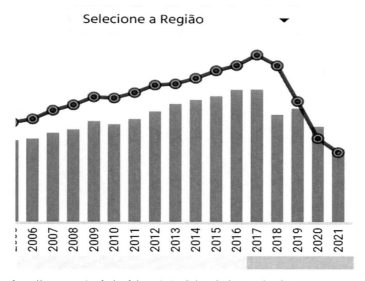

Fonte: http://www.tst.jus.br/web/estatistica/jt/recebidos-e-julgados

Esta obra foi composta em fonte Palatino Linotype, corpo 10
e impressa em papel Offset 75g (miolo) e Supremo 250g (capa)
pela Gráfica Formato.